BOSS

보스

초판 1쇄 발행 2011년 10월 5일

지은이 앤드류 오키프
옮긴이 최수진

발행인 이진영, 김태원
편집인 윤을식

기획실장 한성근

펴낸곳 도서출판 지식프레임
출판등록 2008년 1월 4일 제322-2008-000004호
주소 서울시 강남구 신사동 536-16 진형빌딩 501호
전화 기획문의:(02)512-5232, 편집 및 영업문의:(02)521-3172 ǀ **팩스** (02)521-3178
이메일 editor@jisikframe.com
홈페이지 http://www.jisikframe.com
ISBN 978-89-94655-16-1 03320

• 푸른여름은 도서출판 지식프레임과 (주)푸른여름퍼블리싱이 함께하는
  OSMA(Original Story Multi Application) 단행본 임프린트입니다.

• 이 책 내용의 전부 또는 일부를 재사용하려면 반드시 저작권자와
  푸른여름 양측의 서면에 의한 동의를 받아야 합니다.

• 책 값은 뒤표지에 있습니다.

보스

앤드류 오키프 지음 | 최수진 옮김

푸른여름

"내 핵심 과제는 제정신인 사람이 제정신이 아닌 곳에서
제정신으로 지내도록 하는 것이다."

맨프레드 케츠 드 브리스(Manfred Kets de Vries) **교수**

작가의 말

대다수 사람들이 가족 다음으로 중요하게 생각하는 사람은 다름 아닌 직장 상사다. 그만큼 직장 상사는 그 사람의 인생에 중요한 영향을 끼친다. 직장에서의 생활이 곧 직장 안팎의 활력에까지도 영향을 주기 때문이다.

이와 관련된 다양한 연구를 보면 충격적인 현실이 드러난다. 휴먼 시너지스틱스(개인이나 조직의 문화, 대인관계, 리더십 등을 개선하는 회사)의 한 연구에 따르면, 90%의 사람들은 남을 탓하거나 우유부단하여 결정을 잘 내리지 못하거나, 아니면 그저 현실에 순응하는 부정적인 문화 속에서 일을 하고 있다. 또 대다수 기업에서 고위 임원이 신뢰할 만하다고 생각하는 직장인은 불과 50%도 되지 않는다.

그런데 재미있는 사실이 한 가지 있다. 직장인의 30%는 할 수만 있다면 사장을 잘라버리고 싶어 한다는 것이다. 직장을 바꾸고자 하는 사람들 중 약 80%는 이직 사유가 바로 직장 상사 때문이다. 기업 리더십위원회가 조사한 한 연구를 보면, 일할 때 어떤 면이 가장 중요한가에 대한 질문에 사람들은 좋은 상사를 두는 것을 가장 우선으로 꼽았다.

이 같은 이유 때문에 대다수의 사람들은 다음과 같은 고민을 한다. 회사 생활이 과연 나에게 도움이 될 수 있을까?

만약 그렇다면, 어떻게 해야 회사에서 잘 지낼 수 있을까?

이 책은 우리 곁에서 흔히 발견할 수 있는 직장 상사들의 감춰진 진짜 모습을 드러낸다. 그리고 교과서나 이론서가 아닌, 실제로 많은 직장에서 일어나고 있는 일을 다룬 소설이다.

몇몇 지인들에게 이 책에 관해 이야기하자, 놀랍게도 많은 사람들이 악질 상사와 있었던 일을 곧바로 기억해 냈다. 대체로 사람들은 과거에 받은 마음의 상처를 현재까지도 가지고 있었고, 몇 년 전에 일어난 일인데도 마치 어제 겪은 일처럼 생생하게 당시의 얘기를 들려줬다. 그때 느꼈던 두려움, 상처, 절망, 우울함, 심지어 기쁨 등의 감정들은 아직도 생생히 살아 있었다.

내가 이 책을 쓰고 많은 사람이 직장에서 실제로 겪는 일들을 들춰내는 이유는 기업의 경영 기준이 개선되기를 바라기 때문이다. 이 책을 읽은 관리자는 더 나은 상사가 되겠다고 조용히 다짐할 것이다. 인사부 직원과 리더십 트레이너는 이 책을 통해 상사가 부하직원들의 정신에 미치는 영향을 깨닫게 될 것이다. 젊은 경영인들은 관리자들이 직원들에게 미치는 영향과, 나쁜 본보기 또는 좋은 본보기를 따르는지의 여부에 따라 그 영향이 얼마나 달라지는지 눈으로 보며 배울 것이다. 그럼으로써 궁극적으로는 훌륭한 상사를 가뭄에 콩 나듯이가 아닌, 언제 어디에서든 보게 되길 바란다.

사람들이 이 책을 통해 회사 경영에서 피해야 할 관행과 취해야 할 관행을 올바로 이해했으면 좋겠다. 관리자들의 태도를 개선하는 데 이 책이 도움이 되도록, 끝부분에는 지침이 될 만한 방안과 질문을 적어 두었다.

이 책은 무엇보다 평범한 직원들을 위한 책이다. 직장에서 자신이 폄하되고 있다고 느낀 적이 있다면, 그것은 분명 상사와의 관계가 좋지 않아서일 가능성이 높다. 이 책을 읽은 독자가 그 '문제'는 더 이상 본인 탓이 아니라, 본인이 처한 상황과 본인에 대한 상사의 태도 때문이라는 점에 위안을 얻길 바란다.

책을 쓰는 동안 즐거웠다. 틀림없이 독자 여러분은 이 책에 나오는 많은 사람, 사건, 감정이 남의 일처럼 느껴지지 않을 것이다.

앤드류 오키프

차례

여물통의 개

　　　　　　　　　독한 년 디. 최악의 상사인 우리 부장의 별명이다. 디는 부하 직원들의 속을 부글부글 끓게 만들었다가 깔아뭉갰다가 하는 사람이다. 그런 디가 오늘 돌이킬 수 없는 강을 건너고 말았다. 그동안 그녀가 보인 최악의 모습도 오늘에 비하면 아무것도 아니다.

　나는 정오에 내가 주재하는 중요한 회의를 준비하려고 미리 일정을 짜 두었다. 그런데 10시쯤 디가 휴대폰으로 이메일을 보내왔다. 지금 임원회의에 참석 중인데 오후 2시에 경영진에게 발표할 프레젠테이션을 자기 대신 준비해 달라는 것이다. 이메일에 '부탁한다'는 말은 눈을 씻고 찾아봐도 없었다. 전후 맥락도 없고 자세한 정보도 별로 없었다. 늘 그렇듯, 척하면 착하고 알아서 하라는 얘기다.

　디가 원하는 것을 파악하려면 세 시간쯤 걸릴 텐데. 더욱이 그 일을 하는 데 시간을 많이 써버리면 내 회의는 미룰 수밖에 없는 상황이었다. 그러면 회사 안팎의 사람들에게 연락을 돌려 스케줄을 다시 짜야 한다. 그리고 결국 내 프로젝트는 지체되겠지. 젠장. 어떻게 하지? 그때 문득 부장이 충고한답시고 늘 하던 말이 생각났다. 디는 항상 이런 식으로 얘기했다.

"로렌, 완벽하려고 너무 애쓰지 마."

"로렌, 눈을 좀 낮춰."

"로렌, 일할 때 80% 정도만 해도 돼. 나머지 20%를 꾸역꾸역 할 필요가 없다니까."

좋아, 그렇게 하지 뭐. 순간 나는 충분히 만족스럽지는 않아도 거의 만족스러울 만큼인 80%만 해야겠다고 생각했다. 그렇게 하면 1시간밖에 안 걸릴 테니까, 서두르면 내 회의를 준비할 수 있었다.

11시 30분쯤, 프레젠테이션 작성을 마친 뒤 부장에게 이메일로 보낸 다음, 나는 내 회의를 준비했다.

그런데 3시나 4시쯤 되었을까? 사무실 밖 복도에서 디가 나를 불러 세웠다. 나는 디를 등지고 있어서 10미터쯤 떨어진 곳에 바로 그녀가 있을 줄은 꿈에도 몰랐다. 나는 디의 고함소리에 소스라치게 놀랐다.

"로렌, 쓰레기 같은 프레젠테이션을 보내면 어쩌자는 거야?"

등골이 오싹했다. 돌아서서 누가 듣고 있나 보려고 주위를 휙 둘러봤다. 사람들은 고개를 숙이거나 각자 사무실로 몸을 감췄다.

"늘 이런 식이야. 조잡하기 그지없어."

디는 내가 작성한 프레젠테이션 서류 뭉치를 흔들어대면서 큰 소리로 비웃었다.

"우리 팀이 이 따위 분석을 했다고 얘기했다가 내가 얼마나 난처

해진 줄 알아? 로렌 당신이 한 거라고 임원들한테 일일이 설명하며
사과하느라 힘들어 죽는 줄 알았네. 프라이드라고는 눈곱만큼도 없
는 거야? 당신 일도 아니고, 적어도 동료 일인데 말이야, 그 정도도
신경 못 써?"

아직 얘기가 안 끝났다.

"아우 진짜, 로렌, 80%만 한다고 다 되는 게 아니잖아."

나는 사무실로 몸을 피했다. 동료들 앞에서 창피를 당해 당황스러
웠다. 그런데 디가 따라 들어왔다. 디는 내 책상 위에 프레젠테이션
서류를 탁 내려놓았다.

"한 번 더 이런 조잡한 거 만들었다간, 다른 직장 알아봐야 될 줄
알아!"

디는 문을 박차고 나갔다. 나는 한동안 그 자리에서 오들오들 떨며
서 있었다.

죽다 살아난 나는 서둘러 집에 갈 채비를 했다.

비참한 기분에 어울리게 밖에는 부슬부슬 비가 내리고 있었다. 주
차장에서 빠져나와 꽉 막힌 차들 사이로 들어갔다. 빨간불을 그냥
통과하자 카메라 플래시가 번쩍 터졌다. 저 거지 같은 게 벌금을 때
리겠지! '정신 차려, 로렌' 하고 혼잣말을 했다.

독한 년 디 생각이 머릿속에서 떠나질 않았다. 부장의 본명은 디
애쉬먼이다. 디가 부장으로 온 뒤 여덟 달은 정말 끔찍했다. 디는 잔
인했다. 이기적인 데다가 찔러도 피 한 방울 안 나오는 인간이었다.
자기보다 아래에 있는 사람들의 자존심을 여지없이 다 긁어놓았다.

자기가 아끼는, 손에 꼽을 만한 몇 사람만 빼고 말이다.

디는 늘 부정적이었고 걸핏하면 불평불만을 늘어놓았다. 마음에 없는 말이라도 '고맙다'는 말을 입 밖에 꺼낸 적이 단 한 번도 없었다. 디에게 있어 인생은 반드시 이겨야만 하는 경쟁이었다. 게다가 이긴다 해도 거기에서 멈추는 법을 몰랐다.

그 여덟 달 동안 나는 하루가 멀다 하고 부아가 치밀었다. 내가 사랑하는 일, 내가 잘하고 있던 일을 디가 엉망으로 만들어서 화가 났다. 디 때문에 내가 무능한 사람처럼 느껴져 화가 났다. 이 회사에서 쌓아올린 11년 경력이 수포로 돌아가게 돼 화가 났다. 디가 맡긴 산더미 같은 업무량 때문에 화가 났다. 너무 진이 빠져서 가족이랑 시간을 보낼 힘조차 없어 화가 났다.

나는 속도를 늦추고 조심히 운전했다. 그나마 부슬부슬 내리던 비는 그친 듯했다.

집 앞 진입로에 차를 대면서도, 임원들과 동료들 앞에서 창피를 당한 일 때문에 분이 가라앉지 않았다. 사랑스러운 나의 아이들, 애니와 해리가 달려 나왔다. 나는 속상한 내색을 안 하려고 애쓰면서 애들을 안아주었다.

현관으로 들어가다 해리의 장난감에 걸려 넘어질 뻔했다. 해리한테 뭐라 쏘아붙이고 싶은 마음이 굴뚝 같았지만, 입술을 꽉 깨물며 안방으로 재빨리 들어갔다. 신발을 벗어 던진 뒤 침대에 앉았다. 청바지와 티셔츠로 갈아입었더니 회사 일도 벗어던진 것 같아 기분이 한결 나아졌다. 때마침 폴이 들어왔다.

"오늘 어땠어?"

폴이 침대에 앉으며 물었다. 나도 그 옆에 앉았다.

"그 여자한테 정말 신물이 나!"

분을 삭일 수가 없었다. 폴은 쓱 다가오더니 나를 안아주었다. 남편은 내가 말한 이야기가 디에 관한 것이라는 걸 안다. 눈물이 주르륵 흘러내렸다.

"그 여잔 정말 어쩜 그렇게 못됐을까? 내가 왜 참고 견뎌야 하는지 모르겠어."

"그럼 어떻게 할 건데?"

폴은 애써 웃음을 지었다.

"당신, 계속 이렇게 지낼 순 없잖아. 우리 가족도 그렇고."

폴이 애원하듯 말했다. 남편 말이 맞다. 이제 끝낼 때가 됐다. 나는 자세를 고쳐 바로 앉고서 좀 큰 소리로 말했다.

"있잖아, 이렇게 당하면서 살 순 없어. 그 여자가 모욕감에다 상처까지 주는데 말이야. 나한테도 선택권이 있다고. 그만둘래!"

"하느님, 감사합니다! 잘 생각했어."

폴이 소리쳤다. 지난 몇 주 동안 남편은 내가 뭐가 됐든 결단을 내리기를 바랐다.

회사 일을 생각하면 아직도 울화가 치밀었지만, 폴이 행복해하는 모습을 보니 문득 내가 날마다 남편과 애들한테 짜증을 내고 화를 내서 식구들이 그동안 얼마나 고생했을까 싶었다. 이게 다 디 애쉬면, 그 미친년 때문이야.

"그럼 부서를 바꿀 거야?"

"아니, 끝내야지. 회사 그만둘 거야!"

이렇게 말하고 나니 기분이 날아갈 듯했다.

"다른 데서 일을 해보는 것도 괜찮고. 아무튼 지금이 직장 옮기기에는 딱 좋은 것 같아."

침대에 앉아 있는 나를 일으켜 세우려고 폴이 손을 내밀었다.

"그래, 내일부터 당장 찾아봐. 당신 지난 여덟 달 동안 힘들었잖아. 나나 애들도 그렇고!"

폴이 나를 일으켜 세워 안아주었다. 남편이 따뜻하게 안아주니 힘이 솟았다. 애니가 안방에 들어왔다.

"누구 얘기하는 거야?"

"엄마 회사 상사 얘기야."

나는 억지로 웃음을 지으며 말했다. 애니는 얼굴을 찡그렸다. 폴과 나는 마주보며 씩 웃었다.

"자 자, 아빠가 저녁을 준비할 테니까 애니랑 해리는 욕실에 가 있어. 좀 있다 엄마가 씻겨줄 거야."

폴이 손뼉을 탁탁 치며 말했다.

저녁을 먹으려고 식탁에 앉았을 때쯤 우울한 기분은 꽤 나아졌다.

그날 밤, 애니를 재우는데 애니가 책을 읽어달라고 했다. 딸아이는 걸스카우트에서 만난 친구한테 재미있다는 얘기를 들은 뒤로 요새 이솝우화를 즐겨 읽는다. 폴은 그 얘기를 듣더니 웃었다. 남편도 어렸을 때 시어머니가 들려주는 이솝우화를 들으며 자랐기 때문이다.

시어머니는 아들이 나중에 어른이 됐을 때 이솝우화가 도움이 될 것이라고 생각했다. 하지만 나한테는 우화가 꽤 생소하다. 지난주에 폴은 자기가 읽던 오래된 이솝우화 책을 찾으러 갔다가, 다락방에 굴러다니는 먼지 쌓인 상자에서 책을 발견했다.

나는 책을 탁 펼친 뒤 애니에게 몇 쪽 읽어주었다. 마지막 이야기는 〈여물통의 개〉라는 우화였다.

소 먹이인 건초를 담은 여물통 안에 개 한 마리가 누워 있었습니다. 그런데 소들이 와서 건초를 먹으려 하자 개가 으르렁거리며 달려들어 소들이 건초에 손도 못 댔습니다.

"정말 이기적인 놈이군."

무리 안에 있던 어느 소가 옆에 있는 소에게 말했습니다.

"자기는 건초를 입에도 못 대면서 먹을 수 있는 우리는 근처에도 못 가게 하니 말이야."

애니의 파란 눈이 거슴츠레해지고 금발 머리는 점점 베개 안에 파묻혔다. 나는 애니 볼에 뽀뽀를 했다. 불을 끄자 애니가 중얼거렸다.

"엄마 회사 사람이 여물통 개 같다."

애니 말이 맞다! 디 애쉬먼은 다른 사람들이 배부른 꼴을 못 봐서 고약하고 심술궂게 구는 여물통의 개랑 똑같다. 일곱 살짜리 애도 안다니. 계획한 대로 해야겠다.

그날 밤 잠을 푹 잤다.

구직

　　　　　　　　　일을 구하는 건 생각만큼 쉽지 않
았다. 취업알선 업체들의 반응이 꽤 괜찮을 줄 알았다. 그들에게 내
이력서는 충분히 관심을 보일 만한 것이라고 생각했다. 괜찮은 자격
증도 몇 개 있고, 지금까지 꾸준히 승진해온 경력은 현재 대기업의
전략적 마케팅(Strategic Marketing, 한 시기의 판매 촉진이 아니라, 장기적으로 기업
에 영향을 주는 전략적인 조직의 방향, 고객만족도, 브랜드 정체성 등을 통합적으로 검토
하고 계획하는 일) 매니저로 일하는 데까지 다다랐다. 그동안 나는 '성
장 가능성이 큰 사람' 으로서 직장에서 승승장구해 온 것이다. 하지
만 아무래도 이것만으로는 충분하지 않나 보다.

　'래드클리프 앤드 리처즈' 라는 취업알선 업체에서 일하는 체스터
오즈번에게 연락해보기로 했다. 이곳은 소위 말하는 헤드헌터 회사
다. 몇 달 전에 마케팅연구소의 조찬 모임에서 체스터를 만난 적이
있다. 식사하는 동안 체스터는 명함을 주고받고 각 업계에 대해 논
평도 하면서 사람들 하나하나에게 아주 열심히 자신을 소개했다. 당

시 체스터는 우리 회사와 나에게 관심을 보였었다. 그런데 정작 일을 구하고 있는 지금, 체스터한테 받은 답장이라곤 "편지 고맙습니다만, 도와드리기 어렵겠습니다"라는 의례적인 편지가 전부였다. 그것도 연락한 지 2주나 지나서야 받을 수 있었다.

다른 몇몇 헤드헌터 회사에도 연락해봤지만 다들 똑같은 대답만 할 뿐이었다.

"감사합니다. 연락드리겠습니다."

그 뒤 석 달 동안 일을 구하려고 인터넷을 샅샅이 뒤졌다. 수많은 취업알선 업체에 이력서를 보내고 온갖 인터넷 웹사이트에 이력서를 올렸다. 사이트에 올라온 일자리는 많았지만, 나한테 맞는 일은 눈을 씻고 찾아봐도 없었다.

독한 년 디가 나랑 사람들을 악랄하게 공격하는 바람에, 나는 계속 골머리를 앓아야 했다. 시간을 질질 끌수록 좌절감은 커져만 갔다.

일할 때는 비참한 기분이 들었고 집에서는 우울했다. 기분이 너무 안 좋아서 남편과 아이들한테 딱딱거리는 게 일이었다. 폴은 나보고 애니와 해리한테 좀 더 신경 쓰라고 다그쳤다. 매일 아침 출근할 때가 되면 불안한 마음이 눈덩이처럼 불어났다. 그래도 이런 상황에서 곧 벗어날 수 있다는 희망을 버리지 않았다. 지금 처지에서 벗어나려면 한 발 물러날 필요가 있겠다 싶었다. 그래서 자존심은 상하지만 기대보다 급이 낮은 일을 찾아보기 시작했다.

그런데 상태가 가장 안 좋아졌을 때 갑자기 모든 일이 술술 풀리기 시작했다. 나한테 귀띔도 없이 우리 회사의 시장조사팀이 마케팅우

수상 중 '제품전략 우수상' 부문 후보에 나를 추천한 것이다. 정말 영광스럽게도 나는 마케팅연구소의 만찬 행사에서 상을 받았다. 게다가 수상 경력은 이제 구직에도 정말 큰 도움이 됐다. 전에는 나를 무시했던 회사 세 군데에서 '엄선한 각 분야 전문가들'과 함께 임원 전용 회의실에서 점심식사를 하자고 나를 초대했다. 두 말할 것도 없이 나는 그 초대를 모두 수락했다.

상을 받은 다음 날, 디 애쉬먼에게 마케팅상 추천서에 사인해줘서 고맙다고 인사했다.

"내가 좋아서 한 일인데 뭘."

말이 끝나기 무섭게 디는 컴퓨터 화면으로 시선을 돌리더니 기쁨에 들뜬 나는 거들떠도 보지 않았다. 여물통의 개 같으니. 시장조사팀과 축하 술자리를 하다가 디가 왜 그렇게 멸시하는 태도를 보였는지 알게 됐다.

"말도 안 돼!"

내 친구 미셸이 놀란 표정을 지으며 소리쳤다.

"우리 팀이 그 상 후보로 널 추천한다고 내가 디한테 처음 얘기했을 때 말이야, 디가 어땠는 줄 아니? 막 웃더라. 우리가 사인하라고 따라다니면서 얼마나 괴롭혔는데. 그 여자가 뭐라 그랬냐면, 처음 작성한 전략 프로젝트 하나 가지고 널 추천하는 건 너무 섣부른 행동이래. 아직 실적도 없는데 추천하는 건 너무 이르다고 말이야. 그래서 사인할 때까지 우리가 계속 들볶았지."

디는 못된 수준을 넘어 정신병에 걸린 사람처럼 행동했다. 디는 나를 쪼아대는 일에 더욱 전의를 불태웠다. 디는 완성할 프로젝트를 나한테 주고서는 결정적인 순간에 규정을 바꿔버렸다. 의도적으로 나한테는 정보를 주지 않거나 내 결과물을 비난했다. 또 뒤늦게 급한 일을 넘기거나 사람들 앞에서 나한테 고함을 지르기도 했다.

그러나 상 때문에 내 자신감이 크게 높아진 탓에 나를 밟으려는 디의 시도는 실패로 돌아갔다. 사람들이 나를 여러 모로 유능한 전문가로 생각했기 때문에, 제대로 된 일을 구하는 것은 분명 시간 문제였다.

실제로 상을 받은 날로부터 딱 한 달째 되는 날, 체스터 오즈본한테서 전화가 왔다.

"로렌 씨, 몇 달 전에 마케팅연구소 조찬 모임에서 우리 만났던 거 기억하시죠? 선생님이 상 받던 날 저도 그 자리에 있었어요. 그나저나, 축하드립니다. 지금 통화 괜찮나요?"

"네, 괜찮아요. 체스터 씨 목소리 들으니 반갑네요."

"로렌 씨가 관심 가질 만한 일이 있어서 전화 드렸습니다. 한 대기업에서 전략적 마케팅 매니저라는 주요 직책을 맡을 인재를 구하는 중인데요. 신상품과 자기네랑 맞는 서비스 방향을 같이 개발해서 야심차게 성장할 계획을 갖고 있답니다. 그쪽에서 선생님과 얘기를 좀 나누고 싶어 하는데, 관심 있으신가요?"

"글쎄요, 괜찮을 것 같긴 한데요."

나는 빼는 척했지만, 속으로는 이번 기회가 악랄한 디한테서 벗어날 수 있는 티켓이 되기를 진심으로 간절히 바랐다.

체스터가 말을 이어갔다.

"로렌 씨가 꼭 알아야 할 일이 있는데요. 그 회사의 고위 임원 한 분이 특별히 로렌 씨를 꼭 집어서 이 일을 할 수 있는지 물어봐 달라고 했습니다."

"정말요! 누군데요?"

"말씀드리기 좀 곤란합니다. 비밀로 하기로 해서요. 저희 사무실에 와서 더 얘기를 나누실래요?"

"좋아요, 그렇게 하죠. 전화 주셔서 감사합니다."

우리는 약속을 다음 주로 잡았다. 전화를 끊고서, 기다리고 기다리던 일을 구한다는 생각에 마음이 들떴다. 한 줄기 희망이 보였다.

닷새 뒤, '래드클리프 앤드 리처즈' 사무실에 갔다. 사무실의 목판 문이 눈길을 끌었다. 문을 두들긴 뒤 안으로 들어갔다. 말쑥하게 옷을 차려입은 젊은 안내원이 조심스러우면서도 빠른 동작으로 나를 면담실로 안내했다. 앉아서 기다리는 동안 나는 마음이 초조했다. 11년 전에 대학을 졸업한 뒤로 면접을 본 적이 없기 때문이다. 버벅거리면 어쩌지.

그런데 체스터는 별 얘기 없이 바로 본론으로 들어갔다. 의례적인 인사말을 주고받은 뒤, 체스터는 자기가 말한 회사가 글로벌 비즈니스 소프트웨어 개발·유통 회사이자 비즈니스 컨설팅 서비스 제공 회사인 '할로우 케인'이라고 했다. 중국과 인도에서는 주로 영업과 서비스 업무를 하고 있다고 했다.

"지금부터 하는 얘기는 비밀로 해주세요."

체스터가 진지한 목소리로 말했다. 나는 고개를 끄덕였다.

"로렌 씨를 추천한 사람은 할로우 케인의 멕 몽고메리 씨입니다. 선생님을 두어 번 만난 적이 있다고 하던데요."

너무 기뻐서 심장이 막 뛰었다. 멕 몽고메리와 같이 일할 기회가 생기다니! 멕은 지역 순회 마케팅 컨퍼런스에서 남다른 두각을 나타낸 인물인데, 똑똑하고 박식하며 문제의 핵심을 잘 짚는 능력으로 유명했다. 또 내가 직접 본 바로는, 친절하고 마음도 넓은 사람이었다. 멕이랑 같이 일해보고 싶었는데, 꿈이 이뤄진 것이다.

면담이 끝날 때쯤, 내가 직접 멕을 만나 채용 문제를 논의해보기로 얘기가 됐다.

멕과의 면접 날짜는 사흘 뒤로 잡혔다. 디한테는 그날 오후에 개인적인 약속이 있다고 미리 얘기를 해두었다. 그런데 출발하기 한 시간 전에 디가 급한 보고서를 부탁하는 게 아닌가. 설상가상으로, 말도 안 되는 마감 시간은 그야말로 머리를 빡 돌게 만들었다. 그 빌어먹을 보고서는 아마도 온종일 부장의 서류함에 처박혀 있겠지. 어쨌든 보고서를 후다닥 작성하고서 나는 차가 있는 곳으로 급히 뛰어갔다.

10분쯤 지났을까, 문득 나는 길을 헤매고 있다는 걸 깨달았다. 소름이 쫙 돋았다. 디가 보고서만 안 줬어도 이런 일은 없었을 텐데. 마음을 가라앉히려고 애쓰면서 폴에게 전화를 했는데 그는 환자 진료 중이었다.

"에이씨!"

완전 망했다! 꿈꾸던 직장의 면접에 늦다니.

차를 세웠다. 정말 미치겠네. 할로우 케인에 전화해서 늦는다고 얘기할까 생각해봤지만 바로 그만두었다. 지도를 꽉 움켜쥐고서 여기가 어딘지 눈을 부라리며 찾았다. 몇 분 전에 저 길을 지나왔었지. 유턴을 한 뒤 액셀을 냅다 밟았다.

천만다행이었다. 간신히 몇 분 남기고 할로우 케인 주차장에 도착했다.

마음을 가다듬을 정도의 시간밖에 없었다. 차 문을 잠근 다음 심호흡을 세 번 하고 주위를 둘러봤다. 할로우 케인은 중심 상업 지역에서 차로 15분 거리에 있는 현대적인 상업 지구에 있었다. 그곳에는 다른 회사들도 열 개쯤 있었는데, 할로우 케인 빌딩이 제일 요지에 있었고 현대적인 고층 복합건물인 데다 크기도 제일 컸다.

안내원한테 내가 온 사실을 알린 다음, 멕을 기다렸다. 고급 가죽 안락의자에 앉아 널찍한 건물 내부를 구경했다. 1층 커피숍에서 커피향이 솔솔 났다. 기다린 지 얼마 안 돼, 지나가는 사람들을 보고 웃으며 걸어오는 멕이 보였다. 멕은 멀리서부터 손을 흔들면서 내 쪽으로 성큼성큼 걸어왔다. 날카롭게 생긴 얼굴이었다. 머리는 금발, 옷은 감청색 정장에 금목걸이를 하고 있었다. 우리는 반갑게 악수를 나누었다. 멕은 면접에 응해줘서 고맙다고 했다.

우리는 엘리베이터를 타고 꼭대기 층 바로 아래층인 19층으로 갔다. 멕은 나보고 큰 탁자 끝 쪽에 앉으라고 한 뒤 본인 의자를 가지고 와서 내 옆에 나란히 앉았다. 멕은 내 눈을 똑바로 보며 말했다.

"우리 둘 다 여기에 온 목적이 같다고 생각해요. 오늘 이 자리가 마무리될 때쯤 되면, 같이 일하는 문제를 계속 논의할지 말지 저나 로렌 씨나 알게 될 겁니다."

나를 평가하는 질문을 하는 대신에 공통된 목적을 얘기하다니, 정말 멋지다. 나를 프로로 대접해주는 것이다. 멕이랑 같이 일하는 쪽으로 나는 벌써 마음이 기울었다!

멕은 똑바로 앉은 다음 몸을 앞으로 약간 숙였다. 멕은 할로우 케인의 사업 방향과 전략적 마케팅 매니저의 임무를 간단하면서도 자신 있게 말했다. 전략적 마케팅 매니저는 회사의 전략적 마케팅을 주도하면서 자신에게 직접 보고하면 된다고 했다. 정말 좋은 기회다! 내가 원하던 일이다. 게다가 내가 정말 존경하는 사람이랑 같이 일한다는 점이 마음에 쏙 든다.

멕은 내가 상 받은 일을 축하해줬다. 그리고 내가 걸어온 길, 경험, 내가 잘하는 일, 그동안의 실적 등을 정중하면서도 꼼꼼하게 물었다.

"지금 계신 직장에서 하신 일 중 제일 자랑스럽게 생각하는 일은 뭐예요?"

"지금 일하는 회사의 제품 전략을 검토한 일이 가장 자랑스럽습니다."

우리는 그 일을 하게 된 경위에 대해 얘기를 나누었다. 멕은 제품 전략을 검토하면서 어려웠던 점과 어떤 장애물들을 극복했는지 물었다. 또 검토 과정에서 사람들을 어떻게 끌어들였는지 물었다. 검토한 결과와 그 영향에 대해서도 자세히 물었다. 우리는 이 주제로만 30여 분 동안 얘기했다. 얘기가 끝날 때쯤 되자, 멕은 나만큼이나 그 일에 일가견을 보였고 내가 일하는 방식도 꽤 파악했다.

멕은 내가 지금 회사를 그만두려는 이유를 궁금해했다. 못돼 먹은 상사 때문이라고 얘기하고 싶지는 않았다. 프로다운 대답이 아니니까. 그래서 같은 회사에서 11년이나 일해서 직장을 바꿔보고 싶다고 했다.

"그게 본질적인 이유는 아니지 않나요? 다른 일자리를 지금 구하려는 특별한 이유가 있을 것 같은데요. 지금 하는 일이 재미없어요?"

지금 다니는 회사와 상사를 안 좋게 얘기한다는 게 계속 마음에 걸렸다.

"체스터 씨한테서 전화가 와서 만나게 됐고, 흥미롭고 도전적인 기회인 데다 정말 해볼 만한 일 같아서요. 때마침 좋은 기회가 온 거죠."

멕은 가만히 있었다.

"저희 회사 일이 로렌 씨가 지금 하고 있는 일보다 나은 점이 뭐죠?"

"두 가지인데요, 첫째는 회사의 전체적인 포지셔닝(제품 특성, 자사 이미지 등 각종 요소를 평가하고 분석해 제품을 시장에서 특정한 위치에 설정하는 일)에 영향을 미치는 마케팅을 총체적으로 검토할 수 있고요. 둘째는 배울 것도 많고 저를 성장시킬 수 있는 상사와 같이 일한다는 점입니다."

"지금은 누구 밑에서 일하세요?"

"마케팅 부장님인데요."

"부장님 성함은?"

"디 애쉬먼이라는 분이에요."

멕은 뭔가 안다는 듯이 웃음을 짓더니, 그 얘기를 더 꺼내지 않았다.

멕은 자기한테 궁금한 점이 있으면 물어보라고 했다. 멕은 솔직하게 대답했고 말하는 방식도 꾸밈이 없었다. 정말 신선했다. 나는 마케팅 전략을 재검토하는 프로젝트에 대해 좀 더 구체적으로 물어봤다. 멕은 그것이 중요한 프로젝트임을 강조했다. 회사의 상품과 서비스 전략, 브랜드화를 재검토하는 꽤 중요한 일이라고 했다. 본인이 마케팅 전략을 짜본 경험이 많기는 하지만, 거기에 충분한 시간을 투자할 만한 여유가 없다고 했다. 그래서 일을 확실히 끝내려면 프로젝트에 전념할 사람이 필요했던 것이다.

"정말 포괄적으로 검토해야 한다는 점을 특히 강조하고 싶어요. 프로젝트를 완전히 끝내는 것도 굉장히 중요하고요. 제가 볼 때, 전체적인 검토를 끝마치려면 2년쯤 걸리지 않을까 싶어요. 검토를 마무리하고 그 내용을 실행하려면 말이죠."

멕은 2년이라는 기간 동안 뭘 해야 하는지 설명했다.

"로렌 씨가 우리랑 같이 일하게 되면, 프로젝트의 핵심 단계들을 놓고 자세히 논의할 거예요. 일단은 제가 생각하고 있는 몇몇 단계만 얘기해 드릴게요. 첫째 단계는 우리 회사의 제품과 서비스가 현재 어떤 상황인지 검토하는 거예요. 그런 다음에 우리 회사의 실적을 경쟁사들과 비교해서 그 차이를 분석하고요. 이 단계에는 우리 회사의 판매 역량, 유통 전략, 제품 개발 능력도 평가해야겠죠. 그다음에는 소비자의 욕구와 동기를 조사할 필요가 있어요. 마지막 단계에는 궁극적으로 우리가 취해야 할 점들과 그것을 실행할 계획을 세우는 겁니다. 요새 뭐 이런 생각들을 하고 있는데, 그냥 하나의 방안일 뿐이에요. 저희 회사에서 일하게 되면, 저랑 같이 실제 프로젝트 계획을 세울 거예요."

펄쩍펄쩍 뛸 만큼 흥분됐다. 하지만 그렇게 중요한 일을 맡는다는 게 좀 겁나기도 했다. 내 얼굴에 다 쓰여 있는지, 멕이 웃으며 말했다.

"로렌 씨 혼자서 이 일을 다 하지는 않아요. 제가 옆에서 조언해 드리고, 이 분야의 뛰어난 컨설턴트인 샐리 모턴도 같이 일하면서 도와줄 거예요."

"정말 다 멋지네요. 정말 하고 싶어요."

나는 흥분을 감추지 못하며 말했다.

"잘됐네요. 아무튼, 제가 왜 이 프로젝트가 2년이나 적어도 1년 반이 걸린다고 생각하는지 아시겠죠. 프로젝트 결과가 앞으로 10년은 회사에 영향을 미칠 테니까, 너무 서두르면 안 돼요. 일이 잘못되면 안 되잖아요."

무척 반가운 얘기였다. 프로젝트 기간이 현실적인 데다, 그러면 일도 정말 제대로 할 수 있을 테니 말이다.

멕이 추천인 얘기로 넘어갔다. 추천인이 두세 명 필요하다고 했다. 그런데 이런 얘기도 덧붙였다.

"로렌 씨도 추천인을 통해 저에 대해 알아보고 싶으시겠죠."

농담인 줄 알았다.

"제가 로렌 씨에 대해 알아보고 싶듯이, 로렌 씨도 저랑 일하면 어떨지 알아보고 싶을 거예요. 제 지인 세 명을 알려드릴게요."

놀라서 잠깐 동안 아무 말도 못했다.

"좀 놀랍네요. 한 번도 그런 얘기를 들어본 적이 없거든요. 아무튼 정말 고맙습니다. 그럼, 그분들한테 전화해 볼게요."

"꼭 하세요! 이메일로 그분들 이름과 전화번호를 보내드릴게요. 그 전에 그분들한테 전화를 해 놓을게요."

멕이 웃으며 말했다.

멕이 일을 처리할 때 나를 자신과 동등하게 대해줘서 다시금 고마운 마음이 들었고, 내가 알던 대다수 상사들과 너무 달라서 좋았다. 정말 마음에 쏙 드는 사람이다!

1시간 반가량 얘기를 나누고 나서 멕이 이야기를 마무리했다.

"오늘 정말 즐거웠어요. 로렌 씨의 전문 지식과 일하는 스타일이 저희랑 무척 잘 맞는 것 같아요. 저희랑 같이 일하면서 로렌 씨의 가능성을 계속 발전시키면 좋겠네요. 로렌 씨는 어떠세요?"

나는 주체할 수 없는 감정을 꾹 억누르며 그러고 싶다고 대답했다. 속으로 생각했다. 독한 년 디, 이젠 안녕이야. 이젠 날 보고 싶어도 못 본다고! 당신한테 해방돼서 얼마나 속이 후련한지 몰라!

멕은 회장인 존 스콰이어스를 만나보라고 했다. 조짐이 좋다. 멕은 존에게 전화를 걸어 우리가 있는 데로 와 달라고 했다. 얼마 안 있어 회의실 문을 두드리는 소리가 나더니 존이 들어왔다. 서 있는 내게 멕이 존을 소개했고 나는 존에게 악수를 청했다. 존은 나보다 키가 훨씬 컸는데, 그의 키는 평균보다 크고 내 키는 평균보다 작아서인지 더 크게 보였다. 존은 진실되고 다정한 사람이었다. 점잖은 거인 이라고나 할까. 만난 지 얼마 안 됐는데 호감이 갔다. 멕은 작별인사 를 하고서 나한테는 나중에 전화하겠다고 말했다.

자리에 앉자 존이 말을 꺼냈다.

"로렌 씨가 저희 회사에서 일하시면서 회사를 키우는 데 일조하시 면 정말 좋겠습니다. 저희한테는 신상품과 서비스에 관련해서 야심 찬 계획이 있습니다. 경쟁사들과 치열하게 경쟁하고 있는 지금 상황 에서 우리를 도와줄 능력 있는 분을 찾고 있어요. 도전적인 일을 해 보고 싶으시다면 이번이 그 기회가 될 겁니다."

우리는 존이 걸어온 길, 할로우 케인에서 26년 동안 겪은 변화, 회 장으로서 보낸 최근 5년 등에 대해 1시간 동안 얘기를 나누었다. 존 은 회사에 대한 자부심과 경영진의 자질에 대해 얘기했다.

"저희는 회사의 조직 문화를 무척 자랑스럽게 생각하고 있어요. 저희는 가치관을 매우 중요하게 생각합니다. 남을 속이거나 무슨 꿍 꿍이를 갖고 일하지 않아요. 서로 서로 응원해주죠. 이런 문화 덕택 에 저희 회사가 성공할 수 있었어요."

듣던 중 정말 반가운 얘기였다. 좋은 회사에서 훌륭한 상사와 함께 도전적인 일을 하면 매우 좋을 것 같다. 회장이 회사 문화를 강조하 고 그런 얘기를 편하게 하는 모습이 인상 깊었다.

존은 내가 어떻게 살아 왔는지 궁금해하며 이전 경험을 물었다. 나 는 대학에서 왜 경영을 공부하기로 마음먹었는지 얘기하기 시작했다.

"아니요, 처음부터 얘기해주세요! 어디서 자랐죠? 로렌 씨를 있게 한 원동력은 뭔가요?"

존이 웃으며 말했다.

존이 나를 온전한 한 인간으로 이해하려고 해서 무척 기분이 좋았다.

"지방의 마로우라는 작은 마을에서 자랐어요."

여기서 멀지 않은 그곳을 존은 알고 있었다.

"형제는 넷이에요. 학교생활은 재미있었고 운동도 좋아했죠. 그리고……."

"학교 다닐 때 가장 자랑할 만한 일이 뭔가요?"

존이 웃으며 얘기 도중에 질문을 던졌다.

나는 잠깐 생각해봤다.

"고등학교 3학년 때 반에서 부반장을 했던 거요."

"아, 그랬군요. 자랑스러워할 만한 일이네요. 운동은 어땠어요?"

존이 웃으며 말했다.

"운동은 내세울 만한 게 별로 없어요. 그냥 수영이랑 농구를 좋아했어요. 크게 우승한 일은 없었지만 팀원들끼리의 끈끈한 동료애가 좋았어요."

"알겠습니다. 아까 대학 얘기를 하시다 말았는데, 왜 경영학을 선택하셨나요?"

"온 식구가 친구처럼 지내는 분이 있었는데, 그분이 마케팅 일을 하셨거든요. 집에서 주무시고 가시거나 놀러 오실 때마다 일이나 출장 얘기를 하셨어요. 뭔가 도전적이고 흥미로운 일 같아 보이더라고요. 그래서 어렸을 때 결심했죠. 저게 바로 내가 할 일이다, 하고요.
이 일을 선택한 걸 한 번도 후회한 적이 없어요."

나는 대학 시절 얘기를 좀 더 한 다음, 졸업 후에 어떤 일을 했는지
도 들려줬다. 존은 내가 어떤 포부를 갖고 있는지 물었고, 멕이 능력
있고 존경을 많이 받는 사람이라는 얘기도 했다.

그런데 존이 회사의 방향, 회사가 시장에서 점하는 위치, 우선 사
항 같은 얘기는 별로 꺼내지 않아서 다소 놀라웠다. 존은 회장의 역
할보다 회장이라는 자리를 더 좋아하는 게 아닐까.

회의실에서 나오는데 존이 다른 임원을 소개해줬다.

"니콜라스!"

존이 키가 작고 비교적 젊은 남자를 큰 소리로 불렀다. 남자는 화
려해 보이는 계단을 따라 꼭대기 층에서 급하게 내려오는 중이었다.

"니콜라스 스트레인지는 저희 회사의 사장입니다. 니콜라스, 로렌
존슨 씨랑 인사하세요."

니콜라스는 위압적으로 악수를 했는데, 어찌나 꽉 움켜잡는지 손
을 빼기 힘들 정도였다. 존이 내가 여기 온 이유를 설명했지만, 니콜
라스는 지나가는 사람들과 인사하는 데 정신이 팔려 있었다. 잠시
어색한 분위기가 흐르더니, 니콜라스는 그만 가봐야겠다며 자리를
떴다.

존과 나는 엘리베이터를 타고 로비로 내려가 정문에서 헤어졌다.
존에게 작별 인사를 하니 마치 할아버지와 헤어지는 기분이 들었다.

차에서 폴에게 전화를 걸어 정말 끝내주는 면접이었다고 얘기했

더니, 폴은 축배를 들기에는 아직 너무 이르지 않느냐고 했다.

폴의 전화를 끊자마자 멕한테 전화가 왔다. 멕은 오늘 만남이 즐거웠으며 나 역시 회사를 방문한 일이며 존을 만난 일이 즐거웠기를 바란다고 했다. 우리 둘 다 존이 신사라는 데 공감했다. 멕은 자기네 회사 일에 내가 관심이 있는지 물었다.

"물론이죠! 그런 좋은 기회가 저한테 생기다니, 안 믿겨요. 꿈에 그리던 일이거든요!"

멕은 다른 두 명과 면접을 한 다음 돌아오는 주에 전화하겠다고 했다.

이제 집이 달라 보였다. 사방에 널린 해리의 장난감도 전만큼 나를 짜증나게 하지 않았다. 난장판인 부엌도 그냥 봐줄 만했다. 그 일을 꼭 하고 싶다. 좋은 상사 밑에서 꼭 일하고 싶다. 존경할 만한 상사, 다른 사람에게 활력을 불어넣는 상사, 믿음이 가는 상사 말이다. 독한 년 디 애쉬먼과는 전혀 딴판인 상사 말이다.

전화

그 다음 주에 멕의 추천인 두 명을 만났다. 두 사람 모두 멕의 능력, 성격, 리더십에 대해 입에 침을 튀기며 얘기했다. 또 멕이 사람들의 능력을 얼마나 잘 계발하고 쟁쟁한 부서를 만드는 재능이 있는지 얘기했다. 멕은 정말 완벽한 상사 같았다.

체스터는 할로우 케인이 나를 좋게 본 것 같다고 했다.

멕한테서 연락이 오기를 초조하게 기다렸다. 회사로 다시 와 달라는 멕의 전화를 받고서야 마음이 놓였다. 멕은 내가 가장 유력한 후보인데, 자기네 부서원 두 사람을 한번 만나봤으면 좋겠다고 했다.

며칠 뒤, 할로우 케인으로 차를 몰고 가면서 기분은 한껏 흥분됐다. 벌써 멕이랑 같이 일하는 것 같았다. 마치 내 회사에 온 듯 편안했다! 이번에는 길을 헤매지 않았다. 게다가 디 때문에 늦는 일이 없도록 아침 일찍 약속을 잡아두었다.

사무실로 들어가니 멕이 샌드라 피어슨과 벤 바우저를 소개해줬

다. 우리 셋은 만난 지 얼마 안 됐는데도 마음이 잘 맞았다. 두 사람
은 멕 얘기를 할 때마다 눈을 반짝거렸다. 미팅은 잘 끝났다. 이제는
기다리면서 잘되기만을 바라는 수밖에 없다.

다음 날 저녁, 집에서 저녁을 준비하고 있는데 전화가 왔다.

"안녕하세요, 로렌, 멕 몽고메리예요. 통화 괜찮아요?"

"네, 괜찮아요."

무선전화기를 들고 재빨리 조용한 방으로 들어갔다. 심장이 요동
쳤다.

"로렌이 저희 회사에서 일하기로 결정이 났어요."

하늘을 날 듯이 기뻤다. 잠깐 몇 마디 나누고 내일 계약하기로 약
속한 다음, 멕은 전화를 끊었다. 나는 전화를 끊고 나서 기쁨에 겨워
폴을 껴안았다. 이번에는 폴이 축배를 들었다. 애니와 해리는 우리
가 왜 기뻐하는지 궁금해했다. 내가 설명해줬다.

"엄마가 말이야, 꿈에 그리던 일을 하게 됐잖니!"

"그럼 이제 여물통의 개랑 같이 일 안 하는 거야?"

애니가 물었다.

"같이 일할 날도 얼마 안 남았지!"

내가 깔깔 웃었다.

다음 날 아침 출근하면서 사직서를 내기로 마음먹었다. 그런데 이
상하게 마음이 점점 초조해졌다. 디가 어떻게 나올지 걱정도 되고
궁금하기도 했다. 또 좋은 회사와 친한 동료들을 떠날 생각을 하니
마음이 시원섭섭했다. 지난 여덟 달만 빼고, 회사 생활은 괜찮았다.

독한 년 디만 아니었어도 안 그만뒀을 텐데.

말할 기회가 생겼다. 심호흡을 하고서 디의 사무실에 들어가 문을 닫았다. 나는 책상에 봉투 하나를 쓱 내밀었다.

"부장님, 사직서입니다."

디가 무표정한 얼굴로 물었다.

"어디 갈 데라도 있나 보지?"

내가 그만둔다는데 눈곱만큼도 아쉬워하지 않는군. 놀라진 않았지만, 기분은 더러웠다.

"할로우 케인에서 전략적 마케팅 매니저로 일하게 됐습니다."

"뻔하지 뭐, 지금 하는 일 내세워서 그 일을 얻었겠지."

디가 쌀쌀맞게 말했다.

나는 부장이 다 자기가 잘해서 내가 잘된 양 지껄이는 모습을 그냥 보고만 있지 않으리라 속으로 다짐했다.

"그동안 맡은 일을 열심히 했더니 전문가로 인정받은 것 같습니다."

디는 나를 노려봤다.

"오늘 당장 그만둬."

디는 등을 핵 돌리더니 컴퓨터 자판을 두들기기 시작했다.

나는 깜짝 놀라 잠시 가만히 앉아 있었다. 그냥 사무실을 나올 수밖에 없었다. 그만둔 게 잘한 일인지 고민하는 일은 이제 절대 없을 것이다.

나는 직장 동료들한테 그만둔다는 사실을 알리려고 돌아다니기 시작했다. 그런데 친한 동료 한 명한테만 얘기했을 때쯤, 팀 내에 이메일 하나가 쫙 돌았다.

마케팅부 직원들에게,

오늘 로렌 존슨이 사직서를 제출했습니다.
로렌 존슨은 오늘부로 그만둘 예정입니다.

디 애쉬먼.

찔러도 피 한 방울 안 나오는 배은망덕한 돼지 같으니! 이 회사에서 11년 동안 여러 부서에서 일했건만, 디가 단칼에 나를 잘라버렸다! 악랄한 년.

아, 그만두니 날아갈 것 같다!

그날 오후, 회사를 떠나기 전에 인사부 부장이 퇴직자 면접(퇴직자와의 면접을 통해 퇴직 원인을 조사하는 것)을 하고 싶은지 물었다. 됐다고 했다. 이것저것 걸리는 점이 많아 특정 질문들에 대답하지 못하리라는 것을 잘 알고 있기 때문이다. 그만두는 이유를 거짓으로 말하고 싶지도 않고, 혹시라도 디가 내 얘기를 듣고 격분하여 저지를지도 모를 일을 감당할 자신도 없다. 진심을 얘기할 용기도 없는 나 자신이 실망스럽다. 하지만 틀림없이 인사부와 경영진은 디에 대해 이미 모든 것을 알고 있을 것이다. 그들이 진심으로 걱정했다면, 훨씬 전에 문제를 해결할 수도 있었다. 이것저것 따져봤을 때, 그냥 조용히 넘어가는 게 상책이다.

　디가 오늘부로 나를 해고하는 바람에, 멕 회사에서 일하기 전까지 2주일의 휴가가 생겼다. 전업 주부로 지내니 즐거웠다. 매일 애니를 학교에 데려다주고 다시 데려왔다. 며칠 동안 해리를 유치원에 보내지 않고 같이 시내 구경을 했다. 오후에 애니가 학교에서 돌아오면, 우리는 신나는 놀이들을 했다. 케이크 만드는 일이 제일 재미났다. 그 솜씨가 원래 잘 만드는 친구들을 따라잡을 실력 정도까지 됐다.

　어느새 할로우 케인에 출근하는 날이 내일로 다가왔다. 일찍 잠자리에 들었지만 눈이 말똥말똥했다. 엄청 설레어 잠도 오지 않았다.

출근 첫날의 충격

출근 시간이라 차들이 기어가고 있었다. 할로우 케인에서 어떤 일이 펼쳐질지 궁금했다. 멕과 일하기를 손꼽아 기다렸지만 그래도 긴장되는 건 어쩔 수 없었다. 한 회사에서만 11년을 일하다가, 처음으로 낯선 회사에 출근해야 하는 것이다.

그런데 불현듯 독한 년 디 얼굴이 떠오르자, 출근 첫날의 긴장감이 싹 달아났다. 지난 여덟 달 동안, 다음 날 출근할 생각에 벌벌 떨지 않은 일요일 밤은 지난 2주가 처음이었다. 멕 밑에서 일하는 이상 일요일을 공포스럽게 보내는 일은 분명 없을 것이다.

8시 30분에 로비에 도착해서 멕을 찾았다. 두 번째 면접에서 만난 벤 바우저가 나를 만나러 내려왔다. 낯익은 얼굴을 보니 좋았다. 벤이 나를 반갑게 맞아주었다. 벤 말로는, 일이 생겨서 멕이 지금 시간을 낼 수 없다고 했다. 대신 벤이 회사 건물과 마케팅부를 구경시켜 줬다. 마케팅부가 있는 층에는 IT부서와 인사부도 같이 있었다.

구경하는 동안, 벤은 할로우 케인에서 24년 동안 지낸 얘기를 들려줬다. 벤은 친절하고 회사에 대해 솔직하게 말하는 사람이었다. 문득 그가 사람들이 자기 생각에 동의하든 안 하든 별로 개의치 않는 사람이라는 생각이 들었다. 게다가 남들에게 어떻게 보이는지도 상관하지 않는 듯했다. 벤은 닳아서 반들거리는 진한 남색 정장에다, 전문직 회사원이라기보다는 1970년대 가장무도회에서나 더 어울릴 법한 넥타이를 매고 있었다. 하지만 이 모든 것에도 불구하고, 아니 아마도 그런 것들 때문인지 벤의 소탈한 모습이 더 좋았다.

벤이 마케팅부 사람들을 소개해줬다. 멕을 제외하고 6명이 더 있었다. 샌드라 피어슨은 면접 볼 때 봐서 얼굴을 알았다. 부서원들 모두 나를 따뜻하게 환영해주었다. 마케팅부 분위기는 여유로웠고 사람들도 서로들 친해 보였다.

사무실에 칸막이가 없는 점도 좋았다. 이런 줄 몰랐다. 두 번의 면접을 다 다른 층 사무실에서 봤기 때문이다. 상관없다. 사무실이 비교적 작지만, 보나마나 난 잘 적응할 것이다.

바깥쪽 창문 근처에는 사무기기들이 가지런히 놓여 있고, 가운데 부분에는 유리벽으로 된 회의실들이 있었다. 그중 한 곳에 멕이 있었는데, 전화로 한창 열띠게 얘기하는 중이었다. 표정이 별로 안 좋아 보였다. 멕은 전화를 끊고 나서 잠시 가만히 앉아 있다가 밖으로 나왔다. 멕은 일이 생겨서 나랑 얘기할 시간이 없다며 미안해했다. 멕은 벤한테 아침나절 동안 나를 챙겨달라고 부탁했다.

오전에 멕이 계속 시간이 안 나자, 벤이 회사 조직표를 보면서 핵심 인물들을 알려줄 테니 커피를 마시러 가자고 했다. 벤은 걸어서

가는 거리에 콜럼비아스라는 커피숍이 있는데, 회사 건물 1층의 커피숍보다 더 좋다고 했다.

로비를 지나 밖으로 나가는 길에 니콜라스 스트레인지를 우연히 만났다. 처음 여기 왔을 때 만난 그 정신 사나운 회사 임원 말이다.

"사장님, 이 분은 로렌 존슨 씨예요. 오늘 입사하셨어요."

벤이 말했다.

"안녕하세요. 처음 뵙겠습니다."

니콜라스는 4주 전에 우리가 만난 사실을 분명 기억 못하는 데다, 위압적인 악수를 하는 것도 그대로였다.

"무슨 일을 하시죠?"

니콜라스가 물었다. 나를 기억 못하는 게 확실했다.

"멕 몽고메리 이사님 밑에서 전략적 마케팅 매니저 일을 합니다. 지난번에 면접 보러 왔을 때, 존 스콰이어스 회장님이랑 니콜라스 사장님을 만나서 즐거웠어요."

나랑 만난 일이 생각났는지 어땠는지, 니콜라스는 가타부타 말이 없었다. 아마도 내 말을 못 들었거나, 아니면 아예 안 듣고 있는 모양이었다.

"내가 제안해서 열린 산업포럼의 조찬회의를 방금 끝내고 오는 길입니다."

니콜라스는 내 어깨 너머로 다른 사람을 흘긋 보며 말했다.

"사람들이 우리 회사가 진행하고 있는 일들을 좋아하더군요. 우리 회사의 전망에도 감동을 먹은 모양이에요. 난 회장님이랑 회의가 있어서, 이만. 만나서 반가웠습니다, 로레인. 여기서 즐겁게 일하셨으면 좋겠네요."

벤은 니콜라스가 잘못 얘기한 내 이름을 바로잡으려고 했다.

"분명히 '로렌'도 그러길 바랄 겁니다."

니콜라스는 그 말을 못 듣고 그냥 가버렸다. 우리는 그와 다른 방향으로 걸어갔다.

우리는 따스한 햇볕을 쬐며 공원을 지나 커피숍으로 갔다.

"니콜라스는 대단한 사람이에요."

벤은 남 얘기를 좋아하는 듯했다.

"잘난 척을 많이 하고 자존심이 무척 센 사람이죠. 그래도 회사에서는 중요한 인물이에요."

내가 뭐라 얘기할 만한 상황이 아니어서, 그냥 듣기만 했다. 사실 니콜라스가 신입사원한테까지 조찬회의 얘기를 한 게 이상하기는 하다.

드디어 콜럼비아스에 도착해 커피를 주문했다. 벤은 카푸치노를, 나는 탈지유로 만든 라떼를 시켰다. 날씨가 좋아서 우리는 야외에 자리를 잡았다.

나는 벤에게 회사 임원들 얘기를 해달라고 부탁했다. 벤의 얼굴이 아까보다 더 환해지더니, 외투 주머니에서 살짝 구겨진 조직표를 꺼냈다.

"존 스콰이어스를 빼고, 그다음으로 중요한 사람이 니콜라스 스트레인지예요. 사실 니콜라스가 존보다 끗발이 세죠. 2년쯤 전인가, 존이 니콜라스를 데려왔어요. 회사 실적을 올리도록 사람들을 쪼는 일을 맡기려고요. 존은 그런 일에 젬병이거든요. 본인도 잘 알아요. 공격적으로 밀어붙이는 데는 니콜라스가 선수죠. 정말 뛰어날 정도로 잘해요."

그럴 것 같다.

"니콜라스는 여기 오자마자, 제러미 하이드를 데려와 전무이사에 앉혔어요."

전무이사의 이름을 말할 때 벤의 말투는 조심스러웠다.

"두 사람이 회사를 정말 대대적으로 개편했어요. 2년 전이랑 엄청 달라졌거든요."

더 좋게 바뀌었는지, 더 나쁘게 바뀌었는지 벤은 말이 없었다. 내 생각에 더 나빠진 것 같았다.

주문한 커피가 왔다. 벤은 커피에 설탕을 세 스푼 넣고 저었다.

"사장인 니콜라스는 밑에 영업서비스부 이사 네 명을 두고 있어요. 다 중요한 사람들이죠. 제가 볼 때, 가장 핵심적인 인물은 인사부의 휴 워렐 이사예요. 다른 것보다 니콜라스랑 제러미와의 인맥 때문에 그래요."

벤은 몸을 숙이고는 비밀 얘기라도 하듯이 목소리를 낮췄다.

"휴, 니콜라스, 제러미, 이 셋이 친구 사이걸랑요. 세 사람 이름으로 된 별장도 있대요."

나는 커피를 홀짝이며 고개를 끄덕였다. 제일 먼저 경영진을 한 명씩 만나서 안면을 트고 마케팅 전략 재검토에 대해 조언을 얻어야겠

회장
존 스콰이어스

사장
니콜라스 스트레인지

전무이사
제러미 하이드

인사부 이사
휴 워렐

마케팅부 이사
멕 몽고메리

영업서비스부
북부 사업부 이사
라이언 건

영업서비스부
남부 사업부 이사
제임스 스완

영업서비스부
동부 사업부 이사
거스 웨어링

영업서비스부
서부 사업부 이사
맥신 새비지

제품 담당자
샌드라 피어슨

제품 담당자
벤 바우저

제품 담당자
카일리 굿윈

시장조사 분석가
데이비드 윌슨

마케팅 분석가
알렉스 레저

웹사이트 담당자
에밀리 리처드스

스마케팅부 비서
캐시 베일리

다는 생각이 들었다. 니콜라스, 제러미, 휴가 핵심 인물들 같았다.

"경영진이 마케팅부한테 지원은 좀 해주나요?"

벤은 턱을 만지작거렸다.

"존이 가장 많이 도와주죠. 니콜라스는 자기한테 맞다 싶으면 그냥 넘어가고요. 제러미가 적대적이긴 한데, 워낙 다른 사람들한테도 그래서. 물론 니콜라스한테는 빼고요. 휴는 별로 못 만나요."

벤이 한숨을 쉬었다.

"그런데 경영진만큼 우리 부서에 중요한 사람들이 바로 영업서비스부 이사들이에요. 우리가 제일 직접적으로 대면하는 사람들이거든요. 이사 넷 중에 제임스 스완이 제일 좋아요. 사람이 좋은 데다, 우리가 하는 일을 신뢰하고, 사고의 폭도 굉장히 넓은 사람이거든요. 라이언 건과 거스 웨어링도 그럭저럭 괜찮아요. 맥신 새비지가 으르렁대면서 우리랑 거리를 두고 있죠."

내가 생각했던 것보다 관계가 더 복잡해 보였다. 존 스콰이어스랑 얘기할 때는 할로우 케인의 경영진한테 훨씬 더 긍정적인 인상을 받았었는데. 시작부터 이 회사가 굉장히 정치적인 곳이라는 생각이 들었다. 벤이 설명을 끝낸 것 같아서, 이번엔 내가 질문을 던졌다. 벤이 이 회사에서 어떻게 지냈는지 궁금했다.

"내년이면 25년차로 장기 근속자가 돼요."

벤이 자랑했다.

"25년 근무하신 거면 꽤 오래 계셨네요. 어떠셨어요?"

"아주 좋았죠. 먹고살 만큼 돈도 벌고, 4년 3개월만 있으면 연금도 꽤 받아요."

나는 퇴직 날짜를 세는 사람이 누가 있을까 싶었다.

"시끄러운 일만 피해 가면 돼요."

벤이 속내를 털어놓았다.

나는 무슨 뜻인지 몰라 물었다.

"윗사람들은 들어왔다 나가는 경우가 허다해요. 상사가 제 발로 나가거나, 아니면 새로 갈릴 때까지 때로는 그냥 참고 견딜 필요가 있어요. 다음번에 누가 내 상사가 될지 알 도리는 없죠. 전 수십 년 동안 못된 상사를 몇 명 만났어요. 그런데 몇 년 뒤에 자리가 바뀌면서, 결국 그 못된 상사는 자기가 못살게 굴던 사람 밑에서 일하더라고요! 갈수록 흥미로워지는 거죠."

벤의 솔직한 생각은 이 회사를 이해하는 데 도움이 됐다. 나는 사무실로 돌아가면서도 벤에게 계속 이것저것 물어봤다.

우리가 4층으로 돌아온 지 얼마 안 돼 멕이 들어왔다. 멕은 너무 바빠서 시간을 못 내 미안하다고 사과한 뒤, 회의실로 같이 가자고 했다. 멕이 문을 닫는 순간, 뭔가 일이 잘못됐다는 느낌이 팍 왔다. 멕의 얼굴은 창백하고 근심이 어려 있었다. 무척 불안해 보이고 웃지도 않았다.

"로렌."

좀 쉰 목소리였다.

"몇 가지 안 좋은 소식이 있어요."

심장이 멎는 것 같았다. 뭐 때문에 그러는지 궁금해 멕의 얼굴을 뚫어져라 봤다. 도대체 뭐가 잘못된 거지?

멕이 헛기침을 했다.

"저 오늘 아침에 사직서 냈어요."

뭐? 처음에는 뭔 말을 하는가 싶어 아무 말도 못했다. 멕은 가만히 기다리고 있었다. 불현듯 '사직서'라는 단어가 다시 생각났다. 이제야 상황 파악이 됐다. 내 얼굴에서 미소가 사라졌다.

"그럴 리가요!"

입이 떡 벌어졌다.

"미안하지만, 사실이에요."

"왜요?"

입이 바짝바짝 타들어갔다.

"부서원들이 모이면 자세히 말씀드릴게요. 출근 첫날인데 이런 일이 있어서, 로렌한테 제일 먼저 미안하단 말을 하고 싶었어요. 정말 말도 안 된다는 걸 알지만, 경솔하게 결정한 일은 아니에요. 지난주에 일이 있었는데, 다른 선택의 여지가 없었어요."

눈물이 왈칵 쏟아졌다. 나는 마음을 추스르려고 애썼다.

"지난주에 있었다는 일이 회사 일이랑 관련된 건가요, 아니면 개인적인 문젠가요?"

"일과 관련된 문제예요."

멕이 괴로운 듯 말했다.

무슨 일인지 궁금했다. 틀림없이 굉장히 안 좋은 일이겠지.

"뭐 때문인지는 모르겠지만, 정말 마음고생이 심하셨겠어요."

"실망시켜서 정말 미안해요, 로렌."

멕의 눈도 촉촉이 젖어 있었다.

"정말이지, 고민하고 또 고민했어요. 로렌을 뽑을 때까지만 해도 그만둘 생각이 없었거든요. 로렌이랑 정말 같이 일하고 싶었는데. 그만 둘 생각이 조금이라도 있었다면, 사람을 새로 뽑지 않았을 거예요."

충격적인 소식에 마음이 너무 혼란스러웠다. 오만 가지 생각이 다 들었다.

"사실, 정말 서운해요."

내 목소리가 떨리고 있었다.

"정말이지 멕 때문에 이 회사에 온 거예요. 멕이 정말 좋은 상사 같아서요. 실력도 아주 뛰어난 사람이니까 배울 것도 많겠다 싶었 는데."

정말 속상했다. 갑자기 앞날도 불투명해졌다. 멕이 휴지를 건넸다.

"지난주에 무슨 일이 있었는지 모르겠지만, 정말 안 좋은 일인 거 죠?"

"네, 조금 있다 말씀드릴게요. 캐시가 긴급하게 부서회의를 잡고 있어요."

바다에서 조난당한 기분이었다. 불과 몇 분 사이에 세상이 걷잡을 수 없이 돌아가고 있었다.

"언제 그만두세요?"

"처리해야 할 일이 있어서, 한 달 후에 그만둘까 해요. 내일 아침 에 회의를 해봐야 정확한 날짜를 알 수 있어요."

나는 목소리가 잘 안 나왔다.

"그래도……. 그래도 한 달은 계실 거죠, 그죠? 적어도 몇 주는 이 사님이랑 일할 수 있겠네요."

나는 기운이 다 빠졌고 새 직장에 대한 기대감은 깡그리 사라져버
렸다.

"그래요, 그러면 저도 좋겠어요."

멕이 한숨을 쉬었다.

"그런데 영업부랑 마케팅부 직원이 사직서를 내면 보통 그날로 그
만두긴 해요. 아무튼 내일 알려드릴게요."

멕은 휴지로 얼굴을 닦았다. 긴장을 덜려고 그러는 것 같았다.

"부서 사람들이 곧 올 거예요. 괜찮아요, 로렌?"

나는 멕을 위해 조금이나마 웃어 보였다.

"괜찮아질 거예요. 그냥 좀 놀라서 그래요."

멕이 또 휴지를 건넸다.

"미안해요. 저희 집안이 대대로 눈물이 많아요. 영화관에서 만났
으면 좋았을 텐데요. 특히 슬픈 영화나 눈물 짜는 멜로 영화 같은 걸
보면서요. 제 꼴이 말이 아니죠!"

"괜찮아요. 제가 해줄 수 있는 조언이 하나 있는데. 크리넥스에 투
자해봐요!"

우리 둘 다 웃었다. 나는 기분이 좀 나아졌다. 하지만 내가 예상했
던 출근 첫날은 이런 모습이 아니었다.

5

흙 속의 보석

　　　　　　　　　　　　　　　부서 사람들이 속속 도착했다. 다
들 무슨 일이냐는 표정이었다. 다행히 나는 눈물을 겨우 멈춘 상태였
다. 멕이 사람들에게 와줘서 고맙다고 인사했다. 괴로운 표정이었다.

　"중요한 소식이 몇 가지 있습니다."

　멕이 사람들의 얼굴을 쭉 훑어보며 조용히 말했다.

　"제가 회사를 그만두게 됐습니다."

　멕은 말을 더 잇지 못했다. 침묵의 시간이 꽤 길게 느껴졌다. 헉 하
고 놀라는 소리가 군데군데 들리더니, 다들 아무 말 없이 눈을 휘둥
그렇게 뜬 채 다음 말을 기다렸다.

　잠시 후, 멕이 입을 열었다.

　"오늘 아침에 사직서를 냈어요."

　멕은 다시 말을 멈추고 숨을 골랐다.

　"지난주 말에 제러미 하이드가 저한테 정말 심한 폭언을 했어요.
용납하기 힘든 말이었죠. 그런데 같은 일이 또 벌어진 거예요. 그래

서 주말에 마음을 굳혔어요. 참고만 있지 않겠다고요. 남편과 얘기해서 그만두기로 결정했어요."

분위기가 심각했다. 모두 충격을 받았고 얼굴에는 낙담한 기색이 역력했다. 여직원 몇몇은 눈물을 글썽거렸다. 남직원들 눈에도 눈물이 맺혔다. 누군가 휴지를 더 가지러 나갔다. 사람들이 저런 반응을 보이다니, 멕은 정말 좋은 상사였나 보다.

웹사이트 담당자인 에밀리 리처드스가 울음을 터뜨리더니 꺼이꺼이 울기 시작했다. 샌드라 피어슨은 멕이랑 다 같이 사표 내고 컨설턴트 회사를 차리자고 반 농담조로 말했다. 그러던 샌드라도 잠시 뒤 울먹였다.

시장조사 분석가인 데이비드 윌슨은 고개를 절레절레 흔들었다.

"심하게 얻어맞은 기분이네요. 실은 지난주에 취업알선 업체에서 좋은 자리가 있다며 전화가 왔었거든요. 관심 없다고 했는데, 멕이 그만둔다면 다시 전화해봐야겠네요."

"성급한 행동 말아요. 문제가 해결되고 모든 게 제자리로 돌아올 때까지 시간을 두고 기다려봐요."

멕이 충고했다.

"멕이 없는데 어떻게 제자리로 돌아오겠어요?"

"여러분은 훌륭한 팀원들이잖아요."

멕이 눈물을 닦으며 말했다.

"멕은 훌륭한 상사고요."

몇몇 사람이 얘기했다.

부서 비서인 캐시 베일리는 아무 말이 없었다. 너무 속상해서 말이 안 나오는지, 멍하니 허공만 바라봤다.

나는 도대체 어떻게 해야 하지? 이 직장이 매력적이라고 느꼈던 제일 큰 이유는 멕이랑 같이 일할 수 있게 된다는 점 때문이었다. 그만둘 생각이 없었다는 멕의 말은 믿지만, 폭언 사건으로 볼 때 할로우 케인에는 겉으로 드러나지 않는 뭔가가 많은 듯하다. 정말 좋은 회사인 줄 알았는데, 아닌가 보다. 이렇게 덜컥 사표를 내기 전까지 틀림없이 멕은 이러지도 저러지도 못하고 많이 힘들었을 것이다.

하지만 나 역시 설 자리가 없어졌다.

멕이 나를 바라봤다.

"로렌, 정말 너무 미안해요. 출근 첫날에 이런 엄청난 일이 터져서요."

"괜찮아요. 오히려 멕이 많이 힘들었겠어요. 특히나 지금까지 그런 힘든 상황에서 일했다면요."

그동안 멕이 어떤 기분이었을지 나는 너무나 잘 안다.

"틀림없이 멕의 결정이 맞겠죠. 전 어차피 전에 다니던 회사를 그만둘 생각이었으니까, 저한테 미안해하실 필요 없어요."

에밀리가 눈물을 멈추고 말했다.

"정말 열 받아. 제러미 같은 인간 때문에 멕 같은 사람이 그만두다니요. 나가야 할 사람은 제러미죠. 다 너무 정치적이야."

벤이 헛기침을 했다.

"멕, 언제 그만두나요?"

"아직 잘 모르겠어요. 내일 존과 휴랑 얘기해봐야 알아요."

"우리 상관으로 누가 와요?"

카일리 굿윈이 물었다. 카일리의 얼굴은 별로 어둡지 않았다. 멕이 그만둔다는 데 마음이 짠하지 않은 모양이었다.

"모르겠어요. 존과 니콜라스가 결정하겠죠."

사람들은 기운이 하나도 없어 보였다. 우리는 말없이 앉아 있었다. 다들 멕이 그만두면 앞으로 어떻게 해야 하나 곰곰이 생각했다. 캐시는 여전히 초점 없는 충혈된 눈으로 멍하니 있었다.

에밀리가 선언하듯 말했다.

"애를 또 가질까봐!"

에밀리는 벌써 생각이 거기까지 미쳤나 보다. 분위기를 풀어주는 반가운 얘기에 다들 웃음을 터뜨렸다.

벤이 몸을 숙였다.

"멕의 마음이 중요하죠. 우리 모두 멕이 잘됐으면 좋겠어요."

벤이 사무실을 쭉 둘러보며 말했다.

"일할 생각이 별로 안 나네요. 점심시간도 다 됐는데, 내려가서 뭐라도 먹죠! 지금 할인 시간대잖아요. 멕, 어때요?"

"좋아요!"

멕이 웃었다.

할로우 케인의 출근 첫날은 이러했다. 내가 예상했던 것과 완전 딴판이었다. 우리는 오후 내내 식당에 있었다. 나는 회사 간부들에 대해 더 많이 알게 됐다. 존 스콰이어스가 해준 말과 다르게, 회사 내에는 정치적인 문제들이 수두룩했다. 새 직장 동료들의 얘기로 봐서는, 경영진의 몇몇은 권력욕과 자존심이 굉장하고 나머지는 절대 평지풍파를 일으키지 않는 예스맨이다. 앞으로 어떤 일이 펼쳐질지 걱정스러웠다.

긴 테이블 한편에 서서 나는 멕, 그리고 벤과 이야기를 나누었다. 벤은 무슨 일이 있었는지 더 자세히 얘기해 달라고 멕에게 부탁했다. 멕의 낯빛이 안 좋아 보였다.

"지난주에 제러미 하이드가 저한테 책을 던졌어요."

멕은 무덤덤하게 말했다. 나는 놀라서 아무 말도 안 나왔다.

"참는 데도 한계가 있더군요. 그동안 제러미의 폭언을 내가 얼마나 많이 참았는데요. 말로 하는 거랑 책을 던지는 건 완전히 달라요."

"무슨 문제로 다투던 중이었는데요?"

벤은 제러미가 물건을 던졌다는 말에 전혀 놀라는 기색 없이 물었다.

"제러미가 우리 부서원 중 한 명한테 욕을 해서, 그 문제로 얘기 좀 하려고 갔었어요. 부하 직원을 방어하고 제러미한테 적절한 조치를 요구하려고요. 근데, 대화를 별로 달가워하지 않더군요. 얼굴이 붉으락푸르락하더니 곧바로 화를 냈어요."

"어떤 직원한테 욕했는데요?"

벤이 물었다.

"벤, 그건 중요한 문제가 아니에요."

멕이 손을 저으며 말했다.

"제러미랑 다른 두 핵심 인물과 내 관계가 끝났다는 사실이 중요하죠. 그런 식의 행동은 이제 못 견디겠어요. 특히 내 목을 조르려고 덤벼드는 사람들은 더더욱 못 참겠어요!"

그 심정을 충분히 이해한다. 나는 벌써 제러미 하이드가 무섭다. 만난 적도 없는데 말이다.

"이 얘기를 다른 사람한테 해봤어요?"

내가 물었다.

"존한테 얘기했죠. 그나마 유일하게 얘기가 되는 사람이 존이거든요. 제러미는 니콜라스랑 엄청 친하고, 두 사람은 또 휴 워렐하고 친하니까요."

식당이 시끄러워서 멕의 얘기가 잘 안 들리자 벤과 나는 몸을 앞으로 숙였다.

"내가 얘길 했더니 존이 진심으로 걱정하더군요. 그런데 존은 목격자가 있는지 궁금해했어요. 없다고 했죠."

"책이 있잖아요."

멕이 벤의 농담에 웃었다.

"존은 정말 좋은 사람이긴 한데, 이런 문제들을 처리하기 곤란해하고 정치적인 문제에 관여하거나 편 가르기를 싫어해요. 내가 이 문제를 키우면, 되레 더 심하게 공격받을걸요. 그래서 그만두기로 했어요. 하지만 주위에서 어떤 일이 벌어지는지 알고는 있어야 한다고 존한테 얘기했어요. 또 회사 문화가 달라지고 있고 신경 써야 할 문제들이 산더미 같다고도 말했어요. 그냥 못 본 척하면서, 일이 안 일어나기를 바라더라도 문제는 사라지지 않을 테고, 더 심해지기만 할 거라고요. 존에게 이렇게 충고했어요."

나는 앞으로 부딪치게 될 싸가지 없는 임원들에 대해 더 알고 싶었다.

"멕, 다른 임원들이랑 사이가 틀어진 이유가 뭐예요? 멕 같은 사람이랑 왜 잘 못 지내는지 이해가 안 돼요."

멕이 잠시 말을 멈췄다. 벤이 불쑥 끼어들어 활기찬 목소리로 말했다.

"진짜 무슨 일이 있었는지 내가 얘기해줄게요. 니콜라스와 그 친구들이 할로우 케인에 온 순간부터 멕은 눈 밖에 났어요. 기분 나쁘게 듣지는 말아요, 멕."

멕이 웃었다.

"관련된 경영 이론이 하나 있는데요. 관리자들은 윗사람들에게 붙든지, 아니면 아랫사람들과 잘 지내든지 선택을 하죠."

벤은 잔을 내려놓더니 자유롭게 손짓했다.

"윗사람들과 잘 지내려면 정치적으로 될 필요가 있어요. 하지만 윗사람 눈에 드는 행동은 부하 직원들이 보기에는 정말 왕재수예요. 예를 들면, 자기 생각을 분명하게 말하지 않기, 중요한 것을 옹호하지 않기, 일관성 없게 행동하기, 윗사람이 원하는 바에 편들기, 윗사람을 최우선시하기, 뭐 이런 게 있죠. 이런 일을 잘할수록, 자기 부서에서는 존경을 덜 받겠죠. 부하 직원들은 그런 상사 속을 뻔히 알고 믿지 않아요."

"정말 우려스러운 이론이네요."

내가 잔을 내려놓고 존을 보며 말했다.

멕은 마치 할로우 케인 임원들의 명단을 쭉 훑어보듯 천장을 쳐다봤다.

"와, 벤, 그 말이 맞을지도 모르겠네요. 임원들 대다수가 윗사람들이랑 잘 지내고 아랫사람들한테는 미움을 받잖아요. 제임스 스완만 빼고요. 제임스는 윗사람들하고는 잘 못 지내도 부하 직원들한테는 인기가 있어요! 딱 들어맞네."

"두 가지 다 잘하기는 어렵죠."

벤이 어깨를 으쓱했다.

"두 가지 다 잘하는 상사는 거의 본 적이 없어요. 내 이론은 그 사이에서 적절하게 균형을 이루자, 뭐 그런 거죠."

내가 아는 상사들을 생각해봤다. 문득 독한 년 디가 떠올랐는데, 디의 행동을 생각하니 벤의 이론에 찬성표를 던질 수밖에 없었다. 왠지 모르겠는데, 디 애쉬먼은 언제나 윗사람들 눈에 들었다. 뭔 방법을 썼는지 모르겠다.

멕은 진토닉을 조금씩 마셨다.

"음, 내가 니콜라스와 제러미 같은 윗사람들이랑 잘 못 지내긴 하죠. 난 책략 부리는 데 반대하는데, 그 사람들은 그런 걸 중요하게 생각해요."

"그래서 우리가 멕을 좋아하잖아요!"

벤이 빈 잔을 들고 멕이랑 건배했다.

나는 5시가 막 지났을 때 식당을 나서서, 복잡한 마음으로 차를 몰고 집에 왔다.

오늘 있었던 일 때문에 진이 다 빠져서, 현관 바로 앞에 가방을 휙 던져놓고 제일 가까운 데 있는 편안한 의자에 몸을 맡겼다. 해리가 와락 안기더니 오늘 있었던 일을 숨넘어갈 듯 얘기했다. 서재에서 폴이 컴퓨터를 끄는 중이라고 소리쳤다. 곧 남편이 와서 오늘 어땠는지 물었다.

나는 해리를 내려놓고 말했다.

"첫 소식은 있잖아, 멕이 회사를 그만뒀다는 거야."

나는 남편에게 그날 일을 들려줬다.

폴은 놀라서 가만히 서 있었다. 남편은 방을 서성거리며 머리를 절레절레 흔들더니, 웃으며 말했다.

"말도 안 돼! 책을 써도 되겠어, 로렌!"

나는 웃지 않고 애니를 큰 소리로 불렀다.

"애니, 네 동화책 좀 가져다줄래?"

애니가 복도를 달려와 책을 건네주고서 내 옆에 앉았다. 나는 책을 휙휙 넘기며 지금 내 기분을 잘 표현하는 우화를 찾았다.

"여기 있다."

수탉이 땅을 파며 먹이를 찾다가, 우연히 땅에 떨어진 보석을 발견했어요.

"허어!"

수탉이 말했어요.

"보석이야 분명히 좋은 것이고, 보석 주인이 이걸 찾으면 엄청 기뻐하겠지. 하지만 나한테는 세상의 보석을 다 갖다줘도 강냉이 한 알만 못해!"

애니가 아리송한 표정으로 나를 보며 말했다.
"이해가 안 돼. 나 같으면 보석을 가질 텐데."
"나중에 얘기하자. 지금은 밥해서 저녁 먹어야 하니까."
내가 웃으며 말했다.

둘째 날

　　　　　　　　　　　　다음 날 차로 출근하는데, 새 직장에 대한 열정이 많이 줄어든 느낌이었다. 할로우 케인의 실체가 궁금했다. 멕이 그만두는 바람에 새 직장에 대한 가장 중요한 매력을 상실했다. 이제 겨우 출근 둘째 날인데.

　다른 부서원들도 힘들어 보였다. 에밀리는 잠을 거의 못 잤다고 했고, 캐시는 눈 밑에 다크서클이 생겼다. 멕은 존, 휴를 만나러 올라가기 전에, 팀원들 자리를 다니며 한 사람씩 잠깐 동안 이야기를 나누었다. 나는 멕한테 어제보다 더 여유 있어 보인다고 했다. 멕도 내 말에 동의했다.

　"사표 쓰기로 결정하고 직원들한테도 다 얘기했더니 마음이 한결 편해졌어요."

　9시 30분쯤 멕이 돌아와 우리한테 회의실로 오라고 했다.

　"바로 그만두기로 결정이 났습니다. 한 달 동안 있으면서 처리 못한 프로젝트들을 순조롭게 마무리하고 여러분과도 잘 헤어지고 싶

었는데, 못 그러겠네요. 여러분과 일해서 그동안 즐거웠고요, 정말
보고 싶을 거예요."

"바로 그만두라고 하다니, 그 사람들 무슨 앙심이 있는 거 아니야.
우리한테 도대체 무슨 도움이 된다고 그러지?"

에밀리가 씩씩댔다.

멕이 잠시 사이를 두고 말했다.

"존은 한 달 더 일해도 좋다고 했지만, 니콜라스는 내가 이미 마음
이 떠난 데다, 나 없이 일을 진행해볼 필요도 있다고 주장했어요. 휴
가 니콜라스 말에 맞장구를 쳤고 존도 마음을 바꿔 동의했죠."

어제부터 유일하게 침착한 카일리 굿윈이 같은 질문을 또 던졌다.

"후임자로 누가 와요?"

나는 가슴을 졸였다. 목구멍이 꽉 조이는 듯했다. 속으로 기도했다.

'제발, 디 애쉬먼은 아니길!'

멕이 대답하기 전까지 마치 세상이 잠시 멈춘 것 같았다.

"마커스 폼프리가 와요."

휴, 정말 다행이다! 물론 논리적으로 봤을 때, 바로 어제 멕이 사표
를 냈으니 외부에서 사람을 데려올 시간은 없었다. 하지만 피해망상
처럼 디가 계속 생각났다.

정신을 차려보니 사무실이 조용했다. 곁눈질로 보니까, 에밀리가
양손으로 목을 꽉 쥐고서 목을 끌어올리는 시늉을 하고 있었다. 에
밀리는 탁자 건너편에 있는 샌드라를 보고 웃었는데, 샌드라도 똑같
은 시늉을 했다. 그런데 회의가 끝나고 그 행동이 무슨 뜻이었는지

물어본다는 것을 깜박했다.

"농담이겠지."

누군가 말했다. 어떤 사람인지 모르겠지만, 마커스 폼프리는 멕만큼 인기가 많은 사람이 아닌 모양이다.

"멕, 정말 보고 싶을 거예요."

다들 한목소리로 말했다. 나는 사무실을 둘러봤다. 모두들 무척 심란해하는 기색이 역력했고, 멕의 사임이 본인한테 어떤 영향을 미칠지 곰곰이 생각하는 듯했다. 그나마 미래가 조금이라도 투명해 보이는 사람은 멕이 유일했다. 카일리도 괜찮아 보였다.

미팅이 끝나고 우리는 각자의 자리로 느릿느릿 걸어갔다. 자리에 가니 존 스콰이어스가 보낸 메일이 막 도착했다.

전 직원에게,

참으로 유감스럽게도, 어제 멕 몽고메리가 사임한 소식을 알려드리고자 합니다. 멕이 마케팅부 이사라는 중책을 맡고 있어서, 사표를 즉각 수리했고 멕은 오늘 떠날 예정입니다.

우리는 멕이 그동안 긍정적인 영향을 준 데 감사하고 그녀가 앞으로 잘 지내기를 바랍니다. 사견이지만, 개인적으로 멕과 함께 일하는 동안 무척 즐거웠고 멕이 보고 싶을 것입니다. 마커스 폼프리가 홍콩에서 해외 업무를 끝내고 2주 안에 돌아오면 멕 대신 마케팅부 이사직을 맡습니다. 마커스가 돌아올 때까지 샌드라 피어슨이 직무

대행을 합니다.

회장 존 스콰이어스 드림.

벤이 얘기를 하려고 내 자리로 왔다. 우리는 다시 회의실로 갔다.

"마커스 폼프리는 어떤 사람이에요?"

"마커스는 출세한 젊은 남자예요. 1년 전에 홍콩 지점으로 가기 전까지 우리 사무실에서 일했어요. 마케팅 일은 능숙하게 잘해요. 사람 관계가 별로여서 그렇지. 마커스가 해외로 전근 갔을 때 다들 좋아했어요. 자기 생각만 하는 사람이에요. 그게 그 사람의 문제점이죠. 예스맨에다가 남한테 잘 보이려고 하는 사람이에요. 윗사람들한테 잘해서 존, 니콜라스, 제러미, 휴 모두가 예뻐하죠."

"벤의 이론을 뒷받침하는 상사가 또 있네요."

내가 웃으며 말했다.

"그렇죠."

"사람을 못살게 굴어요?"

내가 걱정스러운 목소리로 물었다. 디처럼 악질일까봐 걱정됐다.

"아니요, 그렇진 않아요. 본인 생각만 하는 사람은 맞지만, 위협적이라기보다 정치적이고 종잡을 수 없는 사람이에요. 겁을 주기보다는 좌절감을 안겨줄 가능성이 높죠."

그런 식으로 이상하다면 다행이다.

"우리는 마커스를 ATC라고 불러요. 항공교통관제소(The Air Traffic

Controller)라는 뜻이죠. 마커스의 레이더 화면에 사람들이 나타나요. 사람들을 착륙시킨 뒤 다음 사람으로 넘어가는데, 방금 전에 착륙한 사람은 까먹어요. 사람들을 착륙시키고 또 다음 사람으로 넘어가죠. 레이더를 끄고 나면 다 잊어버려요."

벤이 웃으며 말했다.

"사실 난 마커스랑 꽤 잘 지냈어요. 난 전혀 위협적인 존재가 아니니까!"

사람을 괴롭히는 것보다는 낫다. 그런데 난 어떻게 되는 거지? 독한 년 디 곁을 떠나면서부터 제정신을 유지하고 있는 내 모습이 떠올랐다.

회의실을 나오면서, 벤이 한마디 덧붙였다.

"늘 보니까, 마커스가 미친 행동을 하면 승진하더라고요."

계급장

잡생각을 떨쳐버리고 새로운 일에 열중하려고 최선을 다했다.

셋째 날 아침, 벤한테 경영진이 있는 층에 함께 가서 임원들을 소개해 달라고 부탁했다. 내 프로젝트에 제일 영향을 받을 경영진을 만나고 싶었다. 약속을 잡으려고 할로우 케인 조직표와 일정표 몇 장을 뽑았다.

건물 꼭대기 층에서, 벤이 보안 카드를 대고 임원들 방으로 들어가는 문을 열었다. 그다음 광경에 나는 제자리에 딱 멈춰 서버렸다. 마치 식물 정원으로 들어가는 듯했다. 칸막이 없는 사무실이 회사 자랑거리임은 알고 있었지만, 여긴 훨씬 더 굉장했다! 좁아터진 아래 층들과 달리, 이곳은 책상들 간격이 아주 널찍해서 일반적인 목소리는커녕 서로 소리쳐도 못 들을 것 같았다. 작업 공간은 미로처럼 얽힌 이국적인 커다란 식물들로 나뉘어 있었다. 혹시라도 벤을 잃어버렸다가는 나를 찾는 수색대가 필요할지도 모른다.

나는 벤을 보며 말했다.

"굉장한데요!"

"그죠. 높으신 분들의 혜택 중 하나죠. 존 스콰이어스 방부터 시작해 볼까요."

벤이 모퉁이 쪽으로 나를 데려갔다. 존의 사무실은 깨끗하고 편안한 분위기였다. 책상에는 가족사진이 놓여 있고, 회의 탁자에는 오늘자 신문들이 가지런히 접혀 있었다. 책상에 앉아 있던 존이 얼굴을 들고 손을 흔들었다.

"안녕하세요, 회장님. 로렌한테 관제센터를 구경시켜 주는 중이에요."

"어이, 벤. 어떻게, 잘 지냈어요? 식구들은 어때요? 큰아들은 축구 잘하고 있어요?"

얼굴에 웃음을 띤 채 존이 책상을 돌아 나왔다.

"로렌, 잘 지냈어요?"

존이 내 손을 꼭 잡고 악수했다. 존의 키가 새삼 크게 느껴졌다.

"같이 일하기로 결정해서 정말 기뻐요, 로렌. 다 돌아보고 조금 있다 다시 올래요? 그때 얘기합시다. 다음 회의 전까지 30분 정도 시간이 있으니까요."

"고맙습니다. 그렇게 하죠. 좀 있다 봬요."

벤과 나는 자리를 옮겼다.

"존 옆은 니콜라스 스트레인지의 방이에요."

우리는 식물들을 가로질러 갔다. 나머지 방들과 다르게, 니콜라스의 사무실에는 벽이 있었다. 니콜라스도, 비서도 자리에 없었다.

벤이 귓속말로 말했다.

"니콜라스는 이 회사에 오자마자 자기 사무실에 벽을 만들었어요. 듣자하니 칸막이 없는 사무실을 못 견뎌 한대요. 근데 니콜라스는 자기 덕택에 다른 사람들이 비용 절감 혜택을 본다고 떠들어대요. 게다가 회의 탁자의 의자들을 자세히 보면, 탁자 상석에 있는 니콜라스의 의자가 나머지 의자들보다 조금 더 높아요."

벤은 듣는 사람이 없는지 주위를 휙 둘러본 다음, 작은 목소리로 말했다.

"니콜라스가 다른 의자들의 다리를 몽땅 1인치 정도 잘랐거든요."

"에이, 농담 말아요!"

나는 벤의 얼굴을 자세히 뜯어봤지만, 웃는 기색이 전혀 없었다.

"벤이 해준 다른 말은 다 믿어도, 이 얘기는 못 믿겠어요!"

나는 웃었다.

벤이 씩 웃으며 말했다.

"다른 사무실보다 더 넓은지 확인하려고 자기 사무실 크기도 쟀대요."

벤이 웃겠지 하고 또 기다렸지만, 벤은 그저 어깨를 으쓱했다.

니콜라스의 비서가 자리에 돌아왔다. 벤이 비서한테 나를 소개했고, 비서는 니콜라스와 만날 약속을 잡아주었다. 우리는 식물들의 기분 좋은 향기를 맡으며 자리를 옮겼다.

우리는 19층에 있는 회의실까지 계단으로 내려갔다. 2미터쯤 되는 너비에, 반짝반짝 윤이 나는 베니어판에 니스를 바른, 나무 계단이었다. 면접 때 아래층에서 이 계단을 본 기억이 난다. 참 좋아 보이는 계단이었다.

"정상으로 가는 계단이네요!"

내가 웃으며 말했다.

"정상에서 내려오는 계단이기도 하고요."

벤이 재치 있는 말로 응수했다.

임원들 대다수가 자리를 비워서, 층을 다 돌았을 즈음 잡은 약속이 몇 안 됐다. 한 바퀴를 다 돌고 존 사무실로 다시 가기 전에, 사무실 하나가 남았다.

"여기가 영업서비스부의 북부 사업부 이사인 라이언 건의 사무실이에요."

라이언은 통화 중이었다. 우리가 들어섰을 때, 라이언은 일정이 연기됐다고 투덜대면서 전화를 끊었다.

"라이언 이사님, 이 분은 로렌 존슨 씨예요. 이번 주부터 전략적 마케팅 매니저로 일하고 있어요."

"안녕하세요, 로렌."

라이언이 웃으며 말했다. 그는 이탈리아제로 보이는 비싼 실크 넥타이를 하고 코트를 입고 있었다. 젤을 바른 검은 머리에, 귀 바로 아래까지 연필처럼 가느다란 구레나룻이 있었다. 30대 후반처럼 보였는데, 그 나이에 이사가 됐으면 틀림없이 지금까지 상당한 실적을 올렸겠다 싶었다.

라이언의 사무실 배치는 색달랐다. 다른 임원들은 서로 책상을 최대한 멀리 떨어뜨리려고 하는 반면에, 라이언은 책상을 핵심 통로에 가까이 두었다. 창문 근처 자리는 비서 차지였다.

일반적인 인사가 오간 뒤, 내가 라이언에게 말했다.

"이사님의 자리 배치 방식이 흥미롭네요. 이사님 자리는 복도 근처고, 비서 분 자리는 창문 근처여서요."

"다 니콜을 위해서죠."

라이언이 즐겁게 손을 흔드는 비서를 가리키며 말했다.

"저는 회의 때문에 자리를 비우는 일이 많아서, 니콜이 햇볕도 쪼이고 전망도 보게 자리를 배치했어요. 이래야 공평하죠. 좋은 상사라면 으레 이렇게 해야죠."

나는 라이언에게 언제 만날지 물었다. 라이언은 너무 바빠서 미안하다며, 돌아오는 수요일에는 시간이 날 것 같다고 했다.

밖으로 나오자 벤이 키득거렸다.

"라이언은 책상을 복도에 아주 가까이 두고서 잠복해 있다가, 지나가는 사람한테 죄다 달려들어 질문 공세를 퍼부어요. 누구도 피해갈 수 없어요. 사무실이 존 바로 옆이라는 사실, 눈치챘어요? 라이언은 사무실을 옮길 때마다 좋은 데를 선점하려고 언제나 자기가 책임을 맡겠다고 자원해요."

정말 흥미로운 얘기다. 겉보기에는 친절하고 비서를 배려하는 듯 보이는데 속임수라니.

"자, 경영진이 있는 관제센터 관람이 다 끝났습니다."

벤이 팔을 활짝 펼치면서 말했다.

"이 사람들이 다예요?"

나는 머릿속에서 조직표를 더듬어 보며 물었다.

"미로 속이라 빠뜨린 사람이 있지 않을까요?"

우리는 웃었다.

"아니, 없어요. 영업서비스부의 네 번째 이사인 제임스 스완은 팀원들이랑 10층에서 같이 지내요. 이 층에서 지내지 않은 임원은 제임스와, 그만두기 전의 멕이 유일해요. 두 사람이 식물 알레르기가 있어서는 아니에요. 부서원들이랑 같이 있고 싶어서죠."

나는 벤의 이론, 윗사람한테 딸랑거리는 상사와 아랫사람들과 잘 지내는 상사 얘기를 떠올렸다. 제임스 스완을 만나보고 싶었다. 나는 사무실을 구경시켜 준 벤에게 고마움을 전했고, 벤은 존 스콰이어스와 미팅이 있는 나를 남겨두고 먼저 자리를 떴다.

존의 주의를 끌려면 노크를 해야 하는데 문이 없었고, 비서도 자리에 없었다. 나는 이 딜레마를, 왔다고 소리를 쳐서 해결했다.

"들어와서 앉아요, 로렌."

존이 둥근 탁자에 있는 의자를 가리키며 말했다. 존은 신문과 지저분한 커피 잔을 치웠다.

"할로우 케인에 오신 걸 환영합니다. 우리랑 같이 일하게 돼서 기뻐요. 멕이 그만둬서 마음이 아주 안 좋기는 하지만요."

"저도 그래요! 멕 이사님과 같이 일했으면 정말 좋았을 텐데요. 그래도 지금 이 자리에 있어서 기뻐요. 저한테 이런 기회를 주셔서 감사드립니다.”

“별말씀을요. 로렌이 일을 아주 잘하리라 믿어요. 제가 뭐 도울 일이 있으면 얘기해보세요.”

“한 가지 있는데요.”

나는 기회를 놓치지 않았다.

“회장님은 마케팅 전략을 재검토하는 일에 얼마나 개입하시길 원하세요? 직접 관여하고 싶으세요, 아니면 진행 상황만 보고 받으시길 원하세요?”

존은 두꺼운 턱을 만지작거렸다.

“로렌이 저한테 바라는 정도로 관여할게요. 외부 시장과 이사회 일이 제 역할에 더 맞아서요. 회사 운영 활동은 대부분 니콜라스 담당이에요. 로렌의 핵심 프로젝트는 나보다 니콜라스랑 더 연관 있고, 프로젝트 성공에도 니콜라스가 더 중요한 역할을 할 겁니다. 그래도 저랑 의논할 일이 있으면, 뭐든 오케이입니다.”

존은 다른 사람에게 회사 마케팅의 미래를 위임해서 무척 즐거운 듯했다. 확실히 존 스쾀이어스는 불간섭주의 스타일의 회장이었다.

그날 밤 저녁을 먹고서 폴이 해리를 재우는 동안, 나는 잠자리에 든 애니에게 이솝우화를 무척 읽어주고 싶었다. 화려한 임원들의 사무실, 화분에 담긴 무성한 식물들, 쓸데없이 넓은 공간이 자꾸 생각났다.

아, 내 생각을 잘 표현한 이솝우화가 여기 있다.

쥐들과 족제비들 사이에 전쟁이 벌어졌습니다. 그런데 전쟁에서 쥐 편이 져서, 수많은 쥐가 죽고 족제비에게 잡아먹혔어요. 그래서 쥐들은 전쟁 대책 회의를 열었어요. 한 늙은 쥐가 일어나 말했습니다.

"우리가 늘 지는 게 당연하오. 우리한테는 전투 계획을 짜고 전장에서 전투를 지휘할 장군이 없잖소."

늙은 쥐의 충고에 따라, 쥐들은 가장 큰 쥐들을 장군으로 뽑았어요. 장군 쥐들은 일반 병사 쥐들과 구분하기 좋게 짚으로 커다랗게 깃털 장식을 한 투구를 썼어요. 이제 장군 쥐들이 승리를 자신하며 쥐들을 이끌고 전투를 하러 나갔습니다. 하지만 평소처럼 또 져서 쥐들은 잽싸게 구멍으로 후다닥 도망쳐 들어갔어요. 다들 별 어려움 없이 몸 성히 들어왔습니다. 장군 쥐들만 빼고요. 장군 쥐들은 너무 거치적거리는 계급장 때문에 들어올 수 없었어요. 결국 장군 쥐들은 뒤따라온 족제비에게 쉽게 잡아먹혔습니다.

세 개의 봉투

제임스 스완을 만나고 싶었다. 다음 날 출근해서 제임스의 번호를 알아내 전화했다.

"여보세요, 제임스 스완입니다."

유쾌한 목소리였다.

"안녕하세요, 제임스 이사님. 로렌 존슨이라고 하는데요."

이어서 내 소개를 하려고 했는데, 그럴 필요가 없었다.

"아, 로렌, 안녕하세요. 이렇게 전화 주셔서 반갑네요. 맥한테 입사하신 얘기 들었어요. 뵙고 싶었어요. 서로 인사도 할 겸 한번 뵐까요?"

"네. 실은 그것 때문에 전화 드렸어요. 인사도 드리고 다음 주쯤에 뵐 수 있을까 해서요."

"좋습니다. 그런데 그렇게 오래 기다릴 필요 있나요! 오늘 오후는 어때요? 마침 전 오늘 일이 없는데요. 3시쯤이 좋겠네요. 오후에 커피 한 잔 하실래요?"

개방적이고 열정적인 제임스의 태도가 마음에 들었다.

"네, 좋아요. 거기 사무실로 갈까요?"

"아니요, 로렌이 신참이니까 제가 그쪽으로 갈게요."

"고맙습니다. 그럼 3시에 뵐게요."

정확히 3시에 제임스 스완이 나타났다. 벤이 제임스를 내 자리로 데려와 소개해줬다.

"로렌, 만나서 정말 반가워요."

우리는 손을 꼭 잡고 악수했다. 제임스는 눈웃음을 지었다.

"그럼 커피 마시면서 서로에 대해 더 알아볼까요?"

우리는 엘리베이터를 타러 갔다. 제임스도 회사 건물 1층에 있는 커피숍은 안 좋아해서 우리는 콜럼비아스로 향했고, 걸어가면서 서로 편하게 이야기를 나누었다. 가는 길에 제임스가 들려준 얘기에 따르면, 그는 할로우 케인에서 3년째 근무 중이고 영업서비스부의 남부 사업부 이사로 계속 있었다. 여기 오기 전에는 1년 동안 컨설턴트 일을 했고, 컨설턴트 전에는 다른 회사에서 5년 동안 일했다. 제임스는 전부 합해서 이 분야에서만 20년 이상을 일했다.

제임스가 할로우 케인에 입사한 동기를 물어서, 나는 멕과 같이 일하고 싶어서라고 대답했다.

"멕이 그만둬서 정말 안타까워요."

제임스는 진심으로 아쉬운 듯 말했다.

"멕이랑 같이 일하기를 정말 손꼽아 기다렸거든요. 그러니 출근 첫날에 멕이 그만둔다고 했을 때 제가 얼마나 충격을 받았겠어요.

멕이 정말 많이 힘들었나봐요."

"무지 충격적인 소식이었겠네요."

제임스가 내 심정을 이해해주었다.

"멕이 한동안 정말 힘든 일을 겪었거든요."

제임스는 말을 머뭇거렸다.

"멕은 제러미 하이드의 집중 공격 대상이었어요. 뭐 때문인지 제러미와 멕은 의견이 잘 안 맞았거든요."

제임스는 또 머뭇거리더니 더는 말이 없었다.

우리는 커피숍에 도착해 커피를 주문했다.

나는 멕이 그만둔 이유를 더 자세히 알고 싶었다.

"그런데 멕 같은 사람이랑 왜 잘 못 지내는지 이해가 안 돼요."

제임스가 웃었다.

"그게 말이죠, 모든 일이 다 이치에 맞는 건 아니니까요. 인간관계나 사람 많은 데서는 더 그렇죠. 누구나 아무리 애를 써봐도 도저히 안 맞는 사람이랑 일해 본 적 있을 거예요."

나는 그 말에 공감하며 웃었다. 독한 년 디가 생각났다. 곧이어 마커스 폼프리가 떠올랐고 그랑 잘 지내야 할 텐데 하는 생각이 들었다.

"자, 멕한테 무슨 일이 있었다고 칩시다. 분명히 멕 잘못이 아니어도, 멕은 영향력 있는 일부 핵심 간부들을 상대해야 하는 처지예요. 자신과 아주 다른 사람들을 말이에요. 멕이 어떻게 하든, 상대가 안 돼요. 전 멕이 그만두길 잘했다고 봐요. 멕한테는 훨씬 좋을 거예요."

나는 커피를 조금 마시고 잔을 내려놓았다.

"하지만 너무 실망스러워요. 직장이라면 서로 도와가며 딴 사람 의견도 받아들여야 하지 않나요?"

"하지만 그게 인생인걸요."

제임스가 차분한 목소리로 말했다.

"자, 보세요. 우리는 직장에서 각양각색의 사람들과 일하는데, 같이 일할 사람을 선택할 순 없잖아요. 그러니 당연히 의견차가 생기죠. 전 차이를 인정하는 스타일의 상사지만, 상사들이 다 그렇진 않아요."

"비관적으로 보시는 거 아니에요?"

내가 침울해하며 물었다.

"전혀요. 그냥 현실적인 생각이죠. 별의별 상황에 대처하는 방법이 필요하잖아요."

제임스가 웃으며 말했다. 나도 웃었다.

"제임스도 아주 힘들었던 때가 있었나 봐요."

"맞아요. 그런 때가 있었어요!"

제임스와 나 사이에 끈끈한 유대감이 생긴 듯했다.

"제일 끔찍했던 일은 뭐예요? 직장에서요."

"대답하기 쉬운 질문인데요!"

제임스가 웃더니, 커피를 조금 마시고서 입을 닦았다.

"1년 동안 혼자서 컨설턴트 일을 하기 전에 다니던 직장에서 회사 간부였어요. 별일 없이 만사가 순탄했죠. 그런데 갑자기 사장이 그만두고 다른 사람이 온 거예요. 무자비한 인간이 왔더군요. 신임 사장은 어떤 까닭에선지 내가 자기한테 적대적이라고 생각했어요. 부임한 첫 달에 날 해고해버리더군요. 물어보거나 토론할 여지도 없었죠. 마른하늘에 날벼락처럼 '제임스, 나중에 봅시다' 그러더군요. 구조조정 핑계를 대면서 나한테 앙갚음을 한 거예요. 회사 일을 즐겁게, 충실하게 하고 있었는데, 난데없이 상황이 180도 달라졌어요. 원인은 딱 한 가지, 바로 상사 때문이죠."

"어머! 어떻게 대응하셨어요?"

"그게 제가 얘기하고 싶은 부분인데요. 로렌이라면 어떻게 하겠어요? 아내랑 저는 모든 걸 훌훌 벗어던지고 한 달 동안 피지에 있으면서 우리의 장점을 찬찬히 돌아봤어요. 개인적으로는 해고라고 생각하지 않기로 했어요. 오히려 그런 엿 같은 근무 환경에 계속 남아서 일해야 하는 선량한 사람들이 더 안됐다는 생각이 들더군요. 어찌됐든 전 거기서 나왔잖아요."

미소 띤 얼굴로 제임스는 얘기를 이어갔다.

"당시에 도움이 됐을 법한 농담 하나를 나중에 들었어요."

제임스는 커피를 다 마셨다.

"세 개의 봉투 이야기인데요. 해고돼서 자리를 비워줘야 하는 고위 임원이 있었어요. 이월하는 동안 이 임원은 후임자에게 3년 전 처음 여기에 왔을 때 자기 전임자가 매우 유용한 충고 세 가지가 담긴 봉투를 세 개 줬다는 얘기를 했어요. '똑같은 봉투를 당신한테 드리겠습니다. 책상의 첫 번째 서랍에 1번, 2번, 3번이라고 적힌 봉투가 들어 있습니다. 힘든 시기가 올 때마다 순서대로 봉투를 열어 보십시오.' 신임 임원은 떠나는 임원에게 고맙다고 인사했고, 곧바로 업무에 들어갔어요."

제임스는 자기 얘기에 흠뻑 빠져서 몸을 앞으로 숙였다.

"몇 주 뒤, 난관에 부딪힌 신임 임원은 첫 번째 봉투를 열어 봤어요. 첫 번째 충고가 적혀 있었어요.

'기획회의를 열어라.' 좋은 조언 같아 보여서, 기획회의를 열어 부서의 전략을 짜가지고 이사회와 직원들한테 보여줬죠. 다들 새로 온 임원이 제시한 방향과 계획에 감명했고, 상황도 한동안 진정됐어요.

몇 달 뒤, 회사 상황이 또 안 좋아지자 신임 상사는 걱정이 되기 시작했어요. 잠 못 이루던 어느 날 밤, 그 봉투 생각이 난 거예요. 그래서 다음 날 아침 출근하자마자 서랍에서 두 번째 봉투를 꺼내 읽었어요. 딱 한 단어가 적혀 있었어요.

'구조조정.' 그래서 부서를 재조직하고 직원들 보직도 바꿨어요. 안 좋은 결과도 좀 있고 몇몇이 잘리기도 했지만, 나머지 사람들은 신임 임원이 정말 진지하다고 했고, 이사회도 결단력 있다며 자랑스러워했어요. 물론 우려할 부분이 좀 있었지만 구조조정 뒤에 으레 따르는 일이었고, 마침내 사태는 다시 진정됐어요.

하지만 몇 달 뒤에도 회사 상황이 나아지지 않아서 임원은 실적을 늘리기 위해 뭔가를 해야만 했어요. 압력은 수그러들지 않고 몇 달 동안 계속됐어요. 그는 어쩔 줄 몰랐고, 참신한 아이디어를 가진 사람들이 대부분 구조조정이 된 상황이라 절망스럽기만 했어요. 그때 봉투가 생각났어요. 서랍을 뒤져 세 번째 봉투를 찾았죠. 정말 도움

될 만한 조언이길 바라면서 봉투를 찢었어요. 종이를 펴서 세 번째 충고를 읽었어요. 거기에는, '세 개의 봉투를 준비하라.'고 적혀 있었어요."

우리 웃음소리에 근처 테이블에 있던 사람들이 다 쳐다봤다.

"이게 제 경험이 주는 교훈이에요. 날 해고한 사장은 자기 판단이 옳다고 생각했을 거예요. 아마도 자기가 본 다른 사람들의 선례를 따라한 거겠죠."

제임스는 커피 잔을 한쪽으로 치우고서 오른쪽 손바닥으로 손짓을 했다.

"제 얘기만 너무 많이 했네요. 로렌이 회사에 잘 적응하려면 뭘 도와드려야 하나? 뭐 계획이라도 있어요?"

"음, 계획이 있긴 한데요."

"어디 들어봅시다!"

"회사 간부들하고 따로따로 약속을 잡기 시작했어요. 뭘 하는 사람이고, 뭘 원하는지 알려고요."

"좋은 생각인데요! 좋은 방법 하나 알려드릴까요? 임원들이랑 첫 미팅이 끝나고 나서, 각 임원들을 묘사하는 단어를 다섯 개씩 써보세요."

"그런 다음 봉투에 넣고요."

내가 웃으며 말했다.

"비슷한 거예요! 그 다섯 단어로 각 임원의 스타일이며 동기를 많이 알 수 있어요. 사람들은 무심코 자기 자신을 많이 드러내요. 사용하는 말이며, 다루는 주제, 아니면 다루지 않는 주제를 통해서요. 첫 인상을 기록하면 어떻게 해야 임원들과 잘 지낼지 정보를 많이 얻을 거예요."

나는 잠시 곰곰이 생각했다.

"만난 지 얼마 안 됐는데 평가를 하면 사람을 재단하게 되는 거잖아요."

"그럴지도 모르죠."

제임스가 고개를 끄덕였다.

"하지만 이렇게 한번 생각해봐요. 사람이 어떻게 생각하고 행동하는지 알면, 더 잘 소통하고 더 잘 영향을 미칠 수 있지 않나요?"

나는 편안히 앉아 말없이 골똘히 생각했다.

"그냥 한번 해봐요. 그런 평가가 도움이 될지도 모르잖아요."

"좋아요. 한번 해보죠."

"평가에 오늘 이 자리도 들어가야죠."

제임스가 장난스럽게 말했다.

"아, 그건 쉬워요. 예리하고, 친절하고, 정열적이고, 인간적이고, 유익한 사람이다!"

둘 다 웃었다.

"고맙네요. 사람들이 날 그렇게 봤으면 하거든요."

"경영진이 날 만났을 때 느꼈으면 하는 인상도 다섯 낱말로 적어봐야겠네요."

"그거 좋은 생각이네요. 두 번째로 하고 싶은 조언은 초기에 확실히 자리를 잡으라는 겁니다. 간부들은 회사에 긍정적인 영향을 미치는지를 눈여겨볼 거예요. 첫 두 달이 중요해요. 그다음 해쯤에는 전문 분야에서 꽤 영향력을 미치면서, 우리 회사의 마케팅 전략 접근 방식에 매우 도움이 될 만한 것을 보여줘야 해요. 뭐가 됐든 제가 기꺼이 도와드릴 테니, 언제든 얘기하세요."

"고마워요, 제임스. 정말 감사합니다."

나는 자리에 돌아오자마자 제임스를 묘사하는 첫 다섯 낱말을 적어 두었다. 제임스 같은 상사만 있다면, 정말 일하기 좋은 곳일 텐데. 제임스와 일하는 게 기대됐다. 희망이 부풀어 올랐고 할로우 케인의 생활도 더 낙관적으로 보였다.

그날 밤 늦게, 사람들이 날 이렇게 봤으면 좋겠다 하는 다섯 단어를 골랐다. '지적이고, 열정적이고, 창조적이고, 헌신적이고, 진실하다.' 사람들이 나에 대해 적어도 이렇게 얘기했으면 좋겠다.

내 약점을 생각해봤다. 난 대결을 회피하고 순응하려 한다. 독한 년 디는 나를 어떤 다섯 낱말로 표현했을지 궁금했다.

갈까마귀

직장에서 첫 주를 정신없이 바쁘게 보내고 일요일이 돌아왔을 때 내 상태를 보니 아직까지는 괜찮은 듯했다. 동물원에서 애니와 해리의 장난도 귀엽게 보아 넘기고 다음 날 출근 걱정도 하지 않았다. 할로우 케인에 들어온 건 그리 나쁘지 않은 결정 같다.

월요일 아침, 영업서비스부의 동부 사업부 이사인 거스 웨어링을 그의 사무실에서 만났다. 거스는 반가워하며 악수를 청했다. 사무실에는 신문이 여기저기 널려 있고, 신발은 해진 데다 지저분했고, 어깨에는 눈이라도 살짝 내린 듯 비듬이 엄청났다. 나는 좀 많이 놀랐다. 일할 때도 저렇게 너저분한지, 아니면 단순히 자의식이 부족해서 저러는지 궁금했다. 아니면 둘 다?

그래도 친절하게 맞아주기는 했다.

"로렌, 할로우 케인에 오신 걸 환영합니다. 일은 어때요?"

거스가 나보고 앉으라고 했다.

"고맙습니다. 일은 괜찮아요. 사실 아직도 적응 중이에요. 여기서 얼마나 근무하셨어요?"

"12년째예요."

거스는 대화를 나눠 기분이 좋아 보였다.

"평사원에서 이 자리까지 왔어요. 영업사원으로 시작해서 지점장을 맡다가, 작년에 영업서비스부 이사가 됐죠. 내가 영업 하나는 죽이게 잘했는데, 5년 연달아 실적이 최고였거든요."

거스는 자랑을 무지 하고 싶은 듯했다.

"대단하시네요. 이사님이랑 같이 일하면 배울 게 많겠어요. 오늘 인사도 드리고 이사님이 업무상 주로 어떤 고민을 하시는지, 제가 도울 만한 게 있는지 알고 싶어 뵙자고 했습니다."

"그 얘기 전에, 로렌 얘기부터 먼저 들어볼까요?"

저렇게 얘기하다니, 거스는 괜찮은 사람 같다. 나는 어릴 적, 온 식구가 친구처럼 지낸 어느 분 때문에 마케팅에 관심을 갖게 된 얘기를 했다.

"졸업하고서 다국적 기업에서 일했고, 여러 직책을 맡으면서 경험도 많이 쌓았죠. 지금은 이렇게 할로우 케인에서 일하고 있고요."

"훌륭합니다, 훌륭해."

"그럼 일 얘기로 넘어가서, 이사님의 핵심 과제는 뭔가요?"

"로렌, 그 얘기 전에 말이죠, 업무 외적으로 뭐에 관심 있어요?"

아 진짜, 본론으로 들어가고 싶은데, 왜 저렇게 미적거리지? 그냥 예의상 저러나?

"아, 관심사요. 멋진 남편과 일곱 살짜리 예쁜 딸이랑 막 네 살이된 귀여운 아들이 있는데, 식구들이 다 운동을 좋아해요. 특히 야구랑 보트 타기를 좋아해요. 전 딸아이 야구팀의 감독도 맡고 있고요."

나는 예의상 이런 말을 덧붙였다.

"이사님은 취미가?"

"난 골프 광팬이에요. 주말마다 치러 가고 휴가 때도 대부분 골프를 치죠."

거스는 책장으로 가더니 사진 한 장을 집어 올렸다.

"지난번 휴가 때 스코틀랜드의 글래스고 근처에 있는 턴베리 골프리조트에 가서 찍은 사진이에요."

사진에는 거스가 드라이버 샷을 치고 난 다음의 자세를 취하고 있었다. 뒤로는 등대가 보였다.

"사진이 멋지네요. 잘 치셨을 것 같은데, 몇 타 치셨어요?"

나는 계속 예의를 차리며 물었다.

"그만 얘기합시다."

거스는 내 질문에 대답하지 않았다.

"자, 빨리 빨리 얘기하죠. 안 그러면 시간이 모자라요."

드디어 본론으로 들어가다니 다행이다.

"알겠습니다. 할로우 케인의 핵심 영업 과제가 뭐라고 보세요? 그걸 알면 제가 영업팀들에게 도움을 드릴 수 있을 거 같아서요."

"제가 볼 때, 우리 회사는 아주 잘하고 있어요."

거스가 멍한 표정으로 말했다.

"눈에 띄는 문제가 전혀 없어요."

그럴 리가. 이사라는 지위에 있는 사람이라면 개선이 필요한 핵심 분야들을 빠삭하게 알고 있어야 하잖아. 내가 만난 사람들은 거스의 부서가 제일 실적이 낮다고 입을 모아 말했다. 다른 식으로 물어봐야겠다.

"일 걱정에 뜬눈으로 밤을 지새우면서, 휙 휘두르면 문제가 다 해결되는 마법 지팡이가 있었으면 하고 바란 적 있으시죠? 이사님은 어떤 문제를 제일 해결하고 싶으세요?"

"음……. 아, 하나 있긴 하네."

거스가 마지못해 대답했다.

"영업사원들의 자질 문제요. 내가 여기서 처음 일할 적보다 훨씬 일을 못해요. 사람들이 일을 제대로 할 줄 몰라."

"아, 그래요. 왜 그렇죠?"

"2년 전쯤 영업사원 교육훈련비가 삭감됐는데, 그게 지금 영향을 미치는 거예요. 쓸 만한 영업사원 몇몇은 조건이 더 좋은 회사로 가버리고, 신입사원들은 이전 사람들만큼 훈련이 안 돼 있어요. 결국에는 좌절하면서 그만두는 사람들이 많아요. 우리 고참 영업사원들은 지점장 같은 자리에 맞는 깊이가 부족하지. 교육훈련비 삭감으로 잃은 게 너무 많아요."

"말씀 고맙습니다. 도움 되는 얘기네요. 관련해서 저희가 할 수 있는 일을 찾아볼게요."

"근데, 사실 마케팅부 일은 아니잖아요. 인사부 문제 아닌가."

"어느 부서 문제인지는 중요하지 않다고 생각합니다. 마케팅부랑 인사부 중간에서 저희가 영업서비스부를 도울 수 있는지가 제일 중요하겠죠. 휴 워렐 이사님께 이 문제를 얘기해 볼게요."

거스는 시계를 봤다. 나는 시간을 내줘서 고맙다고 인사했고, 우리는 자리를 마무리했다.

사무실에서 나오는데, 내 시야에 거스의 행동이 들어왔다. 치실질을 하고 있는 게 아닌가. 주위에 아무도 없어서 다행이었다. 아, 진짜 당황스럽네.

엘리베이터를 타고 20층에서 4층으로 내려가면서, 오늘 만남을 돌이켜봤다. 거스는 자기가 대단한 사람임을 보여주려고 왜 그렇게 난리를 쳤을까? 회의 주제를 회피하려고 해서 내가 계속 얘기를 끄집어내야 했던 점도 흥미롭다. 뭔가 드러나는 게 싫었을까, 아니면 자기 생각을 표현할 엄두가 안 나는 걸까? 거스는 훌륭한 영업부장이었을지는 몰라도, 이사로서의 깊이는 없다.

자리에 돌아와, 제임스의 강력한 조언대로 거스의 첫인상을 써봤다. 얼버무리고, 순응적이고, 목적이 없으며, 지저분하고, 얄팍하다. 너무 빨리 사람을 판단하는가 싶어 좀 꺼림칙했지만, 거스가 내 판단이 틀렸음을 입증해 보인다면 평가를 바꿀 의향이 있다. 제품 담당자들과 얘기를 나누는데, 다들 영업사원 교육훈련비 삭감이 문제라는 데 십분 공감했다.

그날 저녁 차를 타고 퇴근하면서 거스 웨어링을 생각했다. 거스의 전적이 자랑할 정도로 화려할지는 몰라도, 지금 직책에 적합한 사람인지는 의문스러웠다. 비슷한 상황을 묘사한 우화가 생각나 웃음이 나왔다. 집에 도착해서 가방과 열쇠를 현관에 던져놓고 우화 책을 보러 곧장 애니 방으로 갔다. 애니가 방에서 인형놀이를 하고 있었다.

나는 우화 책을 집어 들고서, 아까 생각난 우화를 찾았다.

어느 날, 갈까마귀가 양을 내리 덮쳐 발톱으로 낚아채는 독수리를 봤어요.

"거 참, 저 정도는 나도 하는데."

갈까마귀가 말했어요.

갈까마귀는 하늘 높이 날다가, 씽씽 날갯짓을 하며 커다란 숫양의 등을 향해 잽싸게 내려갔어요. 등을 잡기 무섭게 발톱이 양털에 단단히 걸렸고, 갈까마귀는 아무리 안간힘을 써도 소용없었어요. 완전히 걸려서 푸드덕 푸드덕 날개를 퍼덕여도 빠지기는커녕 더 꽉 끼기만 했어요.

얼마 안 있어 양치기가 왔어요.

"야아, 이게 여기서 왜 이러고 있대?"

양치기가 갈까마귀를 떼어내 날개를 꽉 쥐고서 집으로 가져가 아이들에게 보여줬어요. 하도 이상하게 생겨서 아이들은 무슨 새인지 몰랐어요.

"아빠, 무슨 새야?"

"갈까마귀야. 평범한 갈까마귀지. 근데 자기가 독수리인 줄 아네."

나는 깔깔 웃었다.

인형을 가지고 놀던 애니가 얼굴을 들었다.

"엄마, 오늘밤에는 다른 얘기 읽어주면 안 돼? 요새 우화 많이 읽었잖아."

"그래도 얼마나 좋은 건데. 배울 게 무지 많아."

혹시라도 애니가 우화를 거들떠보지도 않을까봐, 나는 마지못해 양보안을 제시했다.

"간격을 좀 두면서 읽으면 되겠다. 하루 쉬고, 하루 읽고."

애니는 얼굴을 찡그리더니 아무 말도 하지 않았다.

암살자

수요일에 라이언 건과 약속이 있어서 관제센터에 갔다. 라이언은 없고 비서 니콜만 있었는데, 니콜은 라이언이 어디 있는지 몰랐다. 나는 15분을 기다렸다. 라이언은 나타나지 않았다. 니콜은 미안하다고 사과했다. 다음 날로 약속을 다시 잡았다. 짜증이 났지만 겉으로 드러내지는 않았다. 니콜의 체면을 생각해서, 가볍게 웃어넘기며 내일 만남이 기대된다고 말했다.

다음 날, 다시 라이언의 사무실로 갔다. 라이언은 어떤 세 사람과 회의 중이었다. 니콜은 긴급하게 회의가 잡혀서 라이언이 나를 만날 시간이 안 된다고 했다. 라이언은 내 쪽을 보고 있었지만, 알은체도 안 했다. 열불이 났지만, 이번에도 내색하지 않았다. 일이 갑자기 생길 수도 있죠, 하고 나는 말했다. 니콜은 내가 안됐는지, 오후에 있는 팀원회의를 조정해 약속을 잡아줬다. 별 기대 없이 세 시에 사무실을 다시 찾았다. 놀랍게도 라이언이 있었다.

라이언은 두 번이나 바람맞힌 데 대해 일언반구도 없이 반갑게 맞아주더니 내 손을 꼭 잡고 악수했다. 라이언은 커피를 마시러 가자고 했다. 약속을 두 번 미뤄서 미안하다는 말이 전혀 없어서인지 나는 아무런 감흥이 없었고, 따뜻한 환영 인사도 다 거짓불 같았다. 라이언은 나를 아래층 커피숍으로 데려가더니, 뭘 먹고 싶은지 물어보지도 않고 냉큼 카운터로 가서 카푸치노 두 잔을 주문했다. 정말 이상한 사람이네! 라이언은 외투를 벗고 앉아, 탁자에 팔꿈치를 대고서 몸을 앞으로 숙였다. 금으로 된 커프스단추(셔츠 소맷동을 잠그는 데 쓰는 작은 장식품)를 하고 있고, 소맷부리에는 이름 머리글자가 정교하게 수놓아져 있었다.

"전화기를 계속 켜놔야 해요."

라이언은 블랙베리 휴대전화를 손가락으로 빙빙 돌렸다.

"지난주에 신청한 중요한 입찰 결과를 기다리고 있거든요. 우리 회사가 낙찰되면 할로우 케인 역사상 가장 큰 계약이 성사돼요."

"전 괜찮으니 켜두세요. 고객이 제일 우선이죠. 이사님이 그동안 걸어오신 길을 듣고 싶은데요."

라이언은 내 쪽을 돌아다보더니 몸을 꼿꼿이 세웠다.

"흐음, 할로우 케인의 한 경쟁사에서 일하던 중에, 아, 내가 거기서 일을 기가 막히게 잘했거든요."

라이언은 양손 손바닥으로 탁자를 눌렀다.

"그때 헤드헌터한테 도전해볼 만한 아주 괜찮은 일이 있는데 관심 있느냐는 전화가 왔어요. 니콜라스가 그러는데, 할로우 케인에 와서 보니 당시 이사에게 문제가 많았대요. 할로우 케인한테서 거절하기 힘든 아주 괜찮은 제안이 들어왔죠. 니콜라스도 날 정말 원했고요. 처음 여기 왔을 당시에는 부서 실적이 바닥을 헤매고 있었어요. 벌써 1년 반쯤 전 얘기네. 부하 직원들은 대체로 헌신적이고 유능했는데, 뭐랄까, 인솔하는 사람이 쓰레기였더라고요. 그래서 내가 기본에 딱 초점을 맞춰가지고, 싹 바꿔 놔버렸지."

"어떻게 하셨어요?"

"그게, 처음 한 달은 거의 부서를 파악하는 데 보냈어요."

라이언은 커피가 오는지 보려고 주위를 흘긋 봤다.

"조직이 어떻게 굴러가는지, 현재 실적은 어떤지도 파악했죠."

라이언은 말할 때 양손 손바닥을 탁자에 올려놓고 내 쪽으로 밀었다. 그런 몸짓 때문에 내 자세가 불편해졌고 가슴과 배 부분이 본의 아니게 의자 쪽으로 밀렸다.

"그 다음 한 달을 넘기기 전에, 비전과 실행 방안들에 대한 합의를 이끌어내려고 실무 회의를 열었어요. 실무 회의는 부서 내에 끈끈한 유대감을 형성하는 데 도움이 됐죠. 또 팀에서 일을 잘 해결할 사람이 누구고 팀의 약한 고리는 어딘지 감을 잡는 데도 도움이 됐어요. 힘든 결정도 좀 내려야 했지만, 대를 위해서는 소를 희생할 수도 있잖습니까."

단지 자신에 대한 라이언의 인상 때문에 잘릴 수밖에 없었던 부서원들이 안됐다는 생각이 들었다. 라이언이 말을 이어갔다.

"그런 다음에, 그해 나머지 동안 매달 실적판을 면밀히 관찰했어요. 실적이 좋은 데는 그냥 내버려두고 약한 데를 집중적으로 손봤죠."

커피가 왔다. 나는 점원에게 커피를 가져다줘서 고맙다고 했다. 라이언은 모른 체했다.

"요새는 어떤 문제가 있나요?"

"몇 가지 있는데요."

라이언은 찻숟가락을 만지작거렸다.

"무엇보다 회사 전체의 영업사원 이직률이 걱정이에요. 우리 부서는 이직률이 17% 정도로 제일 낮아요. 물론 이것도 높기는 한데, 회사 평균인 25%보다는 낮잖아요."

라이언은 의자에 기대서 항복한 사람처럼 두 손을 번쩍 들었다.

"영업사원 이직률이 제일 높은 부서는 30%나 돼요. 할로우 케인한테는 심각한 문젭니다."

라이언이 말하는 투를 보아하니, 어느 부서가 이직률이 가장 높은지 내가 확인해보기를 바라는 것 같았다. 나중에 알아봤더니, 거스 웨어링의 부서가 제일 높았다.

"인사부에 얘기해보셨어요?"

나는 커피 맛을 보았다. 웩! 다른 사람들이 왜 콜럼비아스에 가는지 알겠다.

라이언은 몸을 숙이고 양손으로 탁자를 눌렀다. 나는 마음이 불안했다.

"휴 워렐과 한 번 얘기한 적이 있어요. 근데 휴는 회사 문제라기보다 주되게 부서 운영 문제라고 보더군요."

라이언은 휴대전화를 계속 돌리면서 커피숍에 누가 있나 보려고 두리번거렸다.

"이사님은 어떻게 생각하세요?"

"뭘요?"

"그런 소모적인 문제가 부서의 문제인지 회사 전체의 문제인지 말이에요."

본인 입으로 한 얘기도 이해 못하나?

"내가 볼 땐 말이죠, 기본 인력 프로그램 일부가 문제예요. 다른 부서들은 별로 고민 없이 사람을 뽑는다니까. 서류상으로만 그럴싸한 사람들을 뽑는 경향이 있어요. 그런 사람들을 회사가 제대로 훈련시키지 않아서, 처음 몇 달 동안 대체로 좋은 실적을 못 내요. 전반적인 교육훈련 과정도 별로고 영업사원들의 진로 선택 폭도 좁아요. 인사부에서 정말 무슨 조치를 취해야 한다고 봐요. 인사부는 사람들이 다른 부서로 옮기지도 못하게 한다니까. 그래서 능력 있는 사원들이 현재 있는 부서에서 꼼짝 못하고 있어요. 상사들이 그런 직원들을 자유롭게 다른 부서로 보내는 일도 거의 하늘의 별 따기죠. 이것만 빼고는 문제가 전혀 없어요!"

라이언의 손놀림은 거울에 비친 꼭두각시 같았다. 1분은 양 손바닥을 내 쪽으로 밀고, 또 1분은 탁자를 눌렀다.

"다른 문제는 없나요?"

나는 라이언의 손 때문에 정신이 다 사나웠다. 맛없는 커피를 억지로라도 다 마셔야 하나 고민이 됐다.

"회사의 장기적인 경쟁력이 걱정이에요. 우리는 오랫동안 같은 제품, 같은 서비스를 제공하고, 또 그것을 잘하고도 있지만, 다른 모습을 보여주지 않으면 점점 우위를 잃게 되겠죠. MBA를 공부할 적에 완전히 탈바꿈하는 회사들을 본 적이 있는데 정말 멋지더군요. 하버드에서 MBA 공부를 했는데 이전 직장에서 학비를 대줬어요. 과정이 괜찮던데요. MBA 수료했나요?"

따분한 얘기다.

"아니요. 다녀볼 만한가요?"

나는 예의를 차려 대답했다.

"강추예요, 강추. 과정도 그렇고, 참가자들한테도 그렇고 배울 게 많아요."

라이언이 휴대전화 메시지를 확인했다.

"새로운 회사 이미지가 얼마나 절실한지, 이사님 말씀 정말 잘 들었습니다."

라이언이 다시 대화에 집중하는 듯 보였을 때 내가 말했다.

"마케팅 전략가로서 제가 꼭 다뤄야 하는 핵심 과제라고 생각해요. 회사 수준을 끌어올리고 경쟁사를 크게 앞지를 수 있는, 돌파구가 될 만한 제품과 서비스를 찾는 게 제 일이니까요."

"중요한 일이죠. 제가 도울 일이 있으면 알려주세요. 우리 부서에서 지금 하는 일을 말해줄까요?"

라이언이 다른 테이블에 있는 사람에게 손을 흔들었다.

"네, 말씀해주세요."

나는 장단을 맞춰주었다. 어쨌든 오늘 대화에서 조금이라도 배우는 점이 있을 테니까.

"우리는 계열사로서 주요 입찰 회사를 하나 세웠어요. 이 회사는 대규모 입찰 건으로 지점들을 지원하는 역할을 하죠. 난 이게 분명히 수익에 도움이 될 줄 알았어요. 우리의 입찰 승률이 날로 높아지고 있어요. 회사에서 우리 부서가 승률이 제일 높아요. 우리는 핵심 의뢰인들과의 관계에 중점을 두고 있어요. 저는 개인적으로 상위 10대 의뢰 기업들의 경영진들을 만났는데, 성과가 있었어요. 왜냐하면 이 기업들이 돈을 더 쓰게 만드니까. 따라서 우리의 수익과 이윤이 더 커지는 셈이죠. 우리 부서가 영업사원 1인당 수익과 이윤 면에서 회사 내 선두를 달리고 있어요."

라이언이 다시 손을 들더니, 나를 향해 편 손바닥을 내 쪽으로 밀었다. 나는 자꾸 밀려나는 느낌이 들었다.

"대단하시네요."

자기 자랑을 어찌나 많이 하는지 진절머리가 났다. 저렇게 완벽한 사람이 과연 있을까?

"고맙습니다. 하지만 우리 팀원들이 없었다면 그렇게 못했을 겁니다. 우리 부서원들은 의욕도 넘치고 일도 잘해요. 난 내가 팀원들에게 보상을 잘해주고 있다고 생각해요."

이제는 라이언이 하는 말이 과연 진실인지 아닌지도 판단이 안 섰다.

라이언은 시계를 보더니 손바닥으로 탁자를 탁 쳤다.

"그만 정리해야겠는데요. 좀 있다가 부서회의가 있어서요. 내가 매주 부서원들을 모아놓고 핵심 프로젝트의 실적과 진행 상황을 점검하기를 좋아해서 말이죠. 로렌, 만나서 반가웠어요. 도움이 필요하면, 언제든지 얘기하고요."

나도 시간을 내줘서 고맙다고 인사했다. 나는 따분하기 그지없는 자리, 그리고 형편없는 커피에서 해방돼 잠시 커피숍에 앉아 있었다.

사무실로 돌아갔더니 벤 바우저가 미팅이 어땠는지 물었다.

"라이언이 약속을 잘 지키던가요?"

벤이 웃으며 물었다. 벤은 마케팅부를 대표해 라이언을 지원하는 일도 한다.

"네."

두 번이나 바람맞은 얘기는 하지 않았다.

"어떤 사람 같아요?"

얘기하고 싶은 마음이 굴뚝같았다!

"미팅은 잘 끝났어요."

나는 대답을 회피했다.

"라이언을 조심하세요."

벤이 주의를 주었다.

"라이언의 별명은 '미소 짓는 암살자'예요. 앞에서 웃다가 뒤에서 칼로 찌르는 사람이죠."

온몸에 소름이 돋으면서, 동시에 독한 년 디에 대한 기억이 떠올랐다. 불안한 내 마음을 벤이 감지한 게 분명했다.

"그냥 로렌이 알면 좋을 것 같아서, 그뿐이에요. 조심하는 게 상책이니까. 라이언은 다른 사람들을 제물로 삼아 자신을 돋보이게 만드는 부류의 사람이거든요."

토할 것 같았다. 벤은 자신이 '사악한 상사'에 대한 나의 잊고 있었던 공포심을 촉발시키고 있는 줄은 꿈에도 모를 것이다.

"라이언이 입찰 회사에 대해 얘기하던가요?"

"네."

내가 힘없이 말했다.

"저기, 사실 그건 멕의 생각이었어요. 그 회사 차리려고 멕이 라이언을 정말 얼마나 열심히 설득했는데요. 라이언은 마지못해 한 건데. 이제 와서는 자기 생각이라고 하다니. 분명히 멕의 ㅁ자도 꺼내지 않았을걸요."

"네."

화제를 바꿨으면 좋겠다.

나는 벤에게 좋은 정보를 줘서 고맙다고 인사한 뒤, 제임스의 조언대로 라이언의 첫인상을 파일에 적었다. 우쭐대고, 교활하고, 믿음이 안 가고, 무자비하고, 권위적이다. 한 단어가 더 있다. 따분하다.

자리에 앉아 집중하려고 노력하면서, 면접 때 존 스콰이어스가 얘기한 긍정적인 문화, 그러니까 "남을 속이는 일이 없다"던 말을 생각해봤다. 지금은 그 말에 의문이 든다. 존과 제임스는 괜찮은 사람이지만, 거스와 라이언을 생각하면 마음이 너무 불안하다. 제러미 하이드, 휴 워렐, 맥신 새비지를 조심하라는 얘기도 들었다. 아직까지 니콜라스 스트레인지는 판단이 안 선다.

같이 일할 상사의 자질만 보고서 직장을 선택한 건 순진해 빠진 행동이었음을 인정한다. 회사와 경영진을 더 자세히 알아보고 결정해야 했다. 하지만 할로우 케인에 들어온 이상, 이제 본격적으로 일에 착수해 결과물을 내야 한다.

항공교통관제소

"조심해, 이 멍청아!"

내가 소리를 질렀다.

검은색 BMW를 탄 어떤 정신 나간 운전자가 주차장에서 내 차를 가로막았다. 전형적인 남자다. 그 남자는 막무가내로 빈자리를 차지했다. 나는 앞에 운전자나 차가 있는 줄 몰랐다. 맞은편에 빈자리가 있어 후진하다가 남자를 봤다. 남자는 점찍어 둔 자리로 속도를 줄이며 들어가더니 시동을 끈 다음, 백미러로 머리를 살폈다. 남자는 손가락 세 개로 벗겨진 머리의 앞과 옆을 매만졌다. 남자가 차 밖으로 발을 쑥 내밀었는데, 검은 신발이 번쩍거렸다. 손잡이에 손이 보이더니 이윽고 몸 전체가 보였다. 남자는 서서 옷매무새를 정돈한 뒤 바지를 추켜올렸다. 그런 다음 뒷자리로 가서 외투를 꺼내 입었다. 차 유리창에 비친 본인 모습을 훑어보고서 마지막으로 바지를 올리더니, 정문 쪽으로 거드럭거리며 걸어갔다. 나는 좀 혐오스럽지만 꽤 흥미로운 사람이라고 생각하며, 그를 멀리서 뒤따라갔다. 그리고 아침 회의 생각에 정신이 팔려 이내 남자는 까맣게 잊어버렸다.

회의가 끝나고 자리에 돌아오자 벤이 말을 걸었다.

"로렌, 마커스가 왔어요. 가서 인사시켜 줄게요."

벤을 따라 멕이 쓰던 책상으로 갔다. 이런 세상에나, 주차장에서 본 그 멍청이 아냐! 심장이 덜컥 내려앉는 듯했다.

"마커스, 이 분은 로렌 존슨 씨예요."

"안녕하세요, 로렌."

마커스가 환하게 웃으며 말했다.

"만나서 정말 반갑네요. 같이 일하게 돼서 기쁩니다."

마커스는 나를 위아래로 훑어봤다. 음란한 눈길이었다. 소름이 쫙 끼쳤다. 거짓말하기 딱 좋은 순간이다.

"저도요."

내가 웃으며 말했다. 마커스의 바지는 약간 튀어나온 배를 가린 채 허리보다 훨씬 위에 올라가 있었다. 멕이 마커스가 후임자로 온다고 했을 때 에밀리와 샌드라가 목으로 하던 시늉이 뭔지 확인해봐야겠다고 생각했다.

"하루라도 빨리 로렌을 만나보고 싶었어요."

마커스가 또 환하게 웃었다.

"팀원들 한 명씩 1시간짜리 미팅 약속을 잡는 중이에요. 로렌의 프로젝트와 예산안도 검토하고 싶은데요. 캐시를 만나서 약속을 잡으세요."

마커스는 등을 돌리고 자기 책상으로 갔다. 끝났다. 마커스 폼프리, 항공교통관제소를 만났다. 레이더가 켜졌다가 이내 꺼졌다.

그날 오후 늦게, 마커스가 부서회의를 소집했다.

"다들 반갑습니다. 해외개발 업무를 마치고 이렇게 돌아오니 기쁘군요. 여기 계신 분들 중에는 전에 같이 즐겁게 일했던 분들이 많네요. 저랑 같이 일한 경험이 없는 분들을 위해, 제가 됨됨이가 바른 상사이자 모든 사람에게 기회를 똑같이 주는 사람이라는 점을 꼭 언급하고 넘어가고 싶습니다. 제 도움이 필요하면, 조언이든 도움이든 주저하지 말고 찾아오세요. 여기까지 질문 있나요?"

우리는 서로 멀뚱멀뚱 바라보았다. 나는 벤 바우저와 눈이 마주쳤다. 벤은 웃으며 어깨를 으쓱해 보였다. 정말 모순적이다. 마커스가 정말로 됨됨이가 바른 상사라면, 굳이 본인 입으로 말할 필요가 없지 않나.

"이어서 드릴 말씀은, 제가 사무실을 옮긴다는 소식입니다. 다른 이사들은 꼭대기 층에 같이 있는데 왜 멕만 여기 있었는지 잘 모르겠어요. 제가 여기 있으면 여러분을 제대로 대표하기 어렵다고 봅니다. 꼭대기 층에 있으면서 존, 니콜라스, 제러미 등등 다른 임원들과 가까이 지내야죠. 캐시와 나는 하루라도 빨리 20층으로 옮기려고 합니다."

마커스가 우선순위를 정했군. 팀원들보다 경영진과 더 가까이 지내기로. 벤을 보니 그는 웃으면서 손바닥을 문 쪽으로 펴 보였는데, 아마도 마커스가 우리를 버린다는 표시인 듯싶다.

"그다음으로 서로 본인의 역할과 책무를 분명히 할 필요가 있다는

말을 하고 싶네요. 스프레드시트(통계, 그래프 작업 등을 편리하게 처리하는 표
계산 프로그램)에 각 직원의 임무를 나타내는 업무 관련 행렬을 만들려
고 합니다."

나는 속으로 다들 자신의 역할과 책무를 아주 분명히 알고 있고,
혼란스럽거나 겹치는 부분도 전혀 없다고 생각했다.

"카일리 굿윈에게 이번 일의 책임자를 맡아달라고 부탁했습니다.
카일리가 내일 저녁까지 견본을 나눠줄 겁니다. 견본을 완성한 다음
이번 주말까지 카일리에게 주세요. 그러면 제가 스프레드시트를 최
종적으로 검토하죠."

카일리는 선생님의 총애를 받는 아이처럼 우쭐해하는 표정을 지
었다. 멕 앞에서는 기도 못 폈을 카일리가 마커스 앞에서는 온통 자
기 세상인 양 행세했다. 카일리가 마커스의 자만심에 영합해 그를
자기 마음대로 주무른 게 틀림없다.

"마지막으로 캐시를 통해서 며칠 내로 저랑 만날 약속을 잡으세
요. 개별적으로 만나 진행 중인 프로젝트를 검토하게요. 우리 함께
회사의 성공에 크게 기여했으면 좋겠습니다."

이것으로 끝이다. 회의 끝!

사람들이 회의실을 나설 때, 나는 에밀리의 팔을 붙잡고 물어볼 말
이 있다고 했다. 우리는 사람들이 다 나갈 때까지 기다렸다.

"2주 전에 멕이랑 미팅할 때요, 에밀리가 샌드라한테 목에 손을
감싸고서 무슨 신호를 보냈는데, 기억해요? 도대체 뭔 뜻이에요?"

에밀리가 키득키득 웃었다.

"이거 말이에요?"

에밀리는 목에 손을 두른 다음, 턱을 밀어 올렸다가 내리면서 숨막히는 척을 했다.

"맞아요, 바로 그거요!"

"마커스 얘기예요."

에밀리가 씩 웃었다.

"우리끼리의 암호인데, 마커스가 바지를 너무 올려 입어서 숨통이 막힌 모습이에요. 주변에 마커스가 있으면 서로 이런 경고 신호를 보냈어요. 티도 별로 안 나고 웃기기도 하잖아요!"

나도 덩달아 웃음이 났다.

"그러네요, 나도 바지가 너무 올라갔다 싶었거든요!"

나는 마커스와 만날 약속을 다음 날로 잡았다. 마커스는 무슨 영문인지 19층의 회의실에서 만나자고 했다. 마커스는 유리문을 닫고서 유리에 비친 자기 모습을 힐끔 봤다. 안타깝게도, 얼굴과 머리만 살피고 바지 위치는 보지 않았다!

"자, 로렌, 요새 하는 일이 뭐죠?"

마커스는 펜을 쥐고서 의자에 기대어 앉았다.

어쩜 인간이 저렇지? 내가 어떤 사람인지, 뭘 하던 사람인지 전혀 안 물어보네.

나는 겨우 2주 전에 입사해서 여전히 적응 중이라고 말했다. 경영진을 만나볼 계획인데, 임원들이 어떤 쟁점에 관심이 있는지, 내 역할에 맞는 일이 뭐라고 생각하는지 알고 싶어서라고 했다. 내가 말하는 동안 마커스는 손으로 펜을 돌렸다. 마커스는 내 계획을 별로 지지하지는 않았는데, 다만 임원들을 만나고 나서 자기한테 보고해 달라고 했다. 나는 마커스가 내 계획이 별로라고 해서 놀랐다. 경영진을 잘 알아두는 것은 분명 좋은 일이다. 마커스가 그 정보들을 자기를 위해 이용해 먹지 않는 한 말이다!

나는 전략을 전체적으로 재검토하려면 여섯 단계를 거쳐야 한다고 설명했다. 마커스는 1분은 내 얘기에 집중하고, 또 1분은 멍하니 창문을 바라봤다. 그는 프로젝트를 끝내는 데 1년 반에서 2년 정도 걸리면 너무 긴 듯싶다고 했다. 하지만 더 따지고 들지는 않았다. 손가락 사이로 펜이 쉴 새 없이 움직였다. 한 번은 펜을 돌렸다가, 한 번은 집게손가락에서 새끼손가락으로 옮겼다가 했다. 엄청 신경에 거슬렸다.

나는 계속해서 프로젝트를 설명했다. 마커스가 아무 질문 없이 듣고만 있어서, 얼마나 이해하는지 알 도리가 없었다. 내가 설명을 마치자, 마커스가 재빨리 얘기를 마무리했다.

"좋습니다, 여하튼 좋아요. 그만 정리합시다."

레이더가 켜졌다가, 다시 꺼졌다. 마커스는 시계를 보더니 펜을 주머니에 넣고 일어서서 나갔다. 나도 따라 나가는 수밖에 없었다.

우리는 20층의 관제센터로 올라가는 화려한 계단 쪽으로 말없이 걸어갔다. 마커스는 잘 가라는 말도 없이 뒤돌아서서 천천히, 그리고 조심조심 계단에 첫 발을 디뎠다. 거들먹거리며 계단을 오를 때는 어깨가 더 꼿꼿해 보였다. 나는 마커스 엉덩이의 작은 흔들림조

차 주시하여 보고 있었다. 발을 헛딛기를 내심 바랐지만, 엘리베이터로 갈 때 보니 층계참까지 무사히 올라가 있었다.

나는 여전히 마커스가 어떤 사람인지, 어떻게 살아왔는지 아무것도 모르고, 그도 나에 대해 전혀 모른다. 마커스와 나는 여태까지 존재하지 않다가, 방금 태어나서 이전에 어떤 일이 있었는지 모른 채 그냥 같이 일하기 시작한 사람들 같다. 마커스를 상관으로 둔 내 미래는 어떤 모습일까? 이전 직장에 그냥 있어야 했을까? 아니다, 마커스가 디 애쉬먼만큼 악질일 리 없다. 마커스는 공격적이라기보다 무심하고, 화를 내기보다 자기 자신에게 푹 빠져 사는 사람이다. 벤은 마커스가 예스맨이라고 했는데, 실제로 그런지 궁금했다.

4층으로 내려가는 엘리베이터를 탔더니 벤이 있었다. 엘리베이터에는 내가 모르는 남자가 하나 더 있었다. 남자는 11층에서 내렸는데, 내릴 때 보니 라이언처럼 커프스단추를 하고 수까지 놓은 소맷부리가 눈에 띄었다. 엘리베이터 문이 닫히고 벤과 나만 남았을 때, 벤한테 그 소맷부리에 대해 물어봤다.

벤이 웃으며 말했다.

"니콜라스가 온 직후부터 사람들이 하고 다니기 시작했어요. 전에는 수는 고사하고 커프스단추를 한 사람도 없었어요. 그런데 니콜라스가 하고 다니면서부터, 며칠 만에 갑자기 여기저기서 커프스단추며 수놓은 소맷부리가 보이더라고요!"

엘리베이터에서 내려 사무실로 돌아가는데, 벤이 캐시와 좀 전에 나눈 얘기를 들려줬다. 캐시는 상태가 무척 안 좋았다.

"마커스가 팀원들을 다 만나겠다고 한 말, 기억하죠?"

나는 고개를 끄덕였다.

"근데 말이죠, 캐시가 마커스한테 약속을 언제로 잡을지 물었더니, 마커스가 너무 바빠서 적어도 두 달은 캐시를 만날 시간이 없다고 했대요. 이게 말이 돼요?"

말도 안 된다. 나는 머리를 절레절레 흔들며 걸음을 멈췄다.

"하지만 캐시는 중요한 사람이잖아요. 왜 캐시를 중요한 사람으로 대하지 않죠? 왜 마커스는 캐시가 자신에게 정말 중요한 사람이라고 말하지 않죠?"

나는 마커스 폼프리가 대체 어떤 종류의 상사인지, 어떤 종류의 인간인지 걱정됐다.

우리는 아무 말 없이 다시 걷기 시작했다.

유유상종

다음 날, 나는 회의를 마치고 19층에서 엘리베이터를 기다렸다. 거의 비슷한 때에 마커스가 엘리베이터로 와서 버튼을 눌렀다. 나는 마커스를 보고 웃으면서 가벼운 대화를 나눠보려고 했지만, 그는 내 질문에 툴툴거리며 대답할 뿐 얘기를 나눌 생각이 없었다. 마커스는 엘리베이터 버튼을 여러 번 눌렀다. 엘리베이터에 마커스랑 단 둘이 있기 너무 싫은데.

회의실이 있는 쪽에서 엘리베이터를 타러 오는 여자 둘이 보이자 안심이 됐다. 둘 다 옷을 잘 차려입었는데, 옷깃에 방문자 명찰을 단 젊은 여성의 차림새가 더 전문직 여성같아 보였다. 옷이나 하이힐도 잘 맞아 더 편안해 보였다. 나이가 더 들어 보이는 여자는 몸에 딱 붙는 옷을 입었는데 힐을 신고 뒤뚱뒤뚱 걷는 모습이 좀 바보같이 보였다.

두 여자는 서로 잘 가라고 인사하고서, 놀랍게도 젊은 여자는 계단 쪽으로 갔다. 지금 있는 데가 19층인데 왜 계단으로 내려가려는지 궁금했다. 나이 든 여자가 마커스한테 친구처럼 반갑게 인사했다. 마커스가 여자를 '맥신'이라고 부르는 걸 보니, 저 여자가 맥신 새 비지인가 보다. 나는 인사를 해야 하나 난감했는데, 깨가 쏟아지는 두 사람의 대화를 방해하고 싶지 않았다. 마커스는 나를 모르는 척 했는데, 맥신과 내가 서로 아는 사이라고 생각하는 듯싶었다. 맥신도 나를 무시하기는 매한가지였다.

엘리베이터 벨이 울려서 우리 셋은 철문으로 다가갔다. 마커스는 열린 문을 잡고 맥신이 먼저 타도록 안내한 다음, 나를 계속 무시한 채 맥신을 따라 발을 질질 끌며 들어갔다. 내가 맨 나중에 탔다. 마커스는 맥신에게 어디 가냐고 물었다. 맥신이 1층에 간다고 하자 마커스가 1층 버튼을 눌렀다. 나는 내가 직접 4층 버튼을 눌렀다.

마커스는 나한테 등을 돌린 채 맥신 옆에 섰다. 내가 벼룩만큼 작고 하찮은 존재처럼 느껴졌다. 마커스는 맥신에게 아까 그 젊은 여자가 왜 계단으로 갔는지 물었다.

맥신이 씩 웃었다.

"폐쇄 공포증이 있어서 엘리베이터를 싫어하는 사람이야."

맥신은 더 크게 웃었다. 마커스도 따라 웃었다.

"낮은 층이나 커피숍에서 만나도 되잖아?"

맥신이 콧방귀를 뀌며 말했다.

"나랑 거래하고 싶으면 자기가 내가 있는 데로 와야지. 그래야 협상할 때도 더 유리하단 말이야."

마커스는 자기라도 그렇게 했을 것이라며 맞장구쳤다.

맥신은 웃을 때마다 하이힐 때문에 뒤뚱거렸다. 확 넘어졌으면 하고 내심 기대했지만, 피사의 사탑처럼 맥신은 중력을 잘 견디며 똑바로 서 있었다.

엘리베이터가 4층에 도착했을 때 나는 마음만큼 빨리 내리지 못했다. 그 불쌍한 젊은 여자가 내려갈 때처럼 올라갈 때도 19층까지 걸어갔겠구나 하는 생각이 나중에 문득 들었다.

사무실로 돌아와 샌드라에게 방금 만난 여자가 맥신 새비지인지 물어봤다. 샌드라에게 여자의 생김새, 그러니까 안 맞는 옷을 입고 하이힐을 신고 뒤뚱거리는 사람이라고 설명해줬다. 샌드라가 막 웃으며 고개를 끄덕였다. 맥신과 마커스가 친구라는 사실도 맞았다.

이것이 맥신과의 첫 만남이다. 다음 번 만남이 전혀 기대되지 않았다.

벤이 자기 자리로 걸어오면서 혼자 웃고 있었다. 생각한 것보다 훨씬 즐거워 보였다. 벤에게 뭐 때문에 웃는지 물어봤다. 방금 거스 웨어링을 만났다고 했다.

"거스의 스타일에는 발전이 없네요, 발전이."

벤이 웃으며 말했다.

"셔츠 단추를 잃어버려서 옷핀을 꽂고 있더라니까요! 나라도 그렇게는 못할 텐데."

보통 나는 다른 사람 일을 가지고 웃지 않으려고 하지만, 이번에는 웃음이 나왔다. 해진 신발과 눈 내린 어깨, 이제 옷핀 단추까지 완비한 거스의 모습이 그려졌다. 늘 벤 덕분에 웃는다니까!

저녁에 설거지를 하면서 폴에게 엘리베이터에서 마커스랑 맥신을 만난 얘기를 들려줬다. 폴은 넌더리를 내며 믿기 힘든 얘기라고 했다. 애니는 접시의 물기를 훔치고, 해리는 거실 바닥에서 차를 가지고 놀고 있었다.

"누구 얘기야?"

애니가 물었다.

"엄마 회사 상사."

"그 개랑 같이 일해?"

"아니, 이번에는 다른 사람이야."

디랑 일한다니, 생각만 해도 너무 끔찍하다.

"애니야, 우화 책 좀 가져다줄래."

"꼭 내가 가야 돼?"

애니가 투덜댔다.

"응, 착한 우리 딸. 엄마가 뭐 좀 확인해보려고 그래."

애니는 꾸물거렸다.

어쩌다 우리 얘기를 들은 해리가 조르르 애니 방으로 달려가면서 소리쳤다.

"내가 가져올게, 엄마."

"내 물건 건들면 죽어."

애니가 해리한테 소리쳤다.

눈 깜짝할 사이에 해리가 돌아왔는데, 책 뒤표지를 집어서 종이가 달랑거렸다.

"해리야, 책 조심해서 들어야지."

폴이 말했다.

해리는 나한테 책을 건네줬다. 나는 색인을 보고서 생각하고 있던 우화를 찾았다.

"애니, 이 얘기 기억해? 요전 날 밤에 같이 읽었잖아."

애니는 행주를 집어던지고 귀를 막은 채 방에서 뛰쳐나갔다. 해리와 폴이 내가 들려주는 우화를 들었는데, 해리는 재미없는지 듣다가 말았다.

한 남자가 나귀를 사고 싶어 시장에 갔어요. 남자는 번듯하게 생긴 나귀를 발견하고서, 주인한테 얘기해 시험 삼아 집에 데려가 어떤 녀석인지 알아보겠다고 했어요. 집에 돌아온 남자는 시장에서 데려온 나귀를 다른 나귀들이 있는 마구간에 넣었어요. 새로 온 나귀는 주위를 휙 둘러보더니, 마구간에서 제일 게으르고 욕심 많은 나귀 곁에 곧장 자리를 잡았어요. 주인은 그 모습을 보자마자 나귀에게 고삐를 씌워서 끌고 나와 원래 주인에게 넘겼어요. 원래 주인은 너무 빨리 나귀를 데려와서 많이 놀랐어요.

"아니, 어떤 녀석인지 벌써 확인해본 거요?"

"확인해보고 자시고도 없소. 어떤 나귀랑 친한지 보면 딱 알아요."

"폴, 어떻게 해야 마커스랑 잘 지낼까?"

내가 진지하게 물었다.

"친구를 보면 그 사람을 안다는데, 그러면 정말 앞날이 깜깜한데!"

"나도 모르지."

남편은 피곤한 목소리로 말했다.

"어쨌든 당신이 잘 해결했으면 좋겠어. 디랑 일할 때처럼 또 끔찍하게 지내진 말자고. 열심히 노력해서 마커스랑 잘 지내봐. 하지만 이번에는 당신 자신만은 반드시 지켜야 해."

폴은 기분이 언짢아 보였다.

우리는 말없이 설거지를 마저 했다. 나는 멕이 곁에 있었으면 얼마나 좋을까 하고 생각했다.

서쪽의 사악한 마녀

맥신의 비서와 겨우겨우 통화해 약속을 잡았다. 약속은 엘리베이터 사건이 있은 다음 날로 잡혔다. 나는 일찍 도착해 걸어오는 맥신을 창문으로 바라봤다. 맞다, 바로 그 여자다. 폐쇄 공포증이 있는 손님을 매정하게 19층까지 오르락내리락하게 만든 그 여자다. 맥신은 키가 나보다 조금 작은 단신이었다. 흑백 체크무늬 정장은 너무 꽉 조여서 부적절한 부분의 굴곡이 너무 많이 드러났다.

맥신은 빠른 걸음으로 들어와 서류철을 탁자에 툭 내려놓더니, 이 미팅 때문에 정신이 하나도 없다는 듯이 한숨을 쉬었다. 나는 곧 마음이 불편해졌다.

"로렌 맞죠? 난 맥신이에요."

맥신은 웃지도 않고, 내 눈을 보지도 않고, 악수도 하지 않았다.

"안녕하세요. 만나서 반갑습니다."

내가 손을 내밀자 잠깐 악수를 하긴 했다. 엘리베이터에서 만났던 일에 대해서는 일언반구도 없었다.

맥신은 탁자의 상석 쪽으로 갔다. 나는 탁자 옆면에 있는 의자를 잡아당겨 앉았는데, 보니까 맥신이 나를 위아래로 훑어보고 있었다. 나는 바깥 유리벽을 등지고 앉았다.

"무슨 일 때문에 보자고 했죠?"

맥신은 자리에 앉더니 탁자와 의자 사이를 떨어뜨렸다. 그러고서 내 뒤의 유리에 비친 자기 모습을 보면서 병 모양의 금발 머리를 톡톡 두들겼다.

"저기, 제가 할로우 케인에 입사한 지 3주밖에 안 됐습니다. 인사도 드리고, 일할 때 중점을 둬야 할 부분이 뭔지, 어떻게 하면 제가 이사님 부서에 꼭 필요한 도움을 드릴지 의견을 듣고 싶어 뵙자고 했어요."

"참신하네요."

멕신은 경박스럽게 말한 다음 눈을 훕떴다.

"참신하다니, 무슨 말씀이시죠?"

"영업서비스부를 돕겠다고 나서는 사람이 있다는 거요."

맥신은 유리창으로 자기 모습을 보면서 말했다.

맥신의 말에 나는 당황스러웠다.

"저기, 그러니까, 영업 부서들에 제가 정말 도움이 됐으면 해서요."

나는 적당한 말을 생각해내느라 무진 애를 썼다.

"일이 그렇게 진행되는지 두고 보겠어요."

맥신은 유리에 비친 자기 모습을 또 흘끔 봤다. 두 명의 맥신을 만나는 듯했다. 앞쪽에 하나, 뒤쪽에 하나.

무슨 말을 해야 하지? 결국 나는 이렇게 제안했다.

"중점을 둬야 하는 부분을 제가 이해할 수 있도록, 잠시 제 입장이 돼 보시면 어떨까요? 만약 이사님이 지금 제가 하고 있는 일을 하신 다면, 영업서비스부 이사님들을 돕기 위해 뭘 하실 거예요?"

"간단하네. 댁이 하는 일을 내가 왜 해!"

맥신은 냉소적으로 깔깔대며 웃었다. 그러고 나서 유리에 비친 맥 신도 농담을 재미있어 하는지 확인했다.

또 당황스러웠다. 왜 저 여자는 날 안 도와주지? 자기를 잘 이해하 려 하고 자기를 돕는 최선의 방법을 알아내려는 나를 일부러 방해하 는 것 같다. 저 여자를 보니 독한 년 디가 생각났다. 초조해지기 시작 하더니 자신감이 급속히 떨어졌다. 맥신이 이런 내 모습을 바라고 그랬다면, 그녀는 성공했다.

"난 마케팅부보다 영업부가 훨씬 좋아요."

맥신이 통통한 팔과 다리를 꼬면서 말했다.

"영업부가 훨씬 영향력이 있잖아요. 마케팅부는 간접적으로 무대 뒤에서 지원하는 일을 하는 데죠. 실제로 일이 벌어지는 곳은 영업 부잖아요."

"이전에 마케팅부 사람들이 지원을 잘 안 해줬나요?"

나는 안절부절 못하는 속내를 감추려고 애쓰며 물었다.

"난 마케팅부 사람들이 탁상공론에 빠져 있는 데다가, 예민하고, 너무 순진하다고 봐요. 영업부에서는 사람이 현실적이어야 하거든요. 너무 분석적인 사람은 영업부에서는 완전 작살나지."

맥신은 고개를 심하게 흔들다가, 머리카락이 다 제자리로 돌아왔는지 확인하려고 유리에 비친 모습을 봤다.

불안감이 점점 커졌지만 나는 침착하게 행동하려고 최선을 다했다.

"저기, 회사에서는 마케팅부의 역할이 중요하다고 결정을 분명히 내렸는데요. 이사님은 마케팅부가 있어야 한다고 보세요?"

"난 마케팅부가 필요악이라고 봐요."

맥신은 떨떠름해하며 인정했다.

"저기, 회사에서는 마케팅 전략가의 역할이 중요하다고 판단해서 저를 고용했는데요. 멕 이사님과 존 회장님의 판단이 잘못됐다고 보세요?"

"난 댁이 어떤 사람인지 몰라요. 그러니까 댁을 고용한 존하고는 아무 문제가 없어요."

맥신이 멕 말고 존만 인정한 사실이 흥미로웠다.

나는 얘기를 계속 이어갔다.

"저기, 제가 이 회사를 다니는 이상, 좋은 결실을 맺고 싶어요. 이사님의 핵심 영업 과제가 뭔지 말씀해주시면 안 될까요? 시장에서 우리 회사 상황은 어떻게 돌아가고 있나요? 경쟁사와 비교해서 우리 회사가 잘하는 부분, 부족한 부분은 뭐죠? 이 얘기가 제가 일할 때 중점을 둬야 하는 부분을 파악하는 데 도움이 될지 몰라서요."

"지금 우리는 잘하고 있으니까, 도움 같은 건 별로 필요 없어요."

맥신이 쌀쌀맞게 대답했다.

"그래도 꼭 개선하고 싶은 점을 한 가지만 꼽으라면요?"

나는 끈질기게 물었다.

맥신은 잠시 가만히 있었다.

"영업사원들의 자질 문제요."

드디어 조금 진전이 있구나.

"우리는 영업사원들을 많이 잃고 있어요. 실력 있는 후임자들을 뽑아서 빨리 일을 익히는 데도 어려움이 있고요. 이 문제에 뭔가 조치를 취해주면, 도움이 되겠죠. 다른 사람들이 해결해보려고 했는데, 다 소용없었어요."

"알았습니다."

나는 이 얘기를 적어 두었다.

"다른 문제는요? 제품과 서비스 면에서 경쟁사들과 비교해봤을 때 떨어지는 부분이 있나요?"

"아니요, 경쟁사들과 비교해서 아주 잘하고 있어요. 사실, 우리가 경쟁사들을 죽이고 있는 셈이지."

맥신은 시계를 보았다. 이제 좀 있으면 이 자리에서 벗어난다고 생각하니, 마음이 좀 편해졌다.

"이봐요, 그런데 왜 나한테 이런 걸 물어보죠?"

맥신이 쏘아붙이는 투로 물었다.

"나한테 볼일이 있걸랑, 앞으로는 전화로 얘기하죠. 내가 이러고 있을 시간이 없다니까. 게다가 내 일도 아닌데 다 대답할 필요도 없잖아요. 할 얘기가 더 남았어요? 아니면 끝내죠?"

맥신은 일어나서 유리에 비친 자신의 모습을 확인하고서 몇 군데 구김살 진 곳을 펴려고 했다.

"아, 예……. 전 그냥 인사드리려고 한 건데."

내가 기어들어가는 목소리로 말했다.

"알았어요, 인사 잘 받았어요. 난 가봐야겠는데. 나한테 볼일 있으면 전화해요."

맥신은 휙 걸어 나갔다. 미팅이 끝나고 나니 완전히 진이 빠졌다. 나는 어떻게든 몸을 겨우겨우 일으켜 세워서 지친 몸을 이끌고 회의실에서 나왔다. 맥신 뒤에서 열 걸음 정도 떨어져 갔다. 맥신은 장애가 있는 사람처럼 걷는 모습이 불안 불안했는데, 분명 구두 때문인 것 같았다. 통통한 몸에 비해 굽이 너무 가느다랬다. 맥신이 복도를 따라 이리저리 비틀거리는 모습을 보자니, 피식 웃음도 났다가 멀미도 났다가 했다. 맥신은 간신히 계단을 찾아서 20층으로 다시 뒤뚱뒤뚱 올라가 자기 사무실로 쏙 들어갔다.

나는 자리로 돌아와 맥신을 표현하는 다섯 단어를 적었다. 적대적이고, 매몰차고, 거만하고, 위협적이고, 나쁜 년……. 음, 나는 마지막 단어를 지우고 '괴팍하다'로 바꿨다.

내가 다섯 단어를 다 썼을 때쯤 샌드라가 자리에 돌아왔다.

"방금 맥신을 만나고 왔어요."

내가 속삭이듯 말했다.

"어땠어요?"

샌드라가 웃었다.

나는 주위를 두리번거렸다. 우리만 있었다.

"나쁜 년이던데요!"

"그죠? 맥신 별명이 '서쪽의 사악한 마녀'예요."

나는 빙긋 웃었다.

"맥신이 왜 날 구박하는지 이해가 안 돼요. 여자 임원이라면 다른 여자 직원들을 돕고 싶을 텐데요."

샌드라가 픔 하고 웃음을 터뜨렸다.

"그렇게 생각할지 모르지만, 맥신이 뭐라 했는지 알아요? '난 도와주는 사람 하나 없이도 성공했다. 난 당신의 엄마가 아니다.' 내 귀로 직접 들은 말이에요!"

폭군

나는 맥신과의 만남에서 받은 충격으로부터 아직 다 벗어나지 못했고, 임원들을 하나하나 만나는 계획에 대해서도 확신이 점점 줄어들었다. 제임스만 빼고, 임원들과의 만남에서 느낀 감정은 불만족부터 충격까지 아주 다양했다. 다음은 사장인 니콜라스 스트레인지를 만날 차례다.

그날 아침, 일기예보를 듣고 나서 뭘 입을지 정했다. 가랑비가 부슬부슬 내리고 서늘하다고 한다. 검정색 정장에, 내 눈 색깔과 맞는 파란색 상의를 골랐다.

준비를 다 끝냈지만 출근이 좀 늦어졌다. 이런 경우에는 지각할 각오를 해야 한다.

욕실에서 해리가 "다 했어"라고 외치는 소리가 들렸다. 이 소리는 해리가 남편이나 나보고 엉덩이를 닦아달라는 신호다. 남편을 불렀지만 대답이 없다. 젠장. 해리가 더 큰 소리로 '빨리 빨리' 오라고 아우성쳤다. 욕실에 가 보니 하늘을 향해 쭉 내민 네 살짜리 애 엉덩이가 눈에 들어왔다. 해리는 손과 발을 바닥에 대고 있었다. 해리는 빨리 닦아 달라고 재촉했다. 빼도 박도 못하고 내 일이 됐다.

후다닥 손을 씻고, 폴에게 뽀뽀하고, 애들이랑 인사한 뒤, 거북이 걸음으로 가는 차들 사이로 느릿느릿 차를 몰며 출근길에 나섰다. 라디오 소리를 줄이고 니콜라스와 할 얘기를 점검해봤다. 생각해 둔 계획이 마음에 들었다. 자연스럽게 행동하고, 관찰력이 뛰어나고 분석적인 전문가이면서 회사 전략과 경쟁력 있는 포지셔닝을 예리하게 평가할 줄 아는 사람이라는 인상을 심어줄 생각이다. 결국, 나를 뽑은 이유도 이런 일을 할 사람이 필요해서다. 지금까지는 별 탈 없이 잘 왔다. 회사의 현재 역량을 파악했고 경쟁사와 비교해 어떤지도 알았다. 이르지만 내가 느끼는 몇 가지 사항을 니콜라스와 얘기해볼까 한다.

약속은 10시 30분에 잡혀 있었다. 약속 시간에 정확히 도착했지만, 니콜라스가 전화 통화를 하는 바람에 10분은 기다려야 했다. 기다리느라 짜증이 났다. 이렇게 시간 낭비를 하느니, 우리 사무실에서 생산적인 일을 하면서 즐겁게 있었으면 좋았을 텐데. 권력자들은 하나같이 우리 같은 '덜 중요한' 사람들을 기다리게 한다. 독한 년 디가 일깨워준 사실이다. 만약 내가 회장이나 이사쯤 됐다면, 니콜라스가 시간을 칼같이 지켰을 것이다.

니콜라스의 비서인 헬렌이 나보고 사무실 밖의 의자에서 기다리라고 했다. 앉아서 기다리는 동안, 어쩌다가 니콜라스가 통화하는 내용을 듣게 되었다. 타일을 까는 문제에 대해 불평을 늘어놓고 있었다. 욕실이나 부엌을 개조하는 모양이었다. 일을 그따위로 한다며 막 소리치기도 했다. 잠시 말을 멈췄는데, 아마도 상대편이 얘기 중인 듯했다. 니콜라스는 통명스럽게 '고맙다'고 말한 뒤 전화를 끊었다. 니콜라스가 싸움에서 이긴 게 분명하다.

"안녕하세요, 로렌."

니콜라스가 사무실에서 나오며 인사했다. 악수는 여전히 위압적이었다. 니콜라스가 나를 반가워하는 것 같아 놀랐다.

"들어와요. 먼저 사과를 드려야겠네요. 비행기를 타야 해서 길게 얘기를 못하겠는데요."

니콜라스는 직사각형 탁자와 내가 앉을 의자를 가리켰다. 본인은 탁자 상석에 앉았다.

내가 앉은 의자는 보통 의자들보다 좀 낮았는데, 그래서인지 당혹스럽고 왠지 밀지는 느낌이었다. 니콜라스가 부하들 의자의 다리를 잘랐다는 벤의 말이 생각났다. 벤의 말이 맞았다. 삐져나오는 웃음을 참으며, 벤에게 이 얘기를 들려주고 싶어 몸이 근질거렸다.

"아시다시피."

나는 최대한 허리를 쭉 펴고 앉았다.

"제가 할로우 케인에 입사한 지 얼마 안 됩니다. 제 일에 도움이 될까 해서, 사장님의 회사 전망을 듣고 싶어 뵙자고 했습니다."

"시간을 내서 이렇게 찾아주다니 고맙네요."

니콜라스가 내 눈을 똑바로 바라보며 유쾌한 목소리로 말했다.

"먼저 회사 상황을 전반적으로 개괄해보고 얘기를 풀어갈까요?"

"정말 좋은 생각인데요."

마음이 한결 여유로워졌다. 좋았어, 오늘은 협조적인 사람을 만난 것 같다. 목소리도 부드럽고 호감이 간다.

니콜라스는 뒤로 기대서 손을 머리 뒤에 댔다.

"우선, 내가 있는 지난 1년 반 동안 우리 회사는 매우 잘 굴러갔어요. 그런데 내가 여기 오기 전에는 다들 헉헉거리며 고군분투하고 있었다고 하죠. 나는 그때 단호한 결정을 내려서 힘든 사태를 잘 해결했어요. 이사들은 그때의 결과에 흡족해하고 있어요."

니콜라스는 탁자에 손을 내려놓고 몸을 숙였다.

"재정 상태도 좋아요. 핵심 프로젝트들과 주요 입찰들에서 실적이 점점 좋아지고 있어요. 난 이 회사에 오자마자 수익을 제일 많이 내는 부문의 재정 상태를 분석했어요. 그 전까지는 우리한테 필요한 깊이 있는 분석이 없었어요. 분석해보니까, 전체 프로젝트 중 18%에서 주로 수익이 나는 겁니다. 핵심 의뢰인들을 위한 주요 프로젝트들에서 말이에요. 우리 미래가 거기에 있다고 봐야겠죠."

나는 도대체 저게 누구의 아이디어인지 궁금했다. 라이언은 자기 생각이라고 주장했다. 벤은 멕의 생각이라고 했는데, 그나마 그게 제일 신빙성 있는 말인 것 같다.

"어느 부서가 제일 실적이 좋나요?"

"맥신 새비지가 있는 서부 사업부가 제일 잘해요. 남부와 북부 사업부는 그런대로 괜찮고요. 동부는 거의 안 굴러가죠. 그 부서랑 가깝게 지내면서 도와줄 방법을 찾아봐도 좋겠군요."

니콜라스는 매우 솔직한 사람 같다.

"거스 웨어링이 걱정이에요. 그 사람이 성공할 수 있을지 잘 모르겠어요. 거스를 만나봤어요?"

갑자기 불편해졌는데, 꼭 의자 때문은 아니었다. 회사 전망을 듣고 싶었을 뿐, 바로 자기 밑에 있는 사람에 대해 저렇게 노골적으로, 게다가 독선적으로 얘기할 줄은 몰랐다. 니콜라스는 내 대답을 기다렸다.

"네, 만났습니다."

나는 조심스럽게 말했다.

"영업서비스부 이사님들을 한 명씩 다 만났습니다."

"그 사람들 어떻습디까?"

니콜라스가 일상 대화를 나눌 때의 어투로 물었다.

"뭐라 말씀드리기에 너무 이르지 않나 싶은데요. 그게……. 그게 다들 짧게 만나서요."

다른 주제로 넘어가고 싶었다.

니콜라스는 태평스럽게 계속 얘기했다.

"거스가 걱정이야. 옷 입는 스타일도 봤죠? 솔직히 그 사람, 골칫거리예요."

나는 몸을 꼼지락대면서 대화 주제를 바꿔보려 했다.

"면접 보러 왔을 때요, 사람들이 회사가 도전에 직면했다고 하던데요. 무슨……?"

"누가 그래요?"

니콜라스가 화난 목소리로 말했다. 스위치를 켤 때처럼 아주 짧은 순간에 분위기가 확 달라졌다.

"존 회장님과 멕 이사님이요. 헤드헌터인 체스터 오즈번 씨도 그랬고요."

나는 달라진 분위기에 얼떨떨해하며 우물거렸다.

니콜라스가 주먹을 탁자에 꽝 하고 내리쳤다. 나는 화들짝 놀랐다.

"이거 참네, 우선 말이지, 체스터는 우리 상황을 몰라요. 멕은 그만둔 사람이고. 존은 실정도 모르고, 뭐가 뭔지도 모르는 사람이야!"

니콜라스는 나에게 삿대질을 하며 노려봤다.

나는 날벼락 같은 공격에 흠칫 놀라서 마른침을 꿀꺽 삼켰다.

니콜라스는 얼굴이 시뻘게져서 계속 화를 냈다.

"그 사람들이 왜 당신한테 그런 말을 했는지 모르겠는데. 우리는 엄청난 일을 하는, 잘 굴러가는 회사란 말입니다. 요새 우리가 경쟁사 숨통을 조이고 있는 상황이에요."

"저도 잘 알고 있습니다."

심장 뛰는 소리가 쿵쿵쿵쿵 빨라졌다.

"제 생각에는 그분들이 회사의 미래를 말씀하신 것 같아요."

나는 말을 뱉자마자 괜히 말했다 싶었다.

"미래라고요?"

니콜라스가 낮게 깔린, 화난 목소리로 말했다.

쥐구멍에라도 들어가고 싶었다.

"그분들은 우리가 1, 2년 안에 경쟁사들보다 뒤쳐질지 모른다는 초기 적신호가 나타났다고 하셨어요."

니콜라스는 말을 멈추고 일어서서 내 바로 건너편 쪽으로 걸어갔다. 그는 손으로 탁자를 꽉 잡고서 내 쪽으로 몸을 숙였다. 나는 문 쪽으로 뛰쳐나가고 싶었다.

"잘 들어요, 존슨 부인. 당신이 여기 와서 며칠 동안 심판대에 앉아서 부정적인 말을 늘어놓아도 좋습니다, 좋아요."

니콜라스는 미친 듯이 지껄였다.

"근데 우리 회사가 지난 몇 년 동안 실적이 꽤 좋았다는 사실을 모르나 본데요. 내가 말이죠, 이 회사를 살려서 제대로 경쟁력을 갖춰놓았단 말이에요. 사실 경쟁력이 아주 뛰어나지. 솔직히, 로렌이 우리 회사가 이런 위치를 잃을 위험에 처했다고 말하다니 실망스럽네요."

나는 어딜 봐야 할지, 무슨 말을 해야 할지 모른 채, 몸을 떨었다.

"죄송해요, 사장님. 비난하려고 한 말은 아니었어요."

나는 기어들어가는 목소리로 사과했다.

니콜라스는 시계를 봤다.

"그만 정리합시다."

니콜라스가 난데없이 말했다.

"비행기를 타러 갈 시간이에요."

휴, 다행이다.

니콜라스는 공격적으로 돌변할 때처럼 또 순식간에 지나치게 상냥한 사람으로 변신했다. 완전히 다른 사람처럼 차분한 모습이었다.

"아시겠지만, 전 마케팅부를 열렬히 지지하는 사람이에요."

니콜라스는 나를 보며 최대한 활짝 웃었다.

"제가 도울 게 있으면 와서 얘기하세요. 로렌이 잘되도록 도와드리고 싶네요."

그 말을 들으니 걱정이 됐다. 니콜라스가 완전히 정반대로 생각한다는 느낌이 들었다!

니콜라스는 후다닥 가방을 싸고 시계를 또 흘끔 봤다. 내가 사무실을 나오는데, 니콜라스가 비서에게 고함을 지르며 명령했다.

"헬렌, 이러다 비행기 시간에 늦겠어. 항공사에 전화해서 내가 가기 전까지 비행기 띄우지 말라고 해."

설마 내가 제대로 들은 건 아니겠지? 자기가 가기 전까지 비행기를 띄우지 말라고? 불안해하는 니콜라스의 표정을 보니, 농담으로 한 말이 아닌 것 같았다. 또 헬렌의 표정을 보니, 이런 요구가 처음은 아닌 모양이다.

"그리고 운전기사한테 내가 지금 내려간다고 얘기하고."

니콜라스가 소리쳤다.

나는 자리로 돌아와 의자에 주저앉았는데, 아까 일 때문에 아직도 몸이 떨렸다. 독한 년 디와 그 여자한테 모욕당하던 일이 계속 생각났다. 똑같은 일이 니콜라스 스트레인지와 만난 자리에서 방금 벌어졌다. 휴게실로 가서 물을 따라 마시고 다른 생각을 하려고 노력했다. 눈물이 한 방울 뚝 떨어졌다. 더 강해져야 한다. 심호흡을 하고 자리로 돌아갔다.

부들부들 떨리는 손으로 겨우겨우 니콜라스의 첫인상을 적었다.
독재적이고, 오만하고, 냉정하며, 변덕스럽고, 폭군 같다.

◆ ◆ ◆

그날 밤, 폴에게 니콜라스와 만난 일을 들려줬다. 다리가 짧은 의
자 얘기에 남편이 껄껄 웃었다. 폴은 틀림없이 내가 지어낸 얘기라
며 농담했다. 하지만 비행기 얘기를 들려주자 의자를 잘라냈다는 말
을 믿었다. 내가 지어낸 얘기가 아님을 깨달은 것이다! 폴은 늑대 울
음소리를 흉내 냈다. 하지만 나는 웃을 기분이 아니었다. 해리는 우
화 얘기인지 궁금해했다.

"폭언은 어쩌지? 내가 어떻게 해야 해?"

내가 소리쳤다.

"몰라."

폴이 고개를 저었다.

"어쩌면 어딜 가든 이런 일을 겪을지도 몰라. 고위 간부들과 부딪
쳐야 하는 경우에는 특히 더 그렇지. 난 어떻게 해야 할지 잘 모르겠
어. 당신네 회사 같은 데는 잘 몰라서. 도움이 될지는 모르겠지만 안
마는 해줄 수 있는데."

"정말 받고 싶다. 근데 시간이 없어."

그날 밤에 야구 모임이 있었는데, 내가 애니네 팀 감독이어서 꼭
가야만 했다. 니콜라스와의 일 때문에 기운이 하나도 없었다. 하지

만 내가 안 가면 우리 팀의 점수가 깎인다. 지금까지 우리 팀은 점수를 별로 깎이지 않고 있다.

나는 폴과 애들을 집에 두고 차를 타고 야구 모임에 갔다. 시간 낭비였다. 거기 모인 몇몇 사람한테는 중요한 일일지 몰라도, 따분한 얘기들만 잔뜩 오고갔다.

집으로 돌아오는 길에 임원들과의 만남을 곰곰이 생각해봤다. 전무이사인 제러미 하이드와 인사부 이사인 휴 워렐만 빼고, 이제 임원들을 거의 다 만났다. 니콜라스 스트레인지가 제일 끗발이 세다. 여러 상황으로 봤을 때, 존 스콰이어스가 니콜라스에게 권력을 넘겨준 듯싶다. 아니면 니콜라스가 권력을 낚아챘을지도 모른다. 니콜라스와 가장 가까운 사람들은 그의 행동을 고스란히 따라 했다. 서쪽의 사악한 마녀 맥신 새비지와 미소 짓는 암살자 라이언 건도 자기밖에 모른다. 독수리들 사이의 갈까마귀인 거스 웨어링은 자신감이 부족해 보였다. 아마도 거스는 니콜라스가 자기를 어떻게 생각하는지 잘 알아서 겁에 질려 있는지도 모른다. 마커스 폼프리는 진실성이 부족하지만 윗사람들한테 알랑방귀를 잘 뀌어서 한 자리 꿰차고 있다. 제임스 스완은 예외다. 제임스는 진실하고, 부하 직원들과 즐겁게 일할 줄 안다. 게다가 직책에 따라 달라지는 사람 같지도 않다.

곱게 보이지 않는 경영진 때문에, 내 앞날이 걱정됐다.

집에 도착했을 때 폴이 아직 잠들기 전이어서, 우리는 편안한 의자에 앉아 아이들 얘기를 나누었다. 폴은 가족만의 휴가가 필요하다고 했다.

"폴, 나 입사한 지 얼마 안 됐어. 아직은 휴가 가기 힘들어."

"하지만 같이 휴가 간 지 오래됐잖아. 우리 가족한테 힘이 될 거야. 곧 있으면 방학이기도 하고."

"있지, 나 오늘 무지 힘들었거든. 피곤해. 다음에 얘기하면 안 될까?"

"알았어. 근데 디랑 일할 때처럼 또 당신이 축 쳐져 있는 모습, 보고 싶지 않아. 너무 심각하게 생각하지 마."

"심각한 일이란 말이야! 나도 잘하고 싶어. 그리고 이건 나한테 중요한 문제야."

내가 언성을 높였다.

"그냥 마음을 편하게 가져. 내가 볼 때 당신에게는 휴가가 필요해."

"다음에 얘기하자. 오늘 내가 너무 예민하게 발끈하는 거 같으니까."

"내 말이 바로 그거야!"

폴이 불쑥 말을 내뱉고 일어났다. 남편은 내 다음 말을 기다렸지만, 나는 너무 피곤했다.

"나 잘게."

폴이 체념한 듯 말했다.

나는 텔레비전을 켜고 바보 같은 쓰레기 심야 프로그램을 멀뚱멀뚱 봤다. 20분쯤 뒤, 소파에서 일어나 침실로 기어들어갔다.

자리 잡기

내가 외부 마케팅 컨퍼런스에 참석하는 건이 샌드라가 2주간 직무 대행을 할 당시에 승인됐는데, 그건 정말 다행스러운 일이었다. 마커스가 이 사실을 알자마자 취소해 버리려고 했기 때문이다.

마커스는 회사에 입사한 지 몇 주밖에 안 된 내가 컨퍼런스에 왜 가는지 이해를 못 했다. 나는 짜증이 확 났고, 컨퍼런스 주제가 마케팅 전략을 개발하는 내 업무와 밀접한 관련이 있다고 구구절절이 말해야 했다.

"어쨌든, 참가비도 벌써 냈어요."

마커스는 마지못해 허락했다.

컨퍼런스에서는 인상적인 연사들이 다양하고도 놀라운 주제들을 다루어줬다. 상당히 고무적인 아이디어들을 얻고 돌아온 나는 회사 사람들한테 얘기하고 싶어 몸이 근질거렸다. 너무나 당연하게도, 주되게 전수와 교육훈련을 통해서 영업사원들의 이직률을 줄일 방법을 찾아야 했다. 이것이 성공적으로 잘된다면 영업사원들의 이직 방지와 사기 진작에 엄청난 영향을 미칠 것이고, 그 결과 매출과 수익도 늘어날 것이다. 그리고 나는 컨퍼런스를 통해서 문제를 해결할 좋은 방법을 찾았다.

검토해 봄직한 몇몇 방안을 마커스랑 논의해보려고 며칠 동안 약속을 잡아보려 했다. 결국 2주일이 지나서야 마커스를 만났다. 이제는 꼭대기 층 우주비행 관제센터의 식물 정원에 근사하게 자리 잡은 마커스의 사무실로 직접 찾아갔다.

"이사님, 컨퍼런스가 굉장히 좋았어요."

"다행이군요."

마커스는 펜을 돌리면서 시큰둥하게 대답했다.

"뭐 좀 쓸 만한 게 있습디까?"

이야기를 꺼낼 좋은 기회가 생겨 다행이다 싶었다.

"물론이죠! 상당히 유용하고 괜찮은 아이디어들을 많이 얻었어요. 영업사원 교육훈련에 쓸 만한 아주 좋은 아이디어도 있었죠. 시장조사에 대한 인류학적 연구도 괜찮았고요."

"무슨 연구요?"

마커스가 눈썹을 올리며 소리쳤다.

"인류학적 연구요. 전형(典型) 연구라고도 하죠."

마커스가 나를 멀뚱멀뚱 바라봤다.

"이사님, 우리 회사는 서비스 회사잖아요."

나는 설명할 기회가 생겨 기쁘면서도 마커스의 치켜 올라간 눈썹이 신경 쓰였다.

"그런데 우리가 영업하는 다양한 나라에서 서비스는 어떤 의미일까요? 많은 나라에서 개념과 낱말은 각각 의미가 달라요. 시간이라는 개념을 예로 들어보면요. 스위스에서는 시간이 '정확한' 이라는 의미예요. 하지만 라틴 쪽 나라들에서는 뜻이 전혀 다르죠."

나는 잠시 말을 멈추었다. 마커스는 내가 마치 딴 나라 말을 지껄이고 있는 양 바라봤다.

"그게 우리랑 무슨 상관이죠?"

마커스가 손가락 사이로 펜을 움직이며 성마르게 물었다.

"그러니까, 사업에서는 정말 중요한 문제예요. '양질'이 무엇을 뜻하는지 사람들이 연구했는데요. 일본에서 양질은 '완벽'을 뜻해요. 독일에서는 '기술적 정밀'을 의미하고요. 프랑스에서는 '화려함과 스타일'을 뜻해요."

나는 마커스의 반응을 알아보려고 잠시 말을 멈췄다. 멍한 표정을 보니 내 말 뜻을 못 알아듣는 모양이었다. 대부분의 사람들은 이런 문제에 관심을 보이는데, 마커스는 내 얘기를 이해 못하는 듯싶었다. 빨리 결정타를 날려야 한다. 나는 다시 주의를 끌어보려고 목소리를 조금 높였다.

"이것을 통해서 고객들은 우리에 대해 거래할 만한 회사인지 아닌지를 알 수 있어요."

나는 마커스를 이해시키는 데 완전히 실패했기 때문에, 얘기를 그만 접어야 했다.

"우리 회사는 서비스 회사이기 때문에 각기 다른 나라들에서 '서비스'가 무엇을 뜻하는지 알 필요가 있어요. 그 의미를 경쟁사들보다 더 잘 파악하고 있으면, 경쟁할 때 훨씬 유리하죠."

"좋습니다. 여하튼 좋아요."

마커스는 얘기를 끝내려 했다. 오늘 대화는 그의 레이더에 잡히지도 않았다. 마커스는 펜을 주머니에 넣었다.

이러다간 영업사원 교육훈련 문제는 꺼내지도 못하겠다는 사실을 너무 늦게 파악하고야 말았다. 그래도 시도는 해봐야 했다.

"이사님, 제가 말씀드리고 싶은 더 시급한 문제는 영업사원 교육훈련과 관련된 건데요. 컨퍼런스에서 정말 도움이 될 만한 아이디어를 얻었어요. 방법도 간단해서 시행해보면 좋을 것 같아요."

"됐어요, 지금 당장 급한 문제도 아니잖아요."

마커스는 내 열의를 확 꺾으며 말했다.

"난 마케팅부에서 제품과 서비스를 개발해서 출시하는 데 제일 중점을 둬야 한다고 봐요. 이런, 니콜라스랑 만나기로 했는데 늦겠는걸. 나중에 봅시다."

그러고는 마커스는 곧장 가버렸다.

나는 마커스가 내 말에 아주 조금도 관심을 보이지 않는 모습에 충격을 받아 전봇대처럼 가만히 서 있었다. 주장을 더 밀고 나갔어야 했나? 내가 뭘 잘못했지? 열의가 순식간에 사라지자 정신이 멍했다. 활기와 의욕을 꺾는 데는 마커스를 따라올 사람이 없다.

하지만 내심 그만둬서는 안 된다고 생각했다. 컨퍼런스에서 배운

점들이 영업사원 교육훈련이라는 중요한 문제에 틀림없이 도움이 될 테니까. 게다가 내 능력을 빠른 시일에 보여주고 제임스가 충고한 대로 초기에 자리를 잡을 기회다. 내가 인류학 어쩌고저쩌고 하는 바람에 마커스가 혼란스러워하고 영업사원 교육훈련 얘기가 나올 때까지도 전혀 감을 잡지 못한 것이다. 다시 만나서 얘기해야겠다.

나는 마커스와 다시 약속을 잡았다. 마커스의 관심을 붙들어 내 생각을 제대로 설명만 한다면, 성공할 수 있다고 생각한다. 그러나 이번에는 아주 단순하게 설명해야 한다. 그의 레이더에 잡히도록 말이다!

며칠 뒤, 관제센터에 있는 마커스의 사무실에서 우리는 다시 만났다.

"이사님도 잘 아시다시피, 제가 영업부 이사님들을 만나서 인사도 드리고 그분들이 어려워하는 점이 뭔지, 개선했으면 하는 부분이 뭔지 파악하는 중이잖아요. 그런데 한 가지 문제가 바로 눈에 띄었는데, 영업사원들의 이직률 말이에요. 우리 부서가 도울 부분이 있다고 생각해요."

"난 그렇게 생각하지 않아요."

"왜죠?"

나는 짧고 부정적인 답변에 좌절감을 느꼈다.

"중요한 일이 아니니까요. 난 말이지, 우리 팀이 마케팅부의 목표에 딱 들어맞는 사안에만 집중을 했으면 좋겠어요. 직원 이직률은 우리 문제가 아니잖습니까. 인사부 소관이지."

마커스가 내 얘기를 들을 기미조차 보이지 않아서 놀랐다. 하지만 나는 마음을 단단히 먹었다. 내키지 않았지만 계속 밀고 나갔다.

"하지만 저한테 괜찮은 방안이 있어요."

순간 매우 곤란한 상황에 직면해 있는 나 자신한테 짜증이 났다.

"직원 이직률은 회사 전체의 문제예요. 영업사원들의 상당수가 회사를 떠나는 건 마케팅부한테도 중요한 문제예요."

"신경 꺼요."

마커스가 단호하게 말했다.

"지난번에 만났을 때 신경 끄라고 내가 얘기했을 텐데. 휴 워렐이 할 일을 내가 할 필요는 없잖아요. 난 말이지, 로렌이 우리 부서의 어떤 부분에 가장 도움이 될까, 그거나 고민했으면 좋겠어요. 진짜 어려운 일들이 태산같이 쌓였어요. 딴 데 정신 팔지 말았으면 좋겠네요. 내 말 알겠죠? 그럼, 뭐 더 할 얘기라도?"

"없습니다."

대화는 끝이 났다.

그날 밤 차를 몰고 집으로 오면서, 자신감 있게 주장을 더 하지 못한 나 자신한테 화가 났고 무엇보다 마커스에게 화가 났다. 왜 내가 갈등도 능숙하게 해결할 줄 알아야 하지? 여긴 전쟁터가 아니라 직장이잖아.

내가 생각하는 영업사원 문제 해결 방안을 계속 밀어붙이자. 경영진의 지지도 못 받고 초기에 성과를 내지도 못하면, 마케팅 전략을 종합적으로 검토하는 내 핵심 업무는 더더욱 완수하기 어려울 테니까.

지킬 박사와 제러미 하이드

"누가 저렇게 소리를 지른대요?"

내가 벤에게 물었다. 우리는 총무부가 있는 13층에 와 있었다. 벤은 영업사원 교육훈련안을 위해 내가 재무 정보를 수집하는 일을 도와주기로 했다.

그런데 13층 다른 쪽에서 들리는 꽥꽥대는 소리에 깜짝 놀란 것이다. 사무실이 아니라 슬럼가에서나 들을 법한 말이었다. 뱃사람이라도 참기 어려울 말이었다. 벤이 한숨을 푹 쉬었다.

"제러미일 거예요."

"설마요!"

벤은 재무 분석가랑 약속이 있고, 나는 아직까지 한 번도 본 적 없는 전무이사 제러미 하이드를 만날 참이었다.

"믿기 어렵겠지만 맞을 거예요. 제러미는 욱하는 성질에, 욕을 한 바가지 퍼붓는 사람으로 아주 유명해요. 그러고는 죄책감은 쥐뿔만큼도 안 느끼죠."

"근데 욕을 듣고 인신공격을 당하는 사람이 가만있을 리 없잖아요."

"하지만 제러미인걸요. 제러미라 그냥 넘어가는 일이 많아요."

"그래도 참아선 안 되죠. 당하는 사람이 너무 불쌍해요!"

나는 속이 뒤틀렸다. 나 같으면 절대 저런 욕은 못 참는다. 누구든 언어폭력에 시달리는 사람은 정말이지 너무 안됐다고 생각하기 때문이다.

바로 그때 회계 직원들이 13층에서 나가기 시작했다.

"무슨 일이죠?"

내가 물었다.

"마르샤한테 물어봅시다."

벤이 우리 쪽으로 황급히 오는 여자를 가리키며 말했다.

"마르샤, 다들 어딜 가는 거예요?"

마르샤는 우리를 봤지만 걸음을 멈추지 않았다. 우리도 따라 걸었다. 마르샤가 뒤돌아보며 말했다.

"제러미가 저렇게 욕할 때마다 모두 잠시 피해 있거든요. 커피 마시면서 사태가 진정될 때까지 기다려요."

마르샤를 비롯해 직원들이 이런 일에 너무나 익숙해져 있다니, 나로서는 상상하기 힘든 일이었다.

벤이 슬며시 물었다.

"이번에는 누구래요?"

마르샤가 머리를 흔들더니 고개를 푹 숙였다.

"회계 담당자인 조지 뱅크스요."

마르샤는 계속 걸었고 우리도 뒤따르며 사람들로 복작대는 엘리베이터로 갔다. 1층에서는 마르샤가 더 빨리 걷는 바람에 그녀를 따라잡기 위해 우리는 걸음을 재촉해야 했다.

"뭐 때문에 그런 거래요?"

벤이 물었다.

"외상매출금 결과가 안 좋았거든요."

마르샤가 헉헉거리며 말했다.

"수금도 예산이랑 안 맞는 데다 현금도 예상했던 것보다 조금 적어요. 제러미가 화를 버럭 내더니 지금은 조지한테 화풀이 중이에요."

"수금이 왜 안 좋았는데요?"

벤이 물었다.

"그게 있잖아요, 형편없는 정도는 아니에요. 수익 담당 신입사원의 교육훈련비 때문에 예산보다 조금 적을 뿐이에요."

마르샤가 작은 목소리로 덧붙였다.

"그 전에 있던 직원도 엄청 심하게 욕을 먹고서 바로 그만뒀거든요. 새로 온 사람도 오래 못 다닐걸요. 조지가 지켜주고 있긴 해요. 조지가 분명히 이런 일이 있을 줄 알고 한 시간쯤 전에 신입사원한테 심부름을 보내서, 그 직원이 이번 일은 못 보고 넘어간 거죠."

"정말 두 사람 다 진짜 문제가 뭔지 깜박하고 있는 거예요?"

내가 중간에 끼어들어 말했다.

"수금이 문제가 아니에요! 욕이 문제죠! 도대체 얼마 동안 이런 일이 있었대요?"

이제 우리는 밖으로 나와 신선한 공기를 마시며 햇볕을 쬐었다. 마르샤는 조금 여유로워 보였다.

"제러미가 온 뒤로 쭉이요."

"이런 일을 왜 그냥 넘어가는지 이해가 안 가요. 윗사람들은 왜 조치를 안 취하죠? 인사부는요?"

마르샤가 어깨를 으쓱하더니 대답했다.

"니콜라스는 제러미랑 다른 회사에서 같이 일해 본 경험이 있어서, 제러미를 뽑기 전에 이미 그 욱하는 성질을 분명히 잘 알고 있었을걸요."

"문제는 니콜라스, 제러미, 휴가 서로 무지 친하다는 거예요. 휴는 제러미 아이의 대부이기도 해요. 세 사람은 같이 어울려 다녀요. 셋이 해변 별장을 공동으로 구입했다고 내가 얘기해줬죠."

벤이 말했다.

마르샤는 밖에 나와서 기분이 나아졌다고 했다.

"직원들 대부분이 치를 떨고 있어요. 제러미한테 엄청 심하게 야단을 맞은 직원이 한둘이 아니거든요."

"존 스콰이어스한테 얘기해본 사람이 있나요?"

나는 왜 회장이 개입하지 않는지 의아해서 물었다.

"제러미가 입사하고 나서 얼마 안 돼서, 과장 하나가 존을 만나러 갔어요."

마르샤가 이를 갈면서 화난 목소리로 말했다.

"그 과장이 그러는데, 존이 시큰둥해했대요. 제러미에 대해 분명히 뭘 오해하고 있는 거라나요. 게다가 존이 제러미한테 고자질한 게 분명해요. 항의하러 간 과장이 바로 해고됐거든요. 그 뒤로는 아무도 존을 찾아가지 않아요."

우리는 동료들이 우르르 몰려 있는 쪽으로 향하는 마르샤를 잡지 않았다. 벤과 나는 다시 안으로 들어와 4층으로 갔다. 엘리베이터에 우리만 있어서 좋았다.

"제러미 하이드에 대해 더 알아둘 게 있나요?"

내가 물었다.

벤은 고개를 저었다.

"정서적으로 문제가 있고 신경질적인 사람이라는 점은 확실해요. 아무도 믿지 않고 늘 경계 태세죠. 한번은 이런 일도 있었어요. 재정학을 전공한 젊은 졸업생이 우리 회사에 들어왔는데, 그 사람과 다른 몇 명이 제러미 앞에서 프레젠테이션을 해야 했어요. 그런데 그 젊은 사원 앞 순서에 프레젠테이션을 한 세 사람이 제러미한테 욕을 죽도록 얻어먹었어요. 자기 차례가 온 젊은 사원은 겁에 질려 벌벌 떨었죠. 다행히 시간이 부족해서 프레젠테이션은 안 했어요. 그런데 너무 긴장한 나머지 졸업생이 바지에 실례를 해버렸어요. 그다음 날 회사를 그만뒀죠."

나는 손으로 입을 막았다. 도대체 이 회사에서 어떻게 해야 하는 거야? 손이 떨리기 시작했다.

"벤, 정말 너무 끔찍해요!"

이건 악몽이야, 악몽.

"다른 일도 있어요?"

"말하면 끝이 없죠. 제러미는 아무리 좋게 포장해서 얘기하더라도 비판은 절대 용납 못해요. 엄청 화를 내요."

"근데, 아직도 궁금한 게, 왜 존은 제러미를 그냥 두죠?"

"일을 잘하니까요."

농담인가 싶어 벤의 얼굴을 유심히 살폈다. 벤의 말은 비꼬는 투였다.

"기술적으로 재정을 잘 관리한다는 말이에요. 군기를 바짝 다잡아 사람들을 잘 쪼고 돈도 잘 관리하거든요. 존은 재정 문제로 골치 아프기 싫으니까 제러미의 행동을 보고도 못 본 척하는 거예요. 더군다나 잘 알잖아요, 제러미한테는 니콜라스와 휴라는 든든한 지원군이 있다는 거."

"그런데 부하 직원들이 너무 기가 죽어 있어요. 긴장감이 뚝뚝 흐르는 상황에서 사람들이 제대로 일하기를 바라는 게 가당키나 할까요? 건강에도 영향을 미치고 심리적으로도 안 좋을 텐데요. 요즘 같은 시대에 이런 일이 용인되다니 믿기지 않아요."

오늘 저녁에 폴한테 이 얘기를 하면 어떤 반응을 보일지 궁금했다.

"멕이 그만둘 만하네요."

내가 말했다.

"맞아요. 멕은 제러미랑 있었던 일을 백퍼센트 다 말하지 않았어요. 참다 참다 책에 맞은 일을 계기로 폭발해버린 거예요. 더는 그냥 넘어가지 않겠다고 결심한 거죠."

"멕한테는 잘된 일이에요. 어떤 사람도 그런 행동을 그냥 넘어가서는 안 되죠."

나는 '서로 인사하고 친해지는' 자리를 제임스와는 따로 잡지 않기로 했다.

훌륭한 아이디어

영업사원 교육훈련안을 마커스가 조금도 격려해주지 않았지만, 나는 한번 밀어붙여 보기로 했다. 동료들이 도움을 줬고, 나도 안을 추진할 준비가 됐다.

할로우 케인에 입사한 지도 벌써 6주째다. 영업사원 역량 개발은 영업서비스부 전체에서 분명 가장 시급한 문제였다. 나는 인사부 이사인 휴 워렐과 약속을 잡았는데, 전화를 걸었을 때 다행히도 휴는 만남을 달가워했다.

약속 시간에 맞춰 휴의 사무실에 갔지만 잠깐 기다려야 했다. 휴가 니콜라스와 얘기 중이었다. 휴가 얘기를 마치고 라운지에서 기다리는 나에게로 와서 인사했다.

"안녕하세요, 로렌. 만나서 반갑습니다."

휴는 내 손을 꽉 잡고 악수한 다음, 나보고 둥근 탁자 쪽에 앉으라고 했다.

휴는 알록달록한 셔츠를 말끔히 차려입었는데, 소매부리에는 커프스단추에다 으레 그렇듯 이름 머리글자가 수놓아져 있었다. 실크 넥타이는 셔츠랑 딱 어울렸다. 신발은 번쩍번쩍 광이 났다. 바지는 정성들여 주름을 잡았고 걸음걸이도 자신감이 넘쳤다. 확실히 품격 있어 보였다. 거스 웨어링이랑 정반대다. 휴도 배는 나오기 시작했다.

"저도 만나서 반갑습니다, 이사님."

"그러니까, 영업부 교육훈련에 대해 할 얘기가 있다고요?"

"그게, 제가 영업부 이사님들을 만나서 가장 어려운 점이 뭔지 얘기를 나눠 봤는데요. 거의 모든 분이 같은 말씀을 하셨어요. 영업사원 교육훈련을 개선할 필요가 있다고요. 그래서 제가 생각이 하나……."

"영업부 교육훈련 얘기를 왜 로렌이 이사들한테 하는 거죠?"

휴가 중간에 끼어들어 말했다.

나는 휴의 말투에 깜짝 놀랐다. 휴도 니콜라스처럼 잡아먹을 듯 뭐라 할까봐 걱정되기 시작했다. 내가 자기 영역을 침범한다고 생각할지도 모른다. 조심해야겠다.

"꼭 집어 교육훈련 문제를 얘기하려고 이사님들을 찾아뵌 건 아니고요. 회사 전체 상황을 파악하고 제가 도움 될 만한 부분이 있을까 싶어 만나 봤어요. 꼭 넘어야 할 산이 뭐라고 생각하는지 제가 물었더니, 거의 모든 분이 영업사원 문제를 꼽으셨고 교육훈련이 더 잘 이뤄진다면 그 무엇보다 회사에 큰 영향을 미칠 거라고 하셨어요."

"좋습니다. 그럼 왜 이사들이 직접 나한테 와서 얘기하지 않죠?"

휴는 몸을 젖혀 의자에 기댔다.

"제가 물어보니까 생각나신 게 아닐까요? 아무튼, 이런 일이 있었고 제가 생각하는 해결책이 뭔지 이사님에게 말씀드리고 싶었어요. 잘만 하면 이 바닥에서 우리 회사가 정상을 넘볼 수 있다고 생각해요."

"계속해보세요."

휴가 몸을 숙이며 말했다. 좋았어, 관심을 보이는군.

"'개리슨 비즈니스 스쿨'의 프로그램을 가지고 온라인으로 영업사원 교육훈련을 해보면 어떨까요? 프로그램도 벌써 나왔고 또 컴퓨터 용량을 지금보다 늘릴 필요도 없어요."

"난 온라인 교육을 신뢰하지 않아요."

휴가 됐다는 듯 양손을 저었다. 나는 휴가 그 이유를 얘기해주기를 기다렸다. 휴는 내 쪽에서 계속 얘기해주기를 기다렸다.

"왜 신뢰하지 않으시는데요?"

나는 인사부 이사가 온라인 교육에 동의하지 않을 줄은 꿈에도 몰랐다. 다른 이사들이라면 몰라도 인사부 이사는 아니지 않나!

"난 말이죠, 사람들이 교실에서 제일 많이 배운다고 봅니다. 경험이 풍부한 사람한테 배우면서 직접 소통해야 해요."

그 문제라면 답을 준비해 두었다.

"저도 그 점을 생각해봤는데요. 할로우 케인 내에서 지역 조력자들을 뽑아 그들보다 더 젊은 영업사원들을 지도할 멘토로 훈련시키면 어떨까요? 사무실마다 영업사원들을 지도하고 온라인 교육을 도와줄 멘토를 두는 거예요."

휴는 입에 손가락을 갖다 대고 고개를 느릿느릿 좌우로 갸우뚱거렸다. 아마도 내 얘기에 더 흥미를 느낀 모양이다.

나는 이어서 말했다.

"온라인 교육의 장점은 사람들이 어디에 있든 구애받지 않고, 또 본인이 편한 시간에 교육을 받을 수 있다는 점이에요. 오프라인 교육을 조직할 때처럼 이것저것 실행 계획을 짤 필요도 없고요."

"게다가 근무 시간이 끝난 뒤에도 받을 수 있겠네요."

휴가 눈을 반짝거리며 덧붙였다.

"어……. 그렇겠죠."

나는 머무적거리며 대답했다. 영업사원들이 휴일도 없이 일하고 개인 시간에 교육을 받아야 한다면 걱정이다. 그렇게 되면 분명히 영업사원들이 날 죽이려 들겠지.

나는 주제를 바꿨다.

"모든 교육 자료는 개리슨 쪽에서 쓴 걸 사용하는데, 효과적인 판매에 관한 연구를 바탕으로 한 자료예요. 하버드 연구에서 손에 꼽히는 좋은 자료예요."

"비용은 얼마나 들까요?"

비용을 물어보다니, 내가 휴를 제대로 설득하고 있나 보다. 휴가 내 계획을 지지하리라는 확신이 생겼다.

"동료의 도움을 받아서 컴퓨터로 수치를 계산해봤는데요."

나는 휴에게 서류를 한 꾸러미 건넸다.

"현재 영업사원들이 1년에 25%의 비율로 회사를 그만두고 있어요. 이직률이 높은 편이죠. 3개월마다 영업사원을 새로 뽑고 또 3개월이 지나야 신입사원들이 실질적인 수준으로 영업을 한다는 점을 고려하면, 해마다 수백만 달러의 손실을 보는 셈이에요. 영업부 이사님들이 가장 우려한 문제도 바로 괜찮은 교육훈련이 없다는 점이었어요. 교육훈련에 대한 재정 지원이 튼실해져야 합니다."

"알았고요……. 비용은 어떻게 되죠?"

휴는 서류철을 대충 휙휙 넘겨보면서 같은 질문을 또 했다.

"프로그램 사용비로 1만 달러쯤, 학생 한 명당 과정 하나에 300달러가 듭니다. 오프라인 교육보다는 훨씬 싸죠."

"좋은 제의 같네요."

휴는 생각에 잠긴 듯하다가 이내 고개를 끄덕이면서 인정했다.

"로렌, 이런 제안을 하다니 고맙네요. 혹시 다른 임원들한테도 얘기했나요?"

"아니요, 기회가 없었어요. 인사부와 제일 관련 있는 문제여서 이사님께 가장 먼저 말씀드리고 싶었어요."

"좋아요, 나한테 맡기세요. 내가 이 제안을 충분히 검토할 때까지 다른 사람들한테는 얘기하지 말았으면 좋겠고, 우리끼리 더 논의해 봅시다. 고마워요, 로렌. 훌륭한 아이디어예요."

휴의 사무실에서 나오자, 마침내 일이 진척되고 이 일로 제임스의 말대로 초기에 자리를 잡을 수 있다는 자신감이 불끈 솟았다. 가슴이 막 뛰면서 폴한테 말해주고 싶어 입이 근질거렸다.

계획 변경

"로렌, 이쪽으로 올라와 볼래요?"

마커스가 전화를 걸어 꼭대기 층으로 우리를 부를 때면, 의례적인 인사말 따위는 생략하기 일쑤다. 넉살좋게 나는 재빨리 손으로 목을 조르는 시늉을 하며 에밀리에게 마커스한테 간다는 신호를 보냈다. 우리 둘 다 킥킥 웃었다.

관제센터에 있는 엄청나게 많은 식물들은 볼 때마다 입이 떡 벌어진다. 마커스의 사무실로 가는 길에 정원사가 보였다. 정원사는 가지를 치고 물을 주느라 정신이 없었다.

"들어와요."

내가 사무실에 도착하자 마커스가 말했다. 그는 일어나 책상에서 나와 둥근 탁자 쪽에 앉았다. 나한테 앉으라는 손짓을 했다.

"방금 경영진을 만나고 왔는데요. 휴 워렐이 기가 막힌 아이디어를 하나 냈어요. 온라인으로 영업사원 교육을 하고, 지역마다 영업사원들의 코치이자 멘토 역할을 할 조력자를 둬서 보충 교육을 하는 방안이에요."

"네."

나는 기쁜 마음으로 얘기를 더 들었다.

"게다가 휴 말로는 우리가 '개리슨 비즈니스 스쿨'의 가장 좋은 최신 프로그램에도 곧바로 접속할 수 있다네요."

"네 알아요, 휴가 아니라……."

마커스가 계속 말했다.

"경영진이 정말 마음에 쏙 들어 했어요. 휴가 아이디어를 실행할 프로젝트팀을 만들려고 하는데요. 난 로렌이 우리 부서 대표로 거기 들어가면 딱이다 싶어요. 어때요? 영업사원 교육훈련에 관심 있는 걸로 아는데."

"관심이야 정말 많죠. 근데, 어……. 휴 이사님이 누구 아이디어인지 말씀 안 하시던가요?"

나는 제대로 된 대답이 나오기를 초조하게 기다렸다.

마커스는 미간을 찌푸리며 기억을 짜냈다.

"아니, 그런 말 없었는데. 휴가 영업부 이사들이랑 제일 힘든 점이 뭔지 얘기하다가 떠오른 생각이라고 했던 것 같은데. 큰 호응을 받아서 바로 만장일치로 통과됐어요. 정말 딱 맞는 해결책이라니까."

속이 매슥거렸다. 머릿속에서 아우성치는 소리가 들렸다.

'네 아이디어라고 마커스한테 말해! 제발, 네 자신을 방어하라고!'

하지만 나는 잠자코 있었다. 혼란스러웠다. 머리가 재주넘기를 하듯 빙글빙글 돌았다. 인사부 이사를 거짓말쟁이에 도둑이라고 부르지 않고서는 진실을 말할 방법이 빨리 떠오르지 않았다.

마커스가 전화 걸 데가 있다고 해서, 나는 조용히 사무실에서 나왔다. 사기가 팍 꺾였다. 가슴이 먹먹했다. 나는 간신히 자리로 돌아왔다.

15분 뒤, 여전히 컴퓨터 화면을 멍하니 보고 있는데, 마커스한테서 꼭대기 층으로 다시 오라는 전화가 왔다. 에밀리에게 신호를 보낼 기분이 아니었다. 이번에는 왜 보자는 거야?

"앉아요."

내가 사무실로 들어가자 마커스가 말했다. 이번에 마커스는 책상에 그냥 앉아서 나보고 자기 맞은편에 앉으라고 했다.

"휴 워렐한테 전화해서 영업사원 교육훈련 프로젝트팀에 우리 부서 대표로 로렌을 보내겠다고 했어요. 근데 무슨 까닭인지 로렌이 들어오는 걸 달가워하지 않네요. 휴한테 뭐 잘못한 일이라도 있어요?"

마커스는 팔꿈치를 책상에 대고 몸을 숙인 채 관자놀이를 문질렀다.

'내'가 '휴'한테 잘못한 일이 있냐고! 그것은 내가 회사에서 빨리 자리 잡고 내 능력을 보여 줄 아이디어였다. 늑대처럼 휴가 홱 낚아챈 건데.

"아무 일도 없었어요. 한 번밖에 안 만났는데요 뭘."

내가 딱딱거리며 말했다.

"그렇다면 뭐, 아무튼, 휴가 카일리 굿윈한테 마케팅부 대표를 맡아달라고 부탁했어요. 로렌은 이번 프로젝트에서 빠져요."

◆ ◆ ◆

그날 밤, 애들이 늦게까지 자지 않았다. 애들을 재우는 데 한참이나 걸렸다. 나는 터져 나오는 짜증을 꾹꾹 참느라 애썼다. 마침내 폴과 둘만의 시간이 생겼다.

"무슨 일 있었구나. 또 회사 일이지?"

폴이 웃으며 말했다. 남편은 코코아 잔을 내게 건넸다.

"고마워, 자기. 코코아 생각이 무지 났거든. 자기는 정말 생각이 깊다니까."

우리는 차를 홀짝 홀짝 마시고, 쿠키를 먹고, 서로 상대방 입에 수염처럼 묻은 거품을 보며 깔깔거렸다. 그러고 나니 화가 좀 가라앉았다.

나는 휴가 내 아이디어를 어떻게 훔쳤는지 설명하기 시작했다. 폴은 깜짝 놀랐다.

"난 내가 그런 식의 농간을 안 겪어도 되는 일을 하고 있어서 정말 다행이다 싶어. 이제 어떻게 할 거야?"

"모르겠어. 아직 충격도 다 가시지 않아서."

"휴가 당신 공로를 인정했을지도 모르지. 아니면 앞으로 그럴 계획이거나."

언제나 그렇듯 폴은 사람들의 좋은 점을 보려고 한다. 나는 고개를 저었다.

"그럴지도 모르지. 하지만 내가 보기엔 계산된 일이야."

"그냥 넘어가지 말고 화라도 내봐."

"소란 피우긴 싫어. 사람들이랑 싸우기 싫단 말이야. 경영진의 임원이랑은 더더욱 싫어. 싸울 생각을 하면 식은땀이 막 나."

폴이 잔을 탁자에 내려놓고 나를 나무랐다.

"로렌, 또 시작이야. 왜 자기 자신을 방어하려고 안 하는데? 안 그러면, 이런 일이 계속 벌어진다니까."

나는 싸움으로 진이 빠져 녹초가 됐다.

"난 그냥 착실히 일해서 회사에 도움이 되고 싶을 뿐이야. 왜 내가 이런 농간에 말려들어야 해?"

"그래서 어떻게 할 생각이야?"

폴이 다시 잔을 집으며 말했다.

나는 휴와 대면해서 해명을 요구해볼까 생각해봤다. 눈물이 왈칵 쏟아졌다.

"휴는 인사부 책임자야. 그런 사람을 도둑이라고 부를 순 없잖아. 이 얘기를 누구한테 하기도 그렇지 않아?"

내가 힘없이 말했다. 폴이 휴지를 건넸다.

"그냥 일이나 열심히 할래."

"제발, 로렌, 자기 자신을 지켜야지. 사람들이 계속 당신을 함부로 대하게 내버려 두면 안 돼."

"하지만 인사부 이사랑 붙어서 내가 어떻게 이기겠어? 난 신출내기에다 날 아는 사람도 없는데. 휴한테 미움 받기도 싫고, 일을 새로 구하고 싶지도 않아. 인과응보인지도 모르지. 믿을 만한 사람한테 얘기했어야 했는데."

"로렌, 이번 일은 절대 당신 잘못이 아니야. 난 당신이 사람들을 믿어서 좋더라. 상사가 당신 아이디어를 훔칠 거라고 지레 걱정하지 마. 자책할 필요도 없고."

우리는 잠시 아무 말 없이 앉아 있었다.

"제임스 스완한테 얘기해보면 어때?"

폴이 물었다. 나는 고개를 저었다.

"내 문제에 끌어들이고 싶진 않아."

우리는 코코아를 다 마시고 쿠키도 거의 다 먹었다. 폴이 내 손 쪽으로 손을 뻗었다. 내가 손을 잡자 남편이 나를 일으켜 세웠다.

"그만 자자. 사랑해, 로렌. 사람들이 당신을 힘들게 할 때 그냥 있지 마."

폴은 팔로 내 어깨를 감싸 꼭 안아줬다. 남편은 나를 앞으로 살살 밀면서, 걸을 때 내 어깨를 쓰다듬어 주었다.

나는 한참 동안 뜬 눈으로 누워 있었다. 분명 깜빡 잠이 들었던 것 같은데, 새벽 4시쯤 갑자기 깼다. 깬 뒤로는 잠이 오지 않았다.

그날 아침, 오전 늦게 회사 주차장에 갔더니, 휴가 메르세데스 컨버터블 안에 있었다. 내 차와 휴의 차는 여섯 자리밖에 떨어져 있지 않았는데, 휴는 나를 알은체하거나 기다리지 않고 차에서 튀어나와 로비로 부리나케 갔다. 아마도 나를 못 본 듯싶다.

나는 차에서 겨우겨우 나와, 매가리가 하나도 없는 상태로 4층 사무실에 도착했다. 나는 휴에 대한 평가를 끼적여 봤다. 부도덕하고, 가식적이고, 계산적이며, 유해하고, 졸렬하다.

심리전

마커스 폼프리는 우리 부서의 관리자가 된 순간부터 알렉스 레저를 몹시 마뜩지 않게 생각했다. 알렉스는 우리 팀의 마케팅 분석가이자 분석과 스프레드시트의 달인이다. 나머지 직원들은 영업과 비즈니스를 다루고, 알렉스는 분석을 맡았는데 경이로울 정도로 잘했다. 알렉스는 완벽주의자였다. 물론 별난 구석이 있지만, 본인이 하는 일에서만큼은 단연 최고였다. 마커스가 알렉스의 스타일을 엄청 꼴사납게 생각한다는 사실을 모두 잘 알고 있었다.

팀원들은 알렉스에게 운신의 폭을 넓혀주고 그의 괴짜 같은 행동도 받아주었다. 팀원들은 알렉스가 다른 사람들과 기질이 달라도 이해했다. 또 알렉스가 능력을 십분 발휘하도록 하려면 그의 전문 지식을 고무해주고 분석 문제들을 자세히 제시해야 한다는 점을 잘 알았다. 팀원들이 기다리는 일이 없도록 알렉스가 많은 일을 척척 하게 하려면 미리 계획을 짜야 한다는 점도 알았다. 하지만 마커스는 아니었다.

마커스는 알렉스를 피곤하게 생각했고 일부러 우리 앞에서 알렉스를 난처하게 만들었다. 알렉스가 말하기를, 마커스가 실적 문제로 압력을 준다고 했다. 우리 모두 믿기지 않았다. 알렉스의 실적은 아무런 문제가 없다. 말도 안 되는 얘기다. 마커스는 알렉스가 많은 시간을 들이는 세부적인 문제들이 회사에 필요하거나 회사에서 요구한 일이 아니라고 했다. 마커스는 알렉스가 본위 위주로 일하고 잘난 체한다고 했다. 또 알렉스한테 작업 속도를 높이고 자기 마음에 들게끔 덜 세부적인 문제를 다루고 수완을 발휘하라고 요구했다.

걱정이 된 우리는 알렉스에게 정말 그만둬야 할 정도로 상황이 안 좋은 건지 물었다.

"그런 일은 절대 없어요."

알렉스가 말했다. 알렉스는 마커스가 자신을 쫓아내는 꼴을 보고만 있지 않고, 계속 싸울 각오가 돼 있다고 했다. 그 말을 들으니 우리는 안심이 됐다.

알렉스를 끊임없이 쪼아대며 벼르고 온 지 석 달, 마커스가 드디어 행동에 돌입했다. 어느 날 아침, 마커스가 알렉스를 관제센터로 불렀다. 십여 분 뒤에 알렉스가 돌아왔는데 뭔가에 얻어맞은 표정이었다.

"그 인간이 내 자리를 없애버렸어요. 나 해고됐다고요!"

사람들은 모두 알렉스의 소식을 듣기 위해 재빨리 회의실로 모여들었다.

"무슨 소리예요? 우리한텐 알렉스가 꼭 필요해요. 마커스 그 인간, 이러면 안 되지!"

샌드라가 말했다.

"그런데 그 인간이 날 잘라버렸어!"

알렉스는 의자에 털썩 주저앉았다. 얼굴이 창백했다.

"이의를 제기해보면 어때요?"

알렉스가 너무 안돼서 내가 물었다.

"누구한테요?"

알렉스가 항복한 사람처럼 양손을 들었다.

"저기, 먼저 인사부에 말해보는 거예요."

나는 충분히 제대로 생각해보지도 않고 말을 꺼냈다. 휴 워렐이 못 믿을 사람이라는 사실을 깜빡했다.

"존 스콰이어스는 어때요?"

벤이 대답했다.

"존은 이런 일에 관여하지 않으려고 할걸요. 이렇게 일을 벌이기 전에 마커스가 니콜라스와 제러미의 승인을 받았겠죠. 그러니 누구한테 이의를 제기하겠어요."

"됐어요, 짐 싸서 오후에 떠날랍니다."

알렉스가 현실을 받아들였다.

"회사에서 다른 직장 구할 때 도와준대요?"

에밀리가 물었다.

"내가 원하면요."

"마커스가 4층에 내려와서 직접 이 사실을 알리겠대요?"

샌드라가 물었다.

"안 내려올 걸요. 회사 이메일로 공지하겠죠. 뻔해요."

알렉스가 말했다.

우리는 알렉스한테 위로와 응원의 말을 한 다음, 각자 자리로 힘없이 돌아갔다. 다들 일이 눈에 들어오지 않아서 일찍 퇴근했다.

알렉스가 그만둔 뒤 며칠 동안, 마커스는 더없이 만족스러운 얼굴이었다. 나머지 사람들은 괴로워했다. 우리는 동료 하나를 잃어버렸을 뿐 아니라, 알렉스의 비상한 능력이 없으면 우리의 생산량이 떨어진다는 사실을 너무나 잘 알고 있었다.

알렉스가 떠난 지 1주일쯤 됐을 때, 마커스는 우리가 알렉스 없이 어떻게 일하는지 물었다. 우리는 이구동성으로 알렉스가 없어서 너무 힘들다고 대답했다. 마커스는 분석가가 필요할지도 모르겠다며 중얼중얼거렸다. 2주 뒤, 부서회의를 소집하면서 마커스 계획의 전말이 분명히 드러났다. 마커스가 말하길, 자기는 본디 분석가가 필요 없다고 생각해서 알렉스의 자리를 없앴다는 것이다. 그런데 우리는 어찌됐든 회사에는 분석가가 확실히 '필요'하다고 본다. 그러고는 자기는 본인 실수를 인정할 만큼 통이 큰 사람이고, 팀을 위해서 반드시 문제를 해결하겠다고 했다.

"몇 년 전에 다른 회사에서 같이 일한 동료가 있어요. 운 좋게 우리랑 일하게 됐네요. 이름은 커트 울프라고 하고, 다음 주부터 나올 겁니다. 커트는 실적도 아주 좋고 이 자리에도 딱 맞는 사람이에요.

커트가 오면 반가워들 해주세요."

아주 간단하구만! 저런 사기꾼을 봤나! 분명 마커스는 자기 친구한테 한 자리 내주려고 알렉스를 쫓아냈다. 샌드라도 나랑 같은 심정임이 분명했다.

"알렉스한테 다시 출근하라고 하면 되잖아요?"

샌드라가 마커스를 분노에 찬 눈빛으로 보며 물었다. 마커스는 눈을 피했다. 나는 샌드라의 용기가 존경스러웠다.

"아니요, 한 번 떠난 사람은 그걸로 끝입니다."

마커스가 콧대를 세우며 말했다.

"하지만 불공평하잖아요."

샌드라가 항의했다.

마커스가 목을 문지르며 웃었다.

"뭐, 사는 게 다 그렇지 않나요. 커트는 아주 능력 있는 팀원이 될 겁니다. 여러분이 커트를 전문가답게 대우해줬으면 해요."

부서회의가 끝나고 나는 벤을 붙잡고 말했다.

"마커스가 괜찮은 사람이라고 했잖아요!"

내가 소리쳤다.

"우리가 처음 마커스 얘기를 할 때, 사람을 못살게 구는 인간은 아니라고 했잖아요. 남한테 상처주기보다 본인 생각만 하는 사람이라고 했잖아요."

벤이 어깨를 으쓱했다.

"저렇게 잔머리 쓰는 모습은 나도 처음 봐요. 분명히 홍콩에서 책략 부리는 법을 좀 배운 게죠."

겉모양새만 보면, 커트 울프는 분석가라는 직책에 적격이었다. 옷차림새가 미끈했다. 커프스단추에, 세련된 이태리제 넥타이에, 티 하나 없이 깨끗한 셔츠에, 번쩍번쩍 빛나는 신발에, 로렉스 시계와 어울리는 미소까지. 머리카락 한 올 흐트러진 데가 없었다. 잘 차려 입은, 성공한 사람 같았다.

커트가 입사한 지 1주일쯤 됐을 때 그가 나보고 콜럼비아스에서 커피 마시면서 "서로 인사나 하자"고 했다. 괜찮을 것 같아 선뜻 그러자 했다.

콜럼비아스는 사람들로 북적댔고 테이블이 거의 꽉 차 있었다. 우리는 뒤편에 겨우 자리를 잡고서 커피를 주문했다. 커트가 마커스의 첩자라는 점을 고려해서 나는 그를 조심스럽게 대했다. 커트는 나와 내 일에 대해 물었다. 나는 단어를 신중히 골라 짧게 대답했다. 마커스가 들어서 화낼 만한 말은 전혀 안 했다. 커트는 솔직하고 에너지가 넘쳤다. 그는 커피를 후루룩 다 마시더니 또 주문했다. 나보고 더 마시겠냐고 했지만 나는 아직 첫 잔도 다 못 마신 상태여서 사양했다.

그때 갑자기 커트의 말투가 달라졌다.

"전 우리 둘이 친하게 지냈으면 좋겠어요."

"저도 그랬으면 좋겠네요."

나는 커트가 왜 저런 말을 하는지 궁금했다.

"서로 약속해야 해요."

커트가 말했다. 분위기가 이상했다.

"그러니까 내 말은, 상대방에 관한 중요한 얘기를 들으면 꼭 얘기 해주자는 말이에요. 예를 들면, 마커스가 자기랑 다른 임원들이 로렌에 대해 아직 판단을 못 내리고 있다고 하더라고요. 마커스 말뜻이 뭔지 나야 잘 모르지만, 로렌이라면 궁금하겠구나 싶었어요. 내가 좀 더 알아볼까요?"

어안이 벙벙했다. 나는 아무 생각 없이 '네'라고 대답했다가 후회했다.

"분명히 별거 아니겠죠. 내가 한 말은 그냥 잊어버려요."

커트가 오른손으로 머리를 매만지면서 천연덕스럽게 말했다.

커트는 무척 충격을 받은 듯한 나에게 계속해서 지껄였다.

"물어보고 싶은 게 또 있는데."

목이 메어 왔다.

방금 들은 얘기의 충격에서도 벗어나지 못한 상황에서 커트가 또 한 방 날렸다.

"내가 딱 보니까, 로렌이랑 카일리 사이에 긴장감이 흐르던데요. 지금 로렌 자리에 카일리가 지원했었다고 들었어요. 카일리가 열 받아 할까요?"

사실 나는 카일리와 얘기도 별로 안 해봤고 신뢰감도 없었지만, 그렇다고 애써 내색하지는 않았다. 만약 사실이라 해도, 카일리가 내자리에 지원했었다는 건 정말 몰랐던 사실이다. 커트는 입사한 지이제 1주일이다. 어떻게 그렇게 빨리, 소위 말해 긴장감을 파악했지? 무슨 얘기를 들은 거야? 카일리가 뭐라고 했나? 설마 마커스가 뭐라고 한 거야?

"그렇진 않겠죠."

나는 더 괜찮은 대답이 얼른 떠오르지 않았다.

"카일리가 거의 철석같이 자기가 할 거라고 믿고 있던 일을 외부 출신이 들어와서 하는 걸 보고, 열 받아 한다고 생각하지 않죠? 자기보다 로렌의 월급이 높아서 열 받아 한다고 생각하지 않죠?"

"그럼요, 전혀요."

말은 이렇게 했지만, 이번 질문에는 확신이 딱 서지 않았다. 커트는 교묘한 질문으로 나를 함정에 빠뜨리고 있는 듯했다.

"그럼 다행이고요. 내가 한 말은 잊어버려요."

커트가 명랑하게 말했다. 그러고는 마치 순전히 오해였다는 듯이 씩 웃었다. 나는 무슨 말을 해야 할지 몰라 빈 커피 잔을 시무룩하게 바라보았다. 커트의 얘기는 끝나지 않았다.

"충고 하나만 더 하면요."

커트가 탁자에 기대 내 쪽으로 몸을 기울였다. 도망치고 싶은 심정이었다.

"이번 주에 제가 지켜본 바로는요, 로렌은 본인한테 잘해주는 사람은 반드시 친구고, 잘 안 해주는 사람은 반드시 적이라고 생각해선 안 돼요."

그러고 나서 커트는 남은 커피를 쭉 들이켠 다음, 내가 대답하기도 전에 의자에서 재빨리 내려왔다. 사람을 피해망상에 사로잡히게 하는, 정말 악의적이고 교묘한 말이다.

그날 내내 마음이 뒤숭숭하고 일이 손에 잡히지 않았다. 나를 보고 웃는 사람들이 의심스럽고 웃지 않는 사람들이 궁금해지기 시작했다.

이런 내 꼴이 정말 우습다. 샌드라와 벤을 만나서 이 문제를 풀어야겠다. 카일리에 대해서도, 커트의 사악한 말에 대해서도 뭔가 알 거야. 그런데 샌드라도 벤도 마침 자리에 없었다.

납덩이 같은 몸을 이끌고 집에 돌아왔다. 폴한테 커트와의 일을 얘기하면 자신을 방어하라고 또 잔소리를 늘어놓을 게 뻔해서 말하지 않았다. 남편과의 갈등은 견디기 힘들다.

밤에 해리에게 동화를 읽어줬다. 그런 다음, 해리를 시켜 내 방에 가서 우화 책을 가져오게 했다. 일단 내가 이솝우화를 읽는 모습을 남편에게 보이지 않는 게 좋다. 회사 일을 물어볼지도 모르니까.

해리가 잠든 뒤, 아들 옆에 비집고 들어가 동화책 대신 이솝우화 책을 들었다. 우화를 10편쯤 읽었다. 이솝은 커트 울프 같은 사람들을 잘 알고 있었다.

어린 사냥개가 토끼를 쫓아가기 시작했어요. 토끼를 붙잡은 사냥개는 금방이라도 잡아먹을 듯이 이빨로 토끼를 물려고 하다가, 다시 토끼를 놓아주고서 다른 개랑 놀 때처럼 토끼와 즐겁게 뛰어놀기도 하고 이랬다저랬다 했어요. 이윽고 토끼가 말했어요.

"네 본색이 도대체 뭐니! 내 친구라면 왜 나를 물어? 내 적이라면 왜 나랑 놀고?"

고문실

    그다음 몇 주 동안 나는 부지런히 분석하고 조사했고, 마케팅 전략과 회사 브랜드 방향에 대한 생각을 정리하기 시작했다. 몇몇 제품 아이디어는 샌드라와 함께 검토하고, 경쟁사 조사는 에밀리 리처드스의 도움을 받았다. 알렉스 레저의 분석이 그리웠다. 커트 울프랑 카일리 굿윈과는 꽤 거리를 두었다. 두 사람은 죽이 정말 잘 맞았다. 유일하게 쉽게 넘어간 사람이 카일리였다. 카일리와 커트 둘 다 팀에 나쁜 영향을 미쳤다. 그리고 커트와 마커스가 아주 친한 사이여서, 우리는 줄곧 감시받는 느낌이었다.

    나는 샌드라와 벤에게 커트 얘기를 했다. 두 사람도 커트한테서 비밀을 공유하며 지내자는 얘기를 들었다고 했다. 그 얘기를 듣고 커트한테 꺼져버리라고 했단다. 샌드라와 벤은 나보고도 똑같이 얘기하라고 충고했다. 하지만 과연 내가 그럴 수 있을까?

    할로우 케인에서 일한 지 4개월쯤 됐을 때, 마커스가 마케팅부 전체에게 메일을 보냈다. 마커스는 업무 실적을 평가할 때가 됐으니,

팀원들 각자 자기와 면담할 날짜를 잡으라고 했다.

마침내 기다리던 시간이 왔다. 나는 한 번도 논의한 적이 없는 내 업무의 목표를 마커스와 분명히 정리해 두고 싶었다. 또 마커스가 내 일하는 방식을 어떻게 생각하는지도 듣고 싶었다. 나는 금요일 오후 2시로 면담 일정을 잡았다.

마커스를 만나려고 관제센터로 막 올라가려는데 전화가 울렸다. 남편이었다. 폴은 응급 치료 환자가 있어서 오후에 애들을 못 데리러 간다고 했다. 자기 대신 애들을 데려와 달라고 부탁했다.

"시간이 빠듯한데. 지금 마커스랑 면담이 있단 말이야. 얼마나 걸릴지 몰라."

"로렌, 당신이 꼭 해줘야 해. 대안이 없어."

일과 부모의 도리 사이에서 걱정과 괴로움이 교차했다. 일단 하겠다고는 했는데 답이 나오지 않았다.

허겁지겁 마커스 사무실로 갔다. 엘리베이터를 서둘러 타고 사무실로 냅다 달렸지만, 5분 늦게 도착했다.

줄리가 미안하다며, 마커스가 니콜라스의 전화를 받고 갔는데 조금 늦을지도 모른다고 했다. 나는 사무실에 앉아 숨을 좀 돌리면서 마커스가 오기를 기다렸다. 늦은 것 때문에 걱정할 필요는 없게 됐지만, 애들을 제시간에 데리러 가는 일이 점점 걱정됐다. 걱정은 일단 마음 한구석에 제쳐 두고, 마커스와 어떤 얘기를 할지만 생각했다. 적어도 내 역할을 분명히 하고 내 프로젝트의 목표를 자세히 논의할 기회가 있었으면 좋겠다.

마침 마커스가 와서 생각을 더 하지는 못했다.

"오후에 또 굉장한 일이 있는데, 손을 전혀 못 쓰는군."

마커스가 사무실로 휙 돌아 들어오며 중얼거렸다. 마커스는 달력을 봤는데, 아마도 내가 사무실에 앉아 있는 이유를 확인하려는 모양이었다.

"자, 오늘 이 자리는 로렌의 업무 실적을 평가하는 자리예요."

마커스는 마치 나를 상기시키려는 듯 말했다.

마커스는 서류철을 집어 들고 책상 뒤의 회전의자에 앉았다. 그러고 나서 내가 있는 둥근 탁자 쪽으로 의자를 휙 끌고 왔다.

"지난 1년 동안 본인의 업무 수행이 어땠다고 보나요?"

마커스가 의자에 기대 손을 머리 뒤에 대자, 겨드랑이의 땀이 눈에 확 들어왔다. 나는 약간 빛이 바랜 그의 흰색 셔츠에서 눈길을 돌렸고, 마커스가 본인이 홍콩에서 돌아오기 얼마 전에 내가 할로우 케인에 입사한 사실을 기억조차 못하고 있는 것 같아서 갑자기 짜증이 밀려왔다.

"전 여기서 일한 지 넉 달밖에 안 됐는데요."

나는 잘못을 바로잡았다.

"아, 그렇죠. 어째 더 길게 느껴지네. 아무튼 본인의 업무 목표는 어떻게, 잘 정했어요?"

"그게요, 제 업무 목표를 이사님이랑 같이 얘기한 적이 한 번도 없어요. 이사님을 처음 뵀을 때, 기억하실지 모르겠는데, 제가 염두에 둔 프로젝트 단계를 대략적으로 설명해 드린 적 빼고요."

마커스는 양손을 재빨리 내리고 의자 앞부분에 내앉았다.

"목표를 지금 정해도 되지만, 업무 목표 걱정일랑 접어두고 로렌의 업무 평가 얘기를 해도 되지 않나요?"

"이사님이 원하시면요. 근데 이사님과 제가 생각을 분명히 정리하고 제가 지금 중점적으로 다루는 일이 적절한지에 대해 의견 일치를 보려면, 목표를 얘기해야 하지 않나 싶어요."

마커스가 내 목표를 수긍하지 못하면, 마커스와 나는 일을 두고 끊임없이 다툴지도 모른다.

"좋아요, 목표는 나중에 얘기하죠. 우선, 지금까지 로렌이 회사에 뭘 기여했는지부터 얘기합시다. 지난 넉 달 동안 본인이 일을 어떻게 했다고 보죠?"

"잘했다고 생각합니다."

나는 조심스럽게 대답했다. 마커스가 대화를 어떻게 이끌고 갈지, 목표에 대해 얘기할 생각은 있는지 궁금했다.

"저는 영업서비스부들이 중요한 성과를 많이 얻는 데 기여했고, 많은 제품 마케팅 담당자들이 아이디어와 전략을 짜는 데 도움을 줬습니다. 또 전략적 마케팅 재검토도 꽤 진전을 보이기 시작했고요. 내부 역량 분석을 끝내고 경쟁사 분석을 마쳤거든요. 물론 아직 이사님께 말씀드릴 기회는 없었지만요. 긍정적인 부서 분위기를 만드는 데에도 한몫했다고 생각해요. 그래서 지난 넉 달 동안 잘해왔다고 생각합니다."

영업사원 교육훈련이 내 아이디어였는데 휴 워렐이 내 공로는 전혀 인정하지 않은 채 훔쳐갔다고 말하고 싶었다. 하지만 그것을 증거로 내밀기에는 너무 늦어버렸다.

마커스가 잠시 말을 멈추고 손가락으로 펜을 돌렸다.

"의구심이 몇 가지 드네요."

마커스가 이를 앙다물며 똑똑히 말했다. 나는 마음을 졸이며 목을 가다듬고 말했다.

"뭔데요?"

"로렌은 수익과 이윤율에 의미 있는 영향을 미치지 못했어요. 회사의 고객만족도도 별반 나아지지 않았고요. 난 로렌이 첫 넉 달 동안 보여 준 게 별로 없다고 봐요."

충격이다. 먹구름이 몰려왔다. 빨리 정신을 차려야 한다.

"음……. 마케팅 전략가로서 보셨을 때, 제가 넉 달 안에 수익, 이윤, 고객만족도에 영향을 미치기를 기대하긴 어렵지 않나요? 제 업무는 그것보다 훨씬 오래 걸리는 일이에요."

멕이 이 프로젝트가 미칠 영향, 제대로 하는 데 걸리는 시간에 대해 했던 말이 떠올랐다. 업무 평가를 하는 사람이 멕이었으면 얼마나 좋았을까.

"난 그렇게 생각하지 않아요. 부서 전체가 결과에 책임이 있고 다들 그런 문제에 관여해야죠. 솔직히 실망했어요, 로렌."

실망했다고! '마커스' 께서 실망하셨다고. 나는 놀라서 아무 말도 못한 채, 대답하려고 끙끙대기만 했다. 이런 상황에서 나는 입을 꾹 다물고 있는 경우가 너무나 많다. 싸워야 한다. 하지만 너무 무서워서 붙어볼 엄두가 안 난다. 늘 그렇듯, 나는 잠자코 있었다.

마커스가 이어서 말했다.

"전반적인 업무 수행 면에서, 난 로렌에게 3등급을 주겠어요."

"3등급이요?"

나는 어리둥절해 물었다.

"전반적인 만족도 평가가 3등급이라고요."

마커스가 말했다. 나는 만족도 평가를 받아본 적이 없다. 나는 어깨가 축 처졌다. 겨우 입이 떨어져 하나 물어봤다.

"등급이 어떻게 되는데요?"

마커스가 평가 서식의 뒷면을 보여 줬다.

"1등급은 아주 뛰어남, 2등급은 기대 이상, 3등급은 기대 충족, 4등급은 기대 이하, 5등급은 불만족이에요."

나한테 3등급은 좀 부당하게 느껴졌다. 내가 그저 '만족'이나 '기대 충족' 정도로 일했다고 생각하지 않았다. 기가 꺾였지만 나 자신을 변호하려고 애쓰면서 계속해서 웅얼거렸다.

"제가 '기대 충족' 이상은 된다고 생각하는데요."

"3등급이면 괜찮은 거예요."

마커스가 말했다. 그런데 왜 나는 괜찮다는 생각이 안 들지?

"내가 볼 때 말이죠, 사람이 새로 일을 맡으면 첫 해에 3등급 이상 받기란 엄청 어려워요."

내가 기뻐하기라도 해야 하나? 나는 이 시스템을 이해하려고 애썼다. 제임스를 찾아가서 도대체 이 모든 게 어떻게 굴러가고 있는지 알려 달라고 해야겠다.

"아무튼, 로렌은 3등급이에요."

마커스가 펜을 탁자에 톡톡 두들기며 말했다.

나는 반박할 말이 딱히 떠오르지 않았다. 하지만 마치 판사의 선고 같이 이렇게 평가하는 이유가 궁금했다.

"내년에는 지금처럼 불확실한 점이 없도록 제 업무 목표에 대해 논의할 수 있나요?"

내가 쭈뼛쭈뼛 물었다.

"할 수 있죠."

마커스가 심드렁하게 말했다.

"물론 한 해의 업무 목표와 계획은 그때그때 달라질 수 있다고 보지만요."

"네."

나는 마커스의 말이 뭘 뜻하는지 확실히 알 수 없었다.

"지금 논의할까요?"

"말해보세요."

마커스는 선심 쓰는 양 말했다.

나는 심호흡을 하면서 마음을 가라앉히고 자신감을 되찾으려고 노력했다.

"요점은 제 업무가 즉각적인 결과를 기대하기 어렵다는 점입니다. 제 역할은 제품 담당자 역할과 달라요. 제품 담당자 일은 3개월에서 6개월 사이에 결과가 나타나지만, 제 일은 18개월 이상 돼야 그 영향이 나타납니다. 2년쯤 지나야 제 업무의 결과를 제대로 평가할 수 있다는 거죠."

마커스가 자리에서 꼼지락댔다. 펜을 집어 들어 오른손 손가락 사이로 빙글빙글 돌렸다. 얼굴이 벌게지더니 화난 표정을 지었다.

"절대 인정 못합니다!"

마커스가 내 눈을 똑바로 노려봤다. 나는 눈길을 돌렸다.

"평가하는 데 2년이 걸린다니, 웃기는 소리 말아요!"

마커스의 목소리가 점점 커졌다.

"어떤 일이든지 간에 적어도 매달 평가해야죠. 난 얼마나 진전이 있는지 매달, 매년 봐야 직성이 풀려요!"

내 요점은 그게 아니지만 맞서 싸울 배포가 없었다. 이번 기회에 마커스를 설득해 내 업무의 목표를 이해시키지 못하면, 앞으로 고생길이 훤하다는 것을 잘 안다. 마커스는 내 일이 다른 일과 다르다는 점을 왜 이해 못하지? 서로 이 점에 동의하지 않으면, 분명 앞으로 피 터지게 싸운다.

"저기."

마커스가 차분해진 목소리로 화를 누르며 말했다.

"서로 이 점에 동의하지 않는다는 사실을 동의하고 넘어가죠. 여기서 정리합시다. 로렌이 생각하는 업무 목표의 초안을 작성해서 나중에 얘기해보면 어때요? 그리고 이 서류, 다 작성했거든요. 뒷면에 사인만 해요. 내가 인사부에 제출할 테니."

평가 서식에 마커스가 벌써 3등급이라고 적어 놓았다. 사인하기

찜찜했지만 해야만 하는 분위기 같았다.

"이건 어디에 사용되나요? 3등급이 어디에 영향을 미치나요?"

"별로 안 중요해요. 서류는 인사부에서 보관하기 때문에 사실 아무도 못 봐요."

서식 앞면에 업무 목표 부분을 봤다. 마커스의 글씨로 수익, 이윤, 고객만족도에 관한 포괄적인 목표가 적혀 있었다.

"이젠 궁금한 점이 다 풀렸겠죠."

마커스가 의자에 편히 앉아 말했다. 그는 시계를 보더니 한숨을 쉬었다.

"그냥 사인하고 넘어갑시다."

애들이 기다리고 있겠지. 나는 마지못해 사인한 뒤 종이를 마커스에게 돌려줬다. 적어도 대치 국면은 끝난 듯했다. 10분 뒤, 나는 회사에서 나왔다.

◆ ◆ ◆

의기소침한 감정은 쉽사리 사라지지 않았다. 일요일 아침, 폴과 침대에 누워 있을 때도 여전히 그랬다. 남편은 오전 늦게 아이들을 축제에 데려가자고 했다. 마커스의 나에 대한 평가와 싸가지 없는 말투 때문에 풀이 죽어, 나는 그럴 기분이 아니었다. 나 빼고 갔다 오라고 했다. 폴이 좋아하지 않았다.

"업무 평가 때문에 아직도 기분이 더러운 거야?"

"응, 아마도."

폴이 팔꿈치로 몸을 일으켜 세웠다.

"제발, 로렌, 그만 잊어버려! 마커스가 단 1초라도 이 일로 걱정하겠어?"

"하지만 마커스 경력에 흠이 가는 게 아니잖아!"

"우린 가족이니까 같이 시간을 보내야지. 애들이 축제를 얼마나 좋아하는데."

"나 빼고 갔다 오라니까."

나는 베개에 얼굴을 파묻었다.

"그렇게 해야겠네."

폴이 일어났다. 폴이 재빨리 옷을 입고 조용히 방을 나가는 동안 나는 비참한 기분으로 누워 있었다.

10분 뒤 나는 겨우 일어나 샤워를 하고 낡은 운동복을 입었다. 안 나가고 집에 있고 싶었다.

폴이 애들 채비를 하는 동안 나는 일요 신문을 읽었다. 남편이 15분 뒤에 출발한다고 말했다. 애니가 가기 싫어하는 내 마음을 눈치챘다.

"엄마, 어서, 빨리 가자!"

"가기 싫어."

마치 내가 열 살짜리 응석받이 같았다.

"가자, 엄마."

애니가 애원했다.

"엄마, 가아아아아아자."

해리도 내 무릎을 잡으며 한 마디 거들었다. 결국 애들 때문에 두 손 들고 말았다.

"알았어. 옷 갈아입고 올 테니까 조금만 기다려."

폴이 서둘러 애들을 차에 태우고 해리의 안전벨트를 매주었다. 폴이 운전자석에 앉을 때쯤 나도 차에 탔다. 폴이 몸을 숙여 내 볼에 뽀뽀했다.

"고마워."

폴이 작은 목소리로 말했다.

생각을 바꿔 먹기 잘했다. 애들은 이것저것 타보고, 새로운 군것질거리를 찾아 사달라고 조르며, 남편과 나를 이리저리 잡아끌었다. 하루 꼬박 신나게 논 다음, 우리는 행복한 가족이 되어 차를 타고 집에 돌아왔다. 애들은 완전히 지쳐서 목욕하고 저녁을 먹은 뒤, 군말 없이 일찍 잠자리에 들었다. 폴에게 덕분에 하루가 즐거웠다고 말했다. 폴도 기뻐하며 기분을 풀어줘서 고맙다고 했다.

이제 내일 출근하려면 마음의 준비를 해야 한다. 두렵지 않은 월요일은 이제 끝났다.

21

오크 나무와 갈대

그다음 주 동안 나머지 팀원들도 업무 평가 때문에 마커스의 사무실까지 올라갔다 왔다. 행복해하는 사람은 거의 없었다.

평가의 주가 끝나갈 무렵, 몇 명이 모여 근처 카페에서 같이 점심을 먹었다. 음식 주문이 끝나자, 벤이 말문을 뗐다.

"올해 고문에서 잘들 살아남았나요?"

벤이 웃으며 물었다.

웃음으로 답하는 사람이 별로 없었다. 나는 3등급을 받아 부끄러워 말을 꺼내기 싫었다.

"마커스는 정말 사악한 판사예요."

데이비드가 말했다.

"사형 집행인이지!"

벤이 껄껄 웃으며 말했다.

"연봉 협상이 등급이랑 직결된다니 부당해요."

에밀리가 말했다. 나는 에밀리의 말에 관심이 갔다.

"난 처음 듣는 얘기예요."

내가 말했다.

"그럴 거예요. 등급은 임금이랑 보너스에 다 관련 있어요. 1등급과 2등급을 받은 사람들만 보너스를 받아요. 높은 등급부터 낮은 등급까지 기본급 인상 차이가 진짜 엄청나요."

"웃기는 건 3등급이면 괜찮은 등급이라고 하잖아요. 3등급이 괜찮으면, 괜찮은 등급이라고 말할 필요도 없지 않나!"

벤이 말했다. 나도 그 말에 공감이 갔다.

"그리고 괜찮은 등급이라면 보너스도 줘야죠."

벤이 말했다. 모두들 동의하며 투덜거렸다.

"그리고 대부분 사람들이 평균 등급을 받게끔 고안된 시스템이라는 사실을 잊으면 안 돼요."

벤이 집게손가락을 들고서 웃으며 말했다. 벤의 통찰력에 나도 모르게 코웃음이 나왔다.

"난 별로 걱정하지 않아요. 이 시스템을 잘 아니까. 관리자들은 1등급과 2등급을 몇 사람한테만 줘요. 3등급을 주기에 나는 만만한 대상이죠. 매년 3등급 받을 게 뻔하니까, 받고 나서도 대수롭게 생각 안 해요. 여기서 일한 지 한두 해도 아니고, 등급 가지고 머리 싸매지 않아요. 1년에 한 번 있는 일이라 그냥 무시해버려요."

나는 벤의 철학이 존경스러웠다. 벤처럼 업무 평가 생각을 떨쳐버렸다면, 마커스 때문에 주말을 망치는 일은 없었을 것이다.

"있죠, 내 면담은 흥미로웠어요. 논리적으로 생각하려고 계속 노력 중인데요. 마커스는 내 등급이 '기대 충족'이래요. 근데 일은 엄청 잘했다네요. 그래서 내가 물었죠. 일은 엄청 잘하는데 등급은 '기대 충족'이라는 말이 앞뒤가 맞냐고요. 마커스가 대답하길, 원래 일을 잘하는 줄 알고 뽑았기 때문에 일을 잘하는 건 예상했던 바래요. 그러니까 기대에 맞게 일한 거라나요!"

에밀리가 말했다. 에밀리가 겨우 3등급을 받았다니 믿기지 않았다. 에밀리는 일을 엄청 빠릿빠릿하게 잘해서 고객들의 사랑을 한 몸에 받는다. 내 등급에 만족해야 하나 말아야 하나, 판단이 안 섰다.

늘 그렇듯 카일리가 자만하는 표정을 지으며 말했다.

"난 이 시스템이 공정하다고 봐요. 사람들이 일을 열심히 하도록 고무하잖아요. 내가 볼 땐 마커스는 판단을 잘 내리는 사람이에요."

카일리한테 차라리 이마에 1등급이나 2등급 표시를 달고 다니라고 하고 싶었다.

나는 이 '고문 이후'의 대화가 거북했고 내 등급을 말하기 싫었다. 나는 주제를 바꿔서 사람들에게 현재 벌어지는 이라크 전쟁을 어떻게 생각하는지 물었다. 효과가 있었다. 모두 자기 생각을 내놓았고 의견이 꽤 분분했다. 연례 평가라는 주제로 다시 돌아가는 일은 없었다.

카페에서 나와 사무실로 돌아갈 때 나는 마침 벤 옆에서 걸었다. 바람이 세게 불어서 머리카락이 얼굴에 막 날렸다. 나는 머리가 날리지 않게 손으로 재주껏 붙들었다.

"벤, 이솝우화 읽어봤어요?"

벤이 걸음을 멈추고 나를 보며 웃었다.

"그런 책을 어디에서 구했대요?"

우리는 다시 걷기 시작했다.

"지난 몇 달 동안 이솝우화를 읽고 있었거든요. 회사에서 벌어지는 일들을 정말 정확하게 묘사하는 얘기가 무척 많아요."

"수십 년 전 어렸을 때 좀 읽어보긴 했는데, 지금은 다 까먹어서."

벤이 뒷머리를 긁적이며 말했다.

회사 건물 입구에 다다르자, 벤이 내가 먼저 들어가게 문을 잡아주었다.

"지금은 무슨 일 때문에 우화가 생각나는데요?"

"점심 먹으면서 벤이 한 말 때문에요. 책 가져와서 보여 드릴게요."

"내가 한 말이요?"

벤이 올라가는 엘리베이터 버튼을 눌렀다.

"업무 평가를 너무 심각하게 받아들이지 말라는 말이요."

"아, 그거요. 책 꼭 보여줘요."

엘리베이터 벨이 울렸다.

"로렌은 평가가 별로 안 좋았나 봐요?"

벤이 다정한 목소리로 물었다. 나는 고개를 끄덕였다. 우리는 다른 사람들과 함께 엘리베이터를 탔고 얘기를 더 나누지는 않았다.

다음 날, 나는 이솝우화 책을 가지고 왔다. 사람들이 대부분 자리를 비웠을 때를 골라, 벤의 자리로 가서 회의실로 오라고 조용히 말했다. 나는 책을 비닐봉지에 담아갔다.

"이 책이에요."

우리가 자리에 앉았을 때 내가 말했다. 나는 가방에서 책을 꺼내 표시해 둔 곳을 펼쳤다.

"업무 평가에 대한 벤의 생각을 묘사한 우화예요."

나는 책을 쭉 밀어 벤에게 건넸다.

벤이 큰 소리로 읽었다.

강가에 살던 오크 나무가 심한 돌풍에 뿌리째 뽑혀 강에 빠졌어요. 물가에서 자라는 갈대 사이로 떨어진 오크 나무가 갈대들에게 말했어요.

"어떻게 너희처럼 약하고 가느다란 애들은 이런 폭풍우에서 살아남고, 죽을 힘을 다해 버틴 나는 뿌리째 뽑혀 강에 내동댕이쳐진 거지?"

"넌 고집불통에다, 분명히 너보다 더 센 폭풍이랑 싸우려고만 들잖아. 하지만 우리는 어떤 산들바람에게든 머리를 숙이고 몸을 꺾으니까, 돌풍이 해코지하지 않고 우리 머리 위를 조용히 지나가는 거야."

"진짜 잘 묘사했는데요!"

벤이 껄껄 웃었다. 벤은 책을 집어 들고서 휙휙 넘겨 봤다.

"나도 아는 우화가 하나 있는데!"

나는 웃음이 나왔고 의자에 편히 앉아 말했다.

"뭔지 궁금한데요."

"한 남자가 말을 타고 있었어요. 말이 길을 따라 미친 듯이 달리고 있었죠. 길가에 한 남자가 서 있었어요. 말이 정신없이 달리며 지나갈 때, 길가에 서 있던 사람이 말을 탄 남자에게 왜 그쪽으로 가냐고 물었어요. 말을 탄 남자가 말했어요. '말이 달리는 방향으로 가는 게 속 편하니까요.'"

벤은 자기 농담이 재미있는지 웃었다.

"고마워요, 벤."

"뭐가요?"

"덕분에 기분이 좋아졌어요."

"로렌, 너무 심각하게 생각하지 말아요. 이솝이 말한 것처럼, 산들바람에 따라 몸을 구부려 봐요."

우리는 자리에 돌아가 일하기로 했다. 벤이 책을 빌려 가도 되는지 물었다.

"물론이죠."

내가 말했다. 이솝우화 책을 한 권 더 사야 할 성싶다. 벤과 함께 다른 우화들에 대해서도 얘기해보고 싶다.

연봉 협상

　업무 평가가 끝나고 나서 바로 첫
연봉 협상이 있었다. 마커스가 금요일 오후에 자기 사무실로 나를
불렀다. 윽, 금요일에 또 똥 밟게 생겼네. 에밀리와 샌드라에게 목을
조르는 시늉으로 ATC를 만나러 올라간다는 신호를 보냈다.

　마커스는 그동안의 모습 중 가장 세련된 모습을 하고 있었다. 처
음 보는 노란색 넥타이를 매고 있었다. 넥타이 덕분에 파란색 체크
무늬 셔츠가 멋지게 돋보였다. 하지만 바지는 변함없이 바짝 올라
가 있었다.

　"로렌."

　마커스는 나보고 둥근 탁자 쪽에 앉으라고 한 다음, 넥타이의 목
부분을 만지작거렸다. 적어도 오늘은 펜을 만지작거리지 않았다. 마
커스가 봉투 하나를 내 쪽으로 쓱 내밀었다.

　"로렌의 임금을 검토했는데요. 업무 등급을 고려하고 다른 팀원들
의 임금과 비교해서, 로렌의 임금을 1.5% 인상하기로 결정했어요."

"고맙습니다, 이사님……. 임금이 올랐다니 다행이네요."

월급이 쥐꼬리만큼 올랐는데도 나는 이렇게 말했다. 분명히 부연설명이 있겠지.

"로렌이 입사한 지 넉 달밖에 안 된 사실을 감안했어요. 그래서 지난해 3분의 1 기간 동안 평균 인상분을 계산했어요."

"알았습니다. 감사합니다."

사실 고마운 마음이라곤 눈곱만큼도 없었고, 월급이 너무 조금 올라 격려의 뜻으로 생각되지도 않았다. 딱히 할 말이 없어서 봉투를 집어 들고 나왔다.

또다시, 나는 자신감이 흔들려 기가 죽은 채 집에 돌아왔다. 저녁을 먹은 뒤 폴에게 주저리주저리 지껄여댔다.

"일할 맛이 뚝 떨어졌어. 처음에는 업무 평가가 평균치더니, 이번에는 월급이 평균치야."

내가 시무룩하게 말했다.

"하지만 일한 지 이제 넉 달이야. 의미를 너무 부여하지 않는 게 상책이야. 당신을 높이 평가하지 않는다는 얘기도 아니잖아."

폴이 도움을 주려고 나를 위로했다.

"당신이 일을 잘 못한다고 생각할 이유가 전혀 없다니까."

"하지만 성취한 일에 자부심을 느끼는 나 같은 사람들한테는, 점수판의 점수를 보는 유일한 때가 바로 업무 평가랑 연봉 협상이란 말이야. 내가 일을 잘하고 있는지, 이때가 돼서야 피드백을 받는다고. 점수판을 봤는데 평균 점수가 나오면 사기가 떨어지지."

원래는 주말에 회사 일을 몇 시간 하려고 했는데, 마커스와 만난 뒤로 그럴 마음이 싹 사라졌다. 어쨌든, 마커스는 내 일을 제대로 인정하지 않았다. 앞으로 다시는 금요일에 연봉과 업무 평가 얘기를 하지 않겠다고 속으로 조용히 맹세했다.

그날 밤 잠자리에 누웠을 때, 폴이 내가 애니한테 읽어주던 우화 책이 어디 있는지 아냐고 물었다.

"벤한테 보여 주려고 회사에 가져갔어."

나는 불을 껐다.

"벤이 엄청 재미있어 하더니, 며칠 빌려 달라고 하더라고. 왜?"

"좀 읽어 보려고."

어두워서 폴의 얼굴은 보이지 않았지만, 진지한 목소리였다.

"농담하는 거야?"

"아니야!"

폴이 웃었다.

"어렸을 때 재미있게 읽었는데, 많이 까먹었거든. 당신이랑 같이 읽으면 좋을 것 같아서. 당신한테 도움 될 만한 얘기가 좀 있을지도 모르잖아."

나는 돌아누워 남편을 꼭 껴안았다.

"그러면 재미있겠다. 마침 책을 하나 더 사려고 했는데."

"내일 사러 가자."

폴은 내 등을 쓰다듬고서 뽀뽀해줬다.

일요일 저녁, 일 걱정이 어깨를 짓누르고 초조함이 갑자기 물밀 듯이 밀려왔다. 스파게티 소스에 들어갈 양파를 다지고 있는데, 가슴이 답답하고 심장이 방망이질하듯 뛰기 시작했다. 끔찍하고 숨 막히는 느낌이었다. 도전적인 프로젝트, 옆에 있는 동료들의 지지, 내가 정말 중요한 일을 한다는 느낌에도 불구하고, 독한 년 디한테서 벗어난 뒤 사라진 줄 알았던 오래된 두려움의 감정이 다시 돌아왔다. 정말이지, 내일 출근하기 싫다.

23

군인과 말

　　　　　　　　　　다음 날 출근하자마자, 벤이 말을 걸어왔다. 벤은 회의실에서 얘기하자고 했다. 나는 책상 밑에 가방을 두고 컴퓨터를 켠 다음 회의실로 급히 갔다.

"주말 잘 보냈어요?"

내가 웃으며 말했다. 벤은 이솝 책을 들고 있었다.

"좋았어요. 주말 내내 아이들이랑 운동하면서 보냈어요. 주말은 늘 왜 그렇게 빨리 지나가는지 원. 로렌은요?"

"잘 보냈어요."

내 근심거리로 벤을 따분하게 하고 싶지 않았다. 나는 탁자 건너편의 책을 바라봤다.

"책 진짜 재미있던데요."

벤이 싱긋 웃었다.

"명작은 명작이에요. 마커스가 우리를 다루는 방식을 정말 멋들어지게 묘사한 우화를 로렌한테 들려주고 싶어요."

상당히 여러 군데에 포스트잇이 붙어 있었다. 벤은 책을 펴고 생각해 둔 우화를 잠시 찾았다. 그는 대사를 읽는 배우처럼 우화를 들려줬다.

전쟁이 벌어지는 동안 한 군인이 말에게 귀리를 엄청 많이 먹이면서 극진히 보살피고 있었어요. 군인은 말이 고생스러운 전쟁터를 씩씩하게 견디고 주인을 태우고 날쌔게 달리기를 바랐기 때문에, 필요한 때라도 위험한 데는 내보내지 않았어요.

그런데 전쟁이 끝나자, 군인은 말에게 온갖 힘들고 단조로운 일들을 잔뜩 시키면서 관심도 거의 주지 않았고, 게다가 먹이로는 왕겨만 먹였어요. 그러던 중 다시 전쟁이 일어나자, 군인은 말에 안장을 얹고 굴레를 씌운 다음 쇠사슬 갑옷을 입고서 전투를 하러 가려고 말에 올라탔어요. 그러나 굶어죽기 직전의 불쌍한 동물은 주인의 무게에 맥없이 주저앉더니 이렇게 말했어요.

"이보쇼, 이번에는 걸어서 싸우러 가야겠어. 죽도록 일만 시키고 밥도 제대로 안 줘서, 내가 말이 아니라 나귀가 돼버렸으니 말이야. 지금 당장 나를 말로 되돌려 놓을 도리도 없을걸."

"어떻게 생각해요? 정말 마커스한테 딱 맞는 우화이지 않아요? 마커스는 우리한테 끊임없이 동기를 부여하고 훈련시켜야 하는데, 그러기는커녕 우리를 그냥 내버려두고 독려하지도 않잖아요. 그러니까 우리가 고작해야 '기대를 충족' 시키는 정도로만 일하죠."

"맞아요, 무슨 말인지 잘 알아요."

나는 체념한 듯 말했다. 벤의 유머는 재미있었거니와, 우화가 아주 정확했기 때문이었다.

"그럼 계속 책 읽으세요, 벤."

나는 컴퓨터를 켜고 인터넷에 로그인해 하루 일을 시작하려고 회의실에서 나왔다.

내가 회의실에 나왔을 때 샌드라가 막 출근했다. 샌드라가 나를 보고 손을 흔들더니 내 쪽으로 곧장 왔다. 샌드라는 벤이 회의실에 있는 것을 봤다.

"잠깐 회의실로 와봐요."

샌드라가 씁쓸한 미소를 지으며 말했다. 무슨 일인지 궁금했다. 내 뒤로 들어온 샌드라가 문을 닫자, 벤이 책을 덮었다.

"뭔 일 있어요?"

샌드라와 내가 자리에 앉자 벤이 물었다. 샌드라가 머리를 흔들었다.

"내가 컨퍼런스에서 발표해 달라고 초청받은 일, 두 사람 다 알죠?"

우리는 고개를 끄덕였다. 그것은 샌드라에게 엄청 영광스러운 일이었다.

"근데, 마커스한테 말한다는 걸 까맣게 잊고 있었지 뭐예요."

샌드라는 의자를 뒤로 밀고서 다리를 꼬았다. 벤은 의자를 뒤로 밀고서 넓적다리에 팔꿈치를 대고 얘기 들을 준비를 했다.

"한 달 전쯤에 초청 받고서는 생각 안 하고 있었거든요. 근데 금요일에 컨퍼런스 책자가 왔어요. 틀림없이 마커스도 받았나봐요. 아무튼, 관제센터로 불려갔어요."

샌드라가 잠시 말을 멈추고 또 머리를 흔들었다.

"그래서요?"

무슨 일이 있었는지 궁금해 내가 물었다.

"내가 컨퍼런스에서 발표하는 일로 마커스가 골이 잔뜩 나 있더라고요!"

"왜요?"

우리는 어리둥절해하며 물었다. 샌드라가 컨퍼런스에서 연설하면 뭐가 문제지?

샌드라가 크게 활짝 웃었다.

"마커스가 그러는데, 프레젠테이션을 해야 할 사람은 '본인'이라나요! 아직 컨퍼런스 책자가 인쇄되지 않았으면, 분명히 그 인간이 갔을 거예요."

"징글징글한 인간이구만."

내가 좀 너무 크다 싶게 말했다. 갑자기 밖에서 누가 들었을까봐 걱정됐다.

벤이 고함을 쳤다.

그때 유리문을 두드리는 소리가 나더니 커트가 문 뒤로 머리를 내밀었다.

"이 자리에 못 껴서 유감인데요."

커트가 비아냥거리듯 웃으며 말했다.

"벤, 곧 있으면 회의 시작이에요. 손님이 아래층에서 기다리는데."

"이런, 젠장. 미안해요, 커트. 금방 갈게요."

벤은 일어나 문으로 가서는 뒤돌아 커트가 못 듣게 작은 소리로 말했다.

"샌드라, 프레젠테이션 꼭 맡아서 멋지게 해내요."

벤은 회의실을 나서면서 손을 등 뒤에 대고 엄지손가락으로 힘내라는 신호를 보냈다.

"아, 샌드라, 마커스를 어쩌면 좋죠?"

내가 힘없이 말했다.

"방법이 없어요."

샌드라가 유쾌하게 대답했다.

"뾰족한 수가 없어요. 그 인간은 여기 있고, 어쩔 수 없는 현실이잖아요. 너무 걱정 말아요."

"하지만 사람 진을 다 빼놓잖아요."

나는 한숨을 쉬었다.

"그 인간을 건드리지만 않으면 돼요."

"샌드라는 어쩜 그렇게 마음이 느긋해요? 존경스럽다."

우리는 자리에 돌아가 일하기로 했다. 회의실을 나오는데 카일리가 우리를 지켜보는 모습이 보였다. 카일리는 재빨리 눈길을 돌렸다.

나는 컴퓨터 앞에 앉아, 프로젝트를 열심히 진행하고 마커스의 업무 평가와 연봉 협상에 신경 뺏기지 말고 탄력을 붙여 일하는 데만 집중하자고 다짐했다.

그런데 마커스에게는 준비된 계획이 하나 더 있었다. 바로 진로 계획이다. 나는 이런저런 핑계로 마커스와의 면담을 여러 번 미뤘지만, 결국 마커스가 화요일 10시로 약속을 박아버렸다. 적어도 이번에는 금요일이 아니다.

고객한테 걸려온 전화 때문에 조금 늦은 데다, 때마침 아침 휴식 시간인지라 엘리베이터가 붐볐다. 관제센터에 있는 마커스의 사무실로 서둘러 갔지만 5분 늦었다. 마커스는 손가락으로 책상을 연방 요란하게 두들기고 있었다.

"약속 시간을 잘 지키면 고맙겠네요."

마커스가 화난 말투로 내뱉었다.

"로렌, 진로 계획은 중요한 주제예요."

위선자. 저 인간은 시간을 잘 지키라고 말할 자격이 없다. 자기도 잘 안 지켜놓고서. 하지만 나는 잠자코 잔소리를 들었다.

"그래서 말이죠."

마커스는 둥근 탁자 쪽으로 갔다.

"내가 이렇게 로렌의 진로 계획을 얘기할 자리를 마련한 겁니다. 이 인사부 견본을 작성하는 일도 도와주고요."

마커스가 내 눈 앞에서 종이 한 장을 흔들었다.

나는 약속이 잡힌 이후로 진로 계획이라는 주제에 대해 생각해봤다. 이 서식은 생각지 못했던 것이다.

"로렌은 본인이 기술적인 전문가랑 회사의 지도자 중에 뭐가 되기를 원하는지 알 필요가 있어요."

시작부터 확 짜증이 난다. 배우고 성장하는 문제를 얘기하는 자리이기를 바랐는데. 마커스는 진로 계획을 곧바로 승진 문제로 좁혀버렸다. 뭐하러 귀찮게 대꾸한담? 이번 폭풍우에서는 싸우지 말고 갈대처럼 몸을 숙이자. 마커스는 주저리주저리 계속 나불거렸고, 나는 진로 계획 얘기가 어서 끝나기를 시무룩한 표정으로 기다렸다.

결정적으로 마커스가 날린 한 마디에 정신이 번쩍 들어 귀를 기울였다.

"물론, 난 로렌이 기술적인 전문가에 더 잘 어울린다고 생각해요."

"어째서요?"

나는 마커스의 생각을 듣고 싶지는 않았지만, 짜증이 나서 물었다.

"로렌은 기술적으로 능한 사람으로 평가되잖아요. 지도자가 아니라요."

갈대였던 나는 흠씬 두들겨 맞은 오크나무로 확 바뀌었다.

"왜 그런데요?"

나는 평정심을 찾으려고 애쓰며 말했다.

마커스는 탁자에 팔꿈치를 대고 몸을 앞으로 숙였다.

"주목할 만한 능력을 가진 사람들이 몇몇 있죠. 로렌은 그런 사람이 아니에요. 난 이른바 좋은 인상을 주는 사람들에 대해서는 잘 모르겠어요. 아무튼 사람들이 로렌은 기술적으로는 뛰어나도 영향력은 없다고 합디다."

"정말 놀라운 얘기네요."

나는 흥분했지만, 가까스로 화를 참았다.

"다른 회사에서는 이런 문제를 거론한 적이 없었어요."

"우리 회사 사람들이 일을 아주 잘해서 그런가 보죠."

내가 제대로 들은 거야? 다른 회사에서는 내가 '떨어지는' 사람들이랑 일했기 때문에 주목받았다는 말이야? 그리고 여기서는 대가들만 모여 있어서 빛을 보기 어렵고?

마커스가 이어서 말했다.

"카일리 굿윈이 바로 주목할 만한 능력을 가진 사람이죠. 사람들이 카일리랑 같이 일하고 싶어 난리예요."

어이고, 카일리는 좋겠네. 선생님의 총애를 받아서. 내가 주목 받으려고 카일리처럼 행동하기를 바란다면, 마커스, 꿈 깨시지.

나는 숨을 골랐다.

"이사님, 사람들이 제가 기술적으로 더 강하다고 말했다고 하셨잖아요. 누가 그러던가요?"

"이 문제로 얘기를 나눈 몇몇 사람들이요."

마커스는 옆으로 손을 흔들었다.

"그 사람들이 누구고, 뭐하는 사람들이며, 저랑 얘기를 얼마나 나눠봤는데요?"

나는 더 침착해지고 조금 강해진 느낌이 들었다.

"얘기 못하겠는데요. 그 사람들도 자기 생각을 말할 권리가 있잖아요."

마커스는 어깨를 으쓱했다.

"하지만 사실에 기반을 둔 생각인지 아닌지에 따라 완전히 다르죠."

마커스는 똑같은 말을 반복했다.

"사람들은 자기 생각을 말할 권리가 있어요."

마커스는 눈길을 피했다.

나는 포기하고 나머지 시간에 소위 내 진로 계획을 검토하는 동안 조용히 있었다. 마커스는 서류에 뭐라고 끼적였고, 나는 사인도 하지 않고 마커스가 인사부에 얘기하도록 내버려둔 채 곧장 사무실에서 나왔다.

그날 저녁, 화가 풀리지 않은 상태에서 퇴근하다가 조용한 골목길로 들어가 차를 세웠다. 라디오 소리를 높인 다음, 핸들을 꽉 쥐고 고래고래 소리를 질렀다.

"난 그냥 내 일을 하고 싶다고. …… 난 그냥 내 일을 하고 싶다고. …… 난 그냥 내 일을 하고 싶다고!"

기분이 나아졌다. 라디오 소리를 줄이고 다시 집으로 향했다.

현관에 들어서니 집이 난장판이었다. 애들은 소리를 지르고 해리는 미친 듯이 날뛰었다. 머리가 빡 돌았다.

"해리!"

내가 고함을 질렀다.

"그만 뛰지 못하겠니? 엄마가 하루 종일 얼마나 힘들었는데. 좀 조용히 해!"

해리가 제자리에 딱 멈춰 서더니 앙 하고 울음을 터뜨렸다. 해리는 자기 방으로 달려갔다. 나도 내 방으로 달려갔다. 폴이 들어왔다. 남

편은 회사에서 안 좋았다고 집에서도 그러면 안 된다고 했다. 나도
잘 안다. 나는 침대에서 일어나 해리 방으로 갔다. 해리한테 사과하
고 안아주었다. 해리는 괜찮아 보였지만 나는 기운이 하나도 없었다.

비밀 정보

　　　　　　　　　　다음 날, 겨우겨우 출근했기에 평소보다 조금 늦게 도착했다. 막 컴퓨터를 켰을 때, 커트 울프가 장난기 많은 강아지처럼 내 쪽으로 깡충깡충 뛰어왔다.

"로렌, 로렌이 듣고 싶어 할 만한 소식이 좀 있는데."

커트가 수선스럽게 왈왈거렸다.

나는 분위기를 맞추지 못하고 심드렁하게 대답했다.

"얘기하세요. 뭔데요?"

"있잖아요, 방금 엘리베이터에 임원 둘이랑 같이 탔었는데요."

커트는 마치 우리가 절친한 친구 사이라도 되는 양 털어놓았다.

"한 사람이 다른 사람한테 '그래서 로렌 존슨을 어떻게 생각해요? 기대한 만큼 일을 합디까?' 하고 묻더라고요. 무슨 얘기인지 나야 당연히 모르지만, 로렌이 알고 싶어 할 거 같아서. 친구 좋다는 게 뭡니까."

나는 놀랐다. 왜 커트가 나한테 이 얘기를 전해줘야 한다고 생각했을까? 커트는 진심으로 유용한 정보라고 생각했을지 모르지만, 나는 어떻게 해야 할지 몰랐다.

"두 임원이 누군데요?"

"말 못하죠. 그건 직업윤리에 어긋나는 행동이에요."

커트가 깜짝 놀란 척하며 말했다.

"직업윤리에 어긋난다고요?"

내가 화를 내며 말했다.

"남한테 걱정거리를 잔뜩 안겨 놓고서는 조치를 취하도록 전체적인 상황은 알려주지 않는군요. 눈물 나게 고마워요, 커트."

커트가 어깨를 으쓱했다.

"난 그냥 로렌이 알고 싶어 할 것 같아서. 그게 다예요. 어떻게 해야 하나 고민되면, 말씀만 하세요. 따로 시간을 내볼까요?"

저 인간은 정말로 자기가 도움이 된다고 생각하나? 나를 혼란에 빠뜨리려고 지어낸 이야기일지도 모른다.

"고맙지만, 됐어요. 충분해요."

커트가 내 머릿속에 심어둔 두려움의 씨앗 때문에 머리가 핑핑 돌았다. 임원 둘이 왜 내 얘기를 했지? 또 무슨 말을 했을까?

그날 밤, 폴에게 커트와 일이 있었고 그 때문에 몹시 걱정된다고 얘기했다.

"내가 볼 때, 커트한테 딱 어울리는 우화가 있는데 말이야."

"뭔데?"

"까먹었어. 어렸을 때 읽어서 기억이 가물가물해. 책 읽을 때 한번 찾아볼게. 내일 저녁에 말이야, 애들 봐줄 사람 불러서 부탁하고, 우리 둘이 밖에서 저녁 먹을까?"

"좋아 좋아!"

내가 웃으며 말했다. 나는 몸을 숙여 폴에게 뽀뽀했다.

"어디 가고 싶어?"

"글쎄."

"어, 당신이 좋아하는 레스토랑에 가자. 당신 그동안 고생했으니까 밖에서 근사하게 보내자고."

"음……. 어디 보자."

나는 머리를 긁적이며 최근에 사람들이 엄청 좋다고 한 레스토랑들을 떠올렸다. 딱히 끌리는 데가 없었다.

"있지, 내가 진짜 뭐 하고 싶게?"

나는 남편이 동의하기를 바라며 웃었다.

"몰라……."

"나 영화 보고서 저녁 먹고 싶어."

둘이서 영화를 본 지 한참 됐다.

"좋은 생각인데. 요새 영화 뭐해?"

"몰라."

"내일 신문을 뒤져봐야겠다. 사람들한테 물어봐도 되고."

"그래그래. 고마워, 자기."

다음 날, 폴과 오붓이 저녁을 보낼 생각에 회사에서 온종일 마음이 들떴다. 나는 프로젝트에 관련된 몇 가지 일을 잘 마무리했다. 컨설턴트인 샐리 모턴에게 전화해 인류학 연구와 서비스의 의미에 관해 이야기를 나누었다. 애초 예산이 샐리의 수수료와 거의 맞아떨어졌다. 다행히 마커스가 통제권을 쥐기 전에 정해진 예산이 있었다. 샐리와 대화하면서 나는 매우 흥분했다. 이 연구가 성공만 한다면 그런 연구 유형으로는 최초이자 돌파구가 될 것이다. 프로젝트에 대한 열정이 가파르게 치솟았다. 나는 굉음을 내며 경주로를 질주하는 경주차 포뮬러원 같았다. 그 무엇도 나를 멈추게 하지 못한다.

폴과 나는 〈아멜리에〉를 보기로 했다. 우리는 이 영화가 처음 상영될 때 못 봤었는데, 마침 흘러간 영화를 상영하는 극장에서 다시 볼 수 있었다. 훌륭한 선택이었다. 매력적이고 재미있는 사랑 이야기였다.

영화를 본 다음 우리는 분위기 있는 이탈리안 레스토랑에서 저녁을 먹고 비싼 와인을 마시며 애니와 해리, 그리고 애들에 대한 우리의 꿈을 얘기했다. 또 애들이 얼마나 빨리 자라는지, 우리가 제대로 키우고 있는지에 대해서도 얘기했다. 우리가 최선을 다하고 있고 대체적으로 잘하고 있다고 생각했다.

"내가 일 때문에 열 받은 걸 애들한테 화풀이하지만 않으면……."

"오늘밤에 일 얘기는 하지 말자. 나도 휴가 얘기는 안 꺼낼 테니까."

폴이 나를 나무랐다.

"알았어. 후식 얘기는 괜찮아?"

내가 웃으며 말했다.

"난 티라미수(이탈리아 정통 디저트 케이크) 먹을래!"

폴이 군침을 삼켰다.

"난 당신 거 한 입만 먹을래."

"한 입만이야."

저녁을 먹은 뒤, 우리는 차까지 한참 걸어갔다. 손을 꼭 잡고서 가게 쇼윈도들을 구경하며 천천히 걸었다. 영화관에서 늦게 마지막 영화를 보고 나온 사람들이 무리지어 있었다. 연인들은 팔짱을 낀 채 웃고 있었다.

차로 돌아오자 폴이 차문을 열어 줬고, 차에 타려고 내가 몸을 구부린 순간 폴이 내 얼굴을 잡고 영화에서처럼 키스를 했다. 내 오른쪽 눈에, 그다음 왼쪽 눈에, 그리고 입술에 부드럽게 키스했다.

질주하는 말

연례 평가의 여파로 가라앉았던 기분은 많이 좋아졌지만, 처리해야 할 안 좋은 변화가 몇 가지 있었다. 그 하나는 마커스가 자기랑 약속을 잡아 내 프로젝트의 결과를 점검할 책임을 확실히 나한테 떠넘긴 일이었다. 그와 약속 잡기가 엄청 어려운데도 말이다. 나는 약속을 잡은 다음, 턱에 어퍼컷을 날리는 신호로 동료들에게 관제센터에 간다는 사실을 알렸다.

사무실에 갔더니, 마커스가 인사부 직원인 그레이스 리스와 진지하게 대화를 나누고 있었다. 나는 사무실 밖에 앉아, 식물들에 둘러싸여 기다렸다. 마커스가 나한테 들어오라는 신호를 보냈다. 나는 들어가면서 그레이스에게 미소를 지어 보이고서, 둥근 탁자 옆에 앉았다. 그레이스가 나를 보고 언짢은 표정을 지었다. 내가 뭘 잘못했나?

"로렌."

마커스가 사근사근 말했다.

"잠깐만 기다려 줄래요? 그레이스가 내 승계 계획(기업에서 직원들이 언제든지 상급 관리자를 대체할 수 있도록 훈련하고 준비시키는 것)을 검토하는 중이에요. 내가 핵심 인재 지도자 명단에 올라서, 내 발전 계획을 놓고 얘기하고 있었어요."

그레이스가 의자에서 몸을 꿈틀거렸다.

"마커스 이사님, 로렌 앞에서 이 문제를 논의하긴 곤란해요."

그레이스가 나를 봤다.

"로렌, 언짢게 생각하지 말아요. 관련된 사람하고만 논의해야 하는 주제라서 그래요."

"충분히 이해합니다. 대합실에 가 있을게요."

나는 자리를 뜨려고 일어났다.

"괜찮아요. 거의 끝나가요. 그냥 거기 있어요, 로렌. 잠깐이면 돼요."

마커스가 고집을 피웠다.

나는 그냥 있었다. 마커스는 그레이스와 계속 대화를 나누었다. 나는 불편한 마음에 탁자에서 멀찌감치 떨어져 앉았다. 신발을 가만히 내려다보며 대화에 무관심한 듯 보이려 애썼다.

"요컨대 말이죠."

마커스가, 그레이스와 그에게 꼼짝없이 잡혀 있는 청중인 내게 선언하듯 말했다.

"저는 핵심 직책인 영업서비스부 이사, 사장, 회장을 순차적으로 맡을 준비가 됐습니다."

나를 보는 마커스의 눈길이 느껴졌다. 나는 신발만 계속 열심히 들여다봤다.

"마커스 이사님은 준비됐다고 말씀하시지만, 사장님과 회장님은 여태까지 이렇다 저렇다 아무런 말씀도 없으세요. 그분들이 동의할 수도 있고 안 할지도 몰라요."

그레이스가 말했다.

"어쨌든 간에, 틀림없이 그분들은 내 생각에 동의한다고 봐요. 난 해외 업무 경험 덕분에 잘 단련된 사람이걸랑요."

"오늘 미팅은 이사님의 발전 계획을 마련하는 자리예요. 어서 마무리해서 회장님에게 보내야 해요."

그레이스가 지적했다.

"맞아요, 로렌이 오기 전 우리는 그 얘기를 하고 있었죠. 난 더 발전할 필요가 별로 없는 사람인데. 필요한 기술은 웬만하면 다 갖추고 있어서요."

마커스는 천장을 쳐다보며 잠시 곰곰이 생각했다.

"저한테 제일 필요한 발전 프로그램이 뭔지 말씀드리죠."

나는 마커스가 뭔가 본인의 부족한 점을 인정할 줄 알았다. 마커스 경력의 큰 결점을 들을 수 있는 보기 드문 기회일지도 모른다. 펜을 들고 받아 쓸 자세를 취하는 그레이스를 보니 분명히 그도 나랑 같은 생각인 듯싶다. 하지만 희망의 순간은 오래가지 않았다.

"나한테 도움을 주려면 회장을 시켜주면 돼요. 필요한 건 그것뿐이에요. 그레이스, 회장이 뭘 하는지만 알려줘요."

마커스가 무표정한 얼굴로 말했다.

잘난 체가 심하고 출세에 눈이 먼 인간이 내 업무 실적을 평가하고, 내 연봉을 결정하고, 내 직업상 발전에 대해 충고했단 말인가! 그레이스는 얼굴에 얼핏 불신감을 내비쳤지만, 재빨리 원래의 표정으로 돌아와 웃지 않고 있었다. 하지만 이제 이 자리에서 많은 정보를 얻기 어렵다는 사실이 분명해졌다. 그레이스는 서류를 모으더니 다른 때 와서 이 일을 마저 끝내겠다고 했다.

그레이스가 나가자 마커스는 시계를 봤다.

"이 미팅 때문에 로렌의 시간을 잡아먹어서 미안해요. 나중에 만회해야겠네요. 미안하게 생각합니다만, 워낙 중요한 얘기라서요."

어련하시겠어요, 하고 속으로 생각하며 나는 나가려고 일어섰다. 전부 본인 얘기니 마커스한테는 중요할 수밖에. 아무튼, 이번에는 미안하다는 말은 들었다.

"실은, 할 말이 하나 있어요."

마커스는 나보고 다시 앉으라고 손짓했다. 또 무슨 일이야?

"연례 영업부장 회의를 조직해야 하는데요. 로렌이 이 프로젝트를 맡아주시면 좋겠어요."

'맡아주시면'이라고 말하다니, 마커스가 부탁을 한다는 뜻이다. 일은 흥미로워 보였다.

"영업부장 회의에서 뭐 하는데요? 제가 입사한 뒤로 아직 한 번도 안 열린 걸로 아는데요."

"마케팅부가 1년에 한 번 여는 회의인데, 영업부장들한테 한 해

방향을 브리핑하고 영업 성과급 제도나 신제품 등에 대한 최신 정보를 알려주는 자리예요. 로렌이 맡아서 해주면 좋겠어요."

마커스의 부탁을 당연히 들어줘야 할 처지이지만, 한편으론 새로운 일을 제안 받아서 무척 기쁘기도 했다. 분명히 마커스는 내가 일을 잘한다고 생각한다. 안 그러면, 나에게 이런 일을 맡기지 않았을 테니까.

"네, 할게요. 고맙습니다."

"다른 팀원들은 다 너무 바빠서요."

마커스가 이 말은 안 했으면 좋았을 텐데.

"카일리가 작년 책임자였으니까 어떻게 해야 하는지 물어봐요. 카일리가 일을 얼마나 잘했던지, 홍콩에서도 소문이 났다니까요. 임무가 막중하지만, 로렌이 잘하리라고 봐요."

이 말은 일에 대한 자부심이나 열의에 전혀 도움이 안 됐다. 하지만 이 프로젝트는 내 능력을 보여줄 기회니까, 도전을 기꺼이 환영한다.

"그리고 사람들이 관심을 많이 갖는 행사라 로렌이 주목받을 좋은 기회예요. 업무 평가와 진로 토론할 때 했던 얘기 있죠, 지도자로서 자질을 보여야 한다는 말. 거기에도 도움이 될 겁니다."

고마워해야 할지 모욕감을 느껴야 할지 모르겠다.

마커스는 프로젝트 초안을 작성해서 가져오면 검토하겠다고 했다. 그렇게 하기로 하고 나는 자리에서 일어났다.

"아."

마커스가 허공에 대고 집게손가락을 찌르며 말했다.

"내려가면 샌드라한테 지금 바로 올라오라고 얘기해줄래요?"

"네, 샌드라한테 전할게요."

4층으로 내려갔더니 샌드라가 컴퓨터 앞에 앉아 있었다. 샌드라에게 마커스가 급히 보자고 한다고 말했다. 샌드라는 만날 급하다고만 한다며 툴툴거리더니, 하던 일을 멈추고 관제센터로 올라갔다. 10분쯤 뒤에 샌드라가 돌아왔다.

"회의실로 와봐요."

샌드라가 말했다. 나는 작업 중이던 파일을 저장하고 샌드라에게 갔다.

"얘기할 사람이 필요해서요."

샌드라가 시뻘게진 얼굴로 말했다.

"그 인간이 나를 시도 때도 없이 놀라게 하네요."

샌드라는 팔짱을 꼈다. 틀림없이 마커스 얘기다.

"그 인간이 날 급히 보자고 한 이유는, 듣자 하니 승계 계획 관련해서 준비할 게 있다나요. 팀원 중에서 핵심 인재를 추천해야 하는데, 그 사람이 바로 나라네요. 그러고는 이러는 거예요. '내일 검토위원회에서 할 프레젠테이션 준비로 할 일이 좀 있어요. 서둘러 뚝딱 준비하게 지금 십여 분만 시간을 냅시다. 우리는 마음만 먹으면 금방 하잖아요.'"

"세상에나, 자기는 손 하나 까딱 안 하려고 하네."

나는 숨이 턱 막혔다.

"내 말이요!"

샌드라가 팔을 펴고 의자의 팔걸이를 꽉 쥐면서 큰 소리로 외쳤다.

"그 인간은 나의 발전을 딱 그 정도로만 생각해주는 거예요. 내 일도 아닌데 '우리는 마음만 먹으면 금방 한다' 니!"

샌드라는 무표정한 얼굴을 지어 보이며 마커스를 흉내 냈다.

벤이 문을 두드리고 회의실로 들어왔다.

"내가 끼어도 되죠?"

벤은 이솝 책을 들고 있었다.

"들고 있는 게 뭐예요?"

샌드라가 물었다.

"로렌의 이솝우화 책이에요."

벤이 환하게 웃었다. 샌드라는 고개를 끄덕이더니 나중에 그 책을 보고 싶다고 했다.

"지금 읽고 있는데, 회사 생활이랑 얼마나 잘 들어맞는지 혀를 내두를 정도라니까요."

벤이 책을 펴고서 나를 봤다.

"내가 들려준, 미친 듯이 달리는 말에 대한 우화 내용 기억해요, 로렌?"

"네."

"로렌은 잘 몰랐겠지만, 어렸을 때 들은 우화였거든요. 어젯밤에 비슷한 우화를 발견했어요."

벤은 씩 웃더니 우화를 읽었다.

상당히 뛰어난 기수라고 자부하는 어느 젊은 사내가, 제대로 길들이지 않아 다루기가 몹시 까다로운 말에 올라탔어요. 사내가 안장에 올라타자마자 말이 갑자기 마구 달리기 시작하더니, 이내 그 무엇도 말을 막지 못했어요. 앞뒤 보지 않고 달리는 사내를 친구가 길에서 보고 소리쳤어요.

"어딜 그리 부리나케 가나?"

사내는 말을 가리키면서 대답했어요.

"나도 몰라. 말한테 물어봐."

우리 셋 다 깔깔 웃었다.

"승계 계획 논의할 때의 마커스랑 똑같네요."

내가 말했다. 나는 마커스와 그레이스의 미팅을 부득이하게 목격한 일, 마커스가 회장으로 승진하는 기회에 도움이 되는 쪽으로만 관심을 보인 일을 들려줬다.

"게다가 로렌과 그레이스 앞에서 속내를 뻔뻔스럽게 드러내기까지 했네요."

벤이 책을 덮으며 말했다.

"맞아요!"

이틀 뒤, 샌드라가 벤과 나에게 회의실에서 보자는 신호를 보냈다. 벤은 통화를 마무리하는 중이었다. 내가 회의실로 들어온 뒤 바로 벤이 들어왔다.

"방금 마커스랑 만나서 핵심 인재 문제를 얘기하고 왔어요."

샌드라가 화난 목소리로 낮게 말했다.

"정말 열 받아요."

샌드라는 이리저리 서성거렸다. 벤과 나는 앉아서 샌드라를 쳐다 봤다.

"무슨 일이에요?"

우리는 동시에 물었다.

"마커스가 그러는데, 프레젠테이션을 하는 와중에 내 자질이 논의 됐대요. 임원들이 거의 다 모인 자리에서 프레젠테이션을 했는데요. 마커스 말로는, 프레젠테이션이 잘 진행되고 있는데 라이언 건이 나 에 대해 한 마디 하더래요."

"뭐라고요?"

내가 물었다.

"좋은 얘기는 아니겠네요."

벤이 예언했다.

"왜요?"

"미소 짓는 암살자는 다른 사람에 대해 절대 좋은 얘기를 안 하니 까요."

벤이 두 팔을 벌리고 눈썹을 치켜 올렸다.

"내 말이 맞죠, 샌드라?"

"접쟁이네요."

샌드라가 이를 악물며 화난 목소리로 말했다.

"들어보니, 라이언이 내가 팀원들과 협력을 잘 못한다고 했대요."

"농담이죠! 내가 아는, 협동심이 제일 뛰어난 사람 중에 하나가 샌드라인데."

내가 소리쳤다.

"근데 라이언 말은 그렇지 않아요."

샌드라가 김빠진 목소리로 말했다.

"사람을 날려버리는 게 얼마나 쉬운데요. 아마도 샌드라가 라이언 의 의견에 반대한 적이 있어서 팀원들과 잘 못 지내는 사람으로 낙 인찍혔지 않나 싶은데."

벤이 말했다.

"하지만 난 라이언과 같이 일한 적이 거의 없어요."

샌드라가 투덜거렸다.

벤이 웃으며 말했다.

"그렇다고 라이언이 사람을 재단 안 하진 않죠!"

"그렇게 말하는 근거가 뭔지 라이언한테 누가 물어봤대요?"

내가 물었다.

"마커스한테 물어봤는데, 보아하니 없나 봐요. 아, 제임스 스완이 질문하긴 했는데, 니콜라스가 제임스보고 사람들이 하고 싶은 말을 못하게 한다고 쏘아붙였나 봐요. 니콜라스는 라이언의 말이 일리가 있을지도 모르니까 나를 계속 지켜보자고 했대요."

나는 샌드라의 상처를 같이 나누었다.

"핵심 인재로 추천받으면 좋을 줄 알았는데. 정말 이럴 줄 몰랐어 요."

나는 팔꿈치를 탁자에 대고 손가락을 눈에 댄 채 말했다.

"아, 진짜 짜증 나. 마커스가 차라리 나한테 말을 하지나 말지. 이제 '팀원들과 잘 못 지내는 사람'이라는 꼬리표가 붙어버렸잖아."

샌드라는 화가 나서 툴툴거렸다.

미소 짓는 암살자의 공격

샌드라에게 마커스한테서 내가 영업부장 회의를 책임져 달라는 부탁을 받았다고 말했더니, 샌드라는 어리둥절해했다.

"나한테도 부탁했는데."

샌드라가 말했다. 우리 둘 다 책임자일 리 없다. 샌드라는 바로 문제를 해결하자며 마커스에게 전화했다.

"이사님, 영업부장 회의 건 말인데요. 책임자가 누구죠?"

샌드라는 마커스가 말하는 동안 짜증이 났는지 눈을 흡떴다.

"알아요, 저한테 얘기하셨잖아요. 근데 로렌한테도 맡아달라고 했다면서요."

말이 잠시 끊겼다.

"알아요, 작년에는 카일리가 책임자였죠. 올해는 누가 맡았으면 하시는데요?"

말이 잠시 끊겼다.

"물론, 관여하는 사람이야 한 사람 이상이어도 되죠."

샌드라가 고개를 저으며 소리쳤다.

"그런데 책임자는 한 명이어야죠. 누가 이 프로젝트를 맡았으면 하시는데요?"

말이 잠시 끊겼다.

"알았어요. 고맙습니다."

샌드라는 전화기를 탁 내려놓았다.

"로렌이 책임자예요, 축하해요!"

우리는 혼선을 초래한 ATC 때문에 웃음이 나왔다. 샌드라는 좋은 아이디어를 짜는 일을 도와주고 지난 회의들의 정보를 알려주겠다고 했다.

며칠 뒤에 샌드라, 카일리, 벤, 내가 영업부장 회의의 첫 구상을 짜기 위해 모였다. 몇몇 훌륭한 아이디어들이 나왔고, 우리는 프로젝트 팀을 꾸리는 것이 중요하겠다고 판단했다. 카일리가 프로젝트 팀에 자원했고, 작년 경험을 통해서 라이언 건의 비서인 니콜 웨브가 행사 조직의 귀재라는 사실을 알려줬다. 나는 라이언에게 니콜의 도움 여부를 물어보는 데 동의했다. 같이 있으면 괴로운 카일리 대신 벤이나 샌드라가 프로젝트 팀에 들어왔으면 했지만 두 사람은 다른 일 때문에 바빴고, 작년에 회의를 조직해본 카일리의 경험이 유용하겠다 싶었다. 또 카일리와 가까이 일할 기회가 생겨서 좋은 관계가 형성되면 좋겠다고 생각했다.

회의를 마치고 라이언에게 전화를 걸었다. 니콜이 전화를 받았는데 라이언은 회의 중이라고 했다. 라이언의 휴대전화로도 전화를 걸었으나 역시 받지 않았다. 그래서 내가 영업부장 회의를 조직하는 일을 니콜이 도울 여유가 있는지 묻는 메시지를 남겼다. 1분도 안 돼 라이언이 전화를 줬다! 감동받기도 하고 좀 놀라기도 했다. 이렇게 빨리 전화를 하다니, 라이언답지 않았다. 라이언은 자기도 니콜이 돕기를 바라고 직접 니콜에게 얘기해 두겠다고 했다. 몇 분 뒤 니콜한테 전화가 왔고, 니콜은 라이언에게 얘기를 들었고 자기가 도울 수 있어 기쁘다고 했다.

행사를 준비하는 데 5주밖에 남지 않았는데, 마커스가 책임자를 정하는 데 뭉그적대는 바람에 시간이 별로 넉넉지 않았다. 연례 영업부 회의를 준비하는 동안, 핵심 전략 프로젝트 일은 대부분 미뤄 두었다. 걱정은 별로 되지 않았다. 영업부 행사는 세간의 이목을 끄는 급한 일이고, 전략 프로젝트는 미뤄도 되는 일이었다.

일은 주로 니콜과 내가 맡았다. 카일리는 주로 이번 일을 작년과 연속성이 있는 행사가 되도록 도왔다. 니콜은 장소, 이동 방법, 음식 등 중요한 세부사항을 맡았다. 다행히 참석자들 모두 날짜 통지를 받았다. 유일한 문제는 나한테 정보를 알려주는 마커스였다!

의제를 정하는 일은 내 책임이었기 때문에, 영업서비스부의 이사들인 맥신 새비지, 라이언 건, 거스 웨어링, 제임스 스완뿐 아니라 존 스콰이어스, 니콜라스 스트레인지 같은 핵심 인물들을 모두 잠깐씩 만나 그들이 요구하는 바를 확인했다. 또 영업부장들의 요구도 참작하려고 다른 지역의 몇몇 영업부장들에게 전화를 걸었다. 일이 모두 착착 진행돼서 기뻤다.

다가오는 영업부 회의 때문에 매주 마커스를 만나 진행 상황을 보고했다. 행사가 열리기 2주 전쯤 마커스와 미팅이 있기 전날, 라이언이 프로젝트팀 회의에 나타났다. 초대도 안 했는데 와서 깜짝 놀랐지만, 관심을 보여줘서 고마웠다. 라이언은 우리 얘기를 듣고 질문 몇 가지를 던졌다. 그는 깊은 인상을 받은 듯 보였고 우리끼리 회의를 계속할 수 있도록 자리를 비켜줬다.

그다음 날, 마커스를 만나 가장 최근까지의 프로그램 상황을 설명했다. 설명을 마치자, 마커스가 아주 진지한 표정을 지으며 몸을 앞으로 숙였다.

"라이언이 어제 로렌을 만나 이 계획을 검토했다고 하던데요. 일이 계획만큼 잘 진행이 안 돼서 걱정하던데요."

뭐라고! 도대체 라이언이 마커스한테 뭐라고 지껄인 거야? 정반대로, 난 우리가 정말 무지무지 잘 준비하고 있다고 생각하는데. 하지만 늘 그렇듯, 나는 입이 얼어붙어 버렸다.

마커스가 편한 자세로 앉아 말했다.

"또 라이언이 니콜라스한테 말하기를, 이번 행사가 파투 날 수도 있다고 하던데요."

마커스는 칼을 더 깊이 찌르지는 않았다.

"라이언은 자기가 개입해서 반드시 일을 순조롭게 진행시켜 보겠다고 하더군요. 상태가 형편없는 걸 내가 떠맡기에는 너무 큰 행사라서, 라이언보고 그러라고 했죠. 니콜라스도 라이언이 관여하는 게 현명한 처사라고 생각하고요.”

마커스의 얼굴은 무표정했다.

나는 충격의 여파로 정신이 얼얼했다. 라이언의 계략이 뭐지? 잠시 생각해보니, 진퇴양난에 빠진 내 모습이 그제야 눈에 들어왔다. 라이언이 개입해서 일이 잘못되면, 그의 예측은 맞고 욕은 다 내가 먹게 되는 것이다. 하지만 개입해서 일이 다 잘되면, 라이언은 구세주인 자기의 공이라고 주장하겠지! 라이언의 도움 따윈 필요 없다. 행사 준비는 잘되고 있다. 솔직히 라이언이 할 일도 없고 그 인간이 생색내는 꼴도 보기 싫다. 하지만 내가 거절하더라도, 마커스가 라이언이 개입하도록 어쨌든 밀어붙이겠지.

“라이언 이사님의 도움은 필요 없다고 생각하는데요.”

내가 항의했다.

“난 도움이 필요하다고 보는데요.”

마커스는 입을 앙다물고는, 펜을 집어서 돌렸다.

“하지만 정말 일이 다 착착 잘 진행되고 있어요.”

“난 그런 위험은 감당 못합니다. 난 라이언을 믿어요. 정말 솔직하게 말하면요, 로렌. 다른 사람의 도움, 그러니까 무엇을 해야 할지 아는 사람의 도움을 원치 않는다니 실망이에요.”

그러고 나서 마커스는 사람을 정말 더 비참하게 했다.

“카일리한테도 확인해봤어요. 카일리도 라이언이 개입하는 게 좋다고 생각하던데요. 진짜로요!”

논쟁이 끝나고, 나는 화가 머리끝까지 나서 마커스의 사무실에서 나왔다. 약삭빠른 개자식인 라이언이 자기를 기필코 영웅으로 만들려고 능수능란하게 상황을 요리한 사실을 인정할 수밖에 없었다.

행사 전날, 라이언이 점검회의에 참석했지만 쥐꼬리만큼도 도움이 되지 않았다.

영업부장 회의는 완전 대박이었다. 사람들이 프로그램을 열광적으로 좋아했다.

"최고예요, 최고!"

사람들이 말했다. 모든 일이 아주 잘 진행됐고, 내용도 훌륭하다는 평을 받았으며, 비난의 목소리는 전혀 없었다. 니콜라스 스트레인지는 폐회사에서 행사 조직자들에게 고맙다는 인사를 했다.

"라이언 이사가 제게 이 행사를 조직하느라 애쓴 많은 분들에게 감사의 말을 전하면 좋겠다고 조언하더군요. 작년에 이어 또 고생해 준 카일리 굿윈에게 감사드립니다. 모든 일을 하나하나 조직하는 데 특출한 재주를 보여 준 니콜 웨브에게 감사드리고, 로렌 존슨에게도 감사드립니다. 그리고 이 프로젝트를 감독하느라 애쓴 라이언 건 이사에게 감사드립니다."

모두들 박수를 쳤다.

열 받아 돌아가시겠네! 정말 말도 안 돼! 라이언, 뻔뻔스러운 인간, 미소 짓는 암살자. 카일리와 니콜, 나를 제외하고 진상을 아는 사람은 아무도 없다. 20분 뒤, 아직도 씩씩대고 있는데 제임스 스완이 다가와 수고했다고 말했다.

"정말 잘했어요, 로렌. 정말 죽이는 행사였어요. 축하합니다!"

제임스는 분명 내 상태를 눈치챘다.

"무슨 일 있어요?"

제임스가 걱정하며 물었다.

나는 말소리가 들리는 거리에 아무도 없는지 확인하려고 두리번 거린 다음, 그동안 라이언이 일을 어떻게 조작했는지 들려줬다.

"과연, 라이언답네요. 2주 전에 점검회의에 들어가 보고서, 틀림없이 이 프로젝트가 아주 잘되고 있다고 판단했겠죠. 안 그랬으면 쳐다 보지도 않았을 걸요. 이런 식으로 위험 부담 없이 칭찬을 들으려고 하다니. 라이언이 한 일이라곤 니콜라스와 마커스한테 우려하는 투의 말만 툭 던지고서 자기한테 그 일을 맡기게 만든 것뿐이네요. 일이 그렇게 흘러가리라, 라이언은 분명히 알고 있었던 거예요."

나는 복잡한 감정으로 차를 몰고 집에 왔다. 그래, 행사 자체와 내가 미친 영향에 만족한다. 하지만 스포트라이트를 받으려는 라이언의 파렴치한 행동에 미치도록 화가 난다. 왜 '미소 짓는 암살자' 라는 별명이 붙었는지 똑똑히 알겠다.

하지만 순진하고 나약하고 두려움 많은 내 자신도 실망스러웠다. 과연 내가 미소 짓는 암살자 같은 사람들에게 맞설 수나 있을까? 탈출구 없는 구석에 갇힌 느낌이다.

토끼 아니면 거북이

영업부장 회의를 끝내고서 몇 달 동안, 내 프로젝트에 집중하며 열심히 알차게 지냈다. 하지만 알렉스 레저가 곁에 없어서 안타까웠다. 알렉스의 분석 능력과 빠릿빠릿함이 그리웠다. 커트 울프는 이리저리 감시하는 것만 잘하지, 분석하는 일에서는 알렉스보다 훨씬 못했다. 그래서 차라리 내가 직접 해버렸다.

샐리 모턴과 나는 회사의 포지셔닝을 핵심적으로 검토하고 고객들의 구매 동기를 파악할 기회가 생겨 신명이 났다. 샐리는 나를 도와 고객들이 실제로 생각하는 서비스 개념을 인류학적으로 연구하기로 했다. 우리는 다양한 나라에서 '서비스' 말고 '양질' 이 갖는 의미에 대해 연구했다.

제품 전망에 대한 조언을 듣고 싶어 샌드라에게도 프로젝트에 함께 해달라고 부탁했다. 샌드라는 정말 돕고 싶은데, 맥신 새비지와 하는 일이 너무 많다고 했다. 맥신은 샌드라가 제품 개발 계획을 돕기를 바라며 시간을 더 내기를 요구했다. 맥신 때문에 샌드라는 몸이 두 개라도 모자랐다. 하지만 샌드라는 나를 도와줄 여유는 있다고 했다.

샐리와 나, 그리고 시간을 쥐어짜낸 샌드라는 서로 친밀하고 활기가 넘치는 팀이었다. 마커스가 결과물을 가지고 좀 들들 볶기도 했지만, 우리는 끈기 있고 철두철미하게 일했다. 내가 최근 소식을 보고하려고 할 때마다 마커스는 항상 너무나 바빴다. 마커스와 프로젝트를 검토하려고 샐리가 특별히 시간을 내서 사무실에 올 때마다 마커스는 막판에 약속을 취소해버리기 일쑤였다. 완전히 시간 낭비에, 게다가 엄청 피곤한 일이었다. 결국 우리가 잡은 어떤 약속에도 마커스는 안 나타날 것이라고 생각했다. 샐리와 나는 늘 파일을 들고 다니면서, 기다리는 시간에도 회의를 했다.

하루는 마커스가 또 우리와의 약속을 취소했는데, 듣자 하니 니콜라스 스트레인지가 예고도 없이 불렀다고 한다. 우리는 약속이 또 연기돼 짜증을 내며 마커스 사무실을 나오다가, 우리의 친절한 회장인 존 스콰이어스와 우연히 마주쳤다. 존은 우리에게 요새 어떻게 지내고 있는지 공손히 물었다. 나는 존에게 샐리를 소개하고 요즘 마케팅 전략을 검토하는 중이라고 했다. 존이 커피를 마시겠냐고 해서 우리는 오케이 했고, 이야기를 나누러 존의 사무실로 갔다. 우리는 프로젝트에 대한 생각을 간략하게 설명했고, 존은 인상 깊게 들은 듯했다.

"회장님의 조언을 듣고 싶은 문제가 하나 있는데요."

내가 말했다.

존이 고개를 끄덕였다.

"저희는 질이냐 속도냐 하는 딜레마 때문에 고심 중이에요. 한편으로 검토 결과를 바로바로 내놔야 하는데, 대충대충 하고 싶진 않거든요. 어쩌면 좋죠?"

존은 잠시 말없이 천장을 바라보며 생각했다.

"난 로렌이 하는 프로젝트의 세부사항이나, 또 언제까지 끝내야 적당할지는 정확히 모르지만, 시간이 관건인지 아닌지는 핵심 고려 사항이라고 봐요. 결과가 하루라도 빨리 나와야 하나요? 로렌 생각은 어때요?"

"전 전략 검토에서 시간이 관건이라고 생각하지 않아요. 우리 회사의 현재 전략이나 제품들은 괜찮은 편이거든요. 경쟁력도 양호하고요. 그러니까 아니죠. 시간에 쫓기는 일은 아니에요."

"그럼 대답이 나왔네요. 지금 당장 우리가 피해를 입는다거나 앞으로 몇 달 안에 위기에 빠질 일이 없다면, 질이 제일 중요하죠. 다른 식으로 얘기해보면, 일을 막 서둘러서 잘못된 결론을 내면 우리 회사는 영원히 힘들어질지도 몰라요. 로렌이 잘못된 결론을 내서 우리가 잘못된 길로 간다고 생각해봐요. 원래 자리로 절대 못 돌아올지도 몰라요. 로렌이 하는 일은 적어도 5년에서 10년은 영향을 미칠 일이에요. 그러니까 서두르지 마세요."

"토끼와 거북이 우화랑 좀 비슷하네요. 천천히 가지만 꾸준히 해서 더 나은 결과를 얻는 게 말이에요."

"그러네요. 혹시라도 내가 도울 일 있으면 말씀만 하세요."

존이 빙긋 웃었다.

우리가 존 사무실을 나오는데, 마커스가 니콜라스 사무실에서 마침 나오고 있었다. 마커스는 고개를 떨어뜨린 채 우리 쪽으로 초조하게 걸어오던 중이라, 처음에는 우리를 보지 못했다. 고개를 든 마커스는 우리를 만나서 반가운 듯 보였다.

"야하, 두 사람을 이렇게 우연히 만날 줄이야. 내 사무실로 올래요?"

우리는 마커스의 사무실에 들어가 둥근 탁자에 앉았다.

"자, 마케팅 전략 검토는 어떻게, 잘 돼갑니까?"

마커스는 몸을 앞으로 숙였다.

"잘 진행되고 있습니다. 샐리를 통해서 고객들에 대한 외부 조사에 들어갔고요, 전 내부 분석과 경쟁사 비교를 끝냈습니다."

"저는 그동안 왜 보고를 못 받았죠?"

마커스가 공격적으로 물었다.

"보고하려고 했어요. 이사님이랑 몇 번 약속을 잡았는데, 계속 연기됐잖아요."

내가 침착하게 말했다.

"난 일이 진척이 잘 안 되면 짜증이 나더라고."

마커스는 손가락으로 펜을 돌렸다.

"이건 중요한 프로젝트란 말입니다. 로렌, 업무 평가를 한 지가 벌써 몇 달 지났는데, 솔직히 지금쯤이면 내 손에 결과물이 들려 있어야 하지 않나요?"

마커스는 나를 노려봤다.

샐리가 목을 가다듬고 나를 거들었다.

"마커스 이사님, 이렇게 갑자기 일을 급하게 해야 할 이유라도 생겼나요?"

"여러 가지 문제로 방금 니콜라스를 만나고 왔는데, 니콜라스가 이 프로젝트에 대해 묻더라고요. 아는 게 없어서 당황했잖아요. 두 사람, 앞으로 하나도 빠짐없이 보고해요. 날 곤란하게 만들지 말고요. 다신 그런 상황에 처하고 싶지 않아. 최대한 빨리 회의 날짜를 잡아요."

나는 꼭지가 빡 돌 정도로 짜증이 났다! 샐리는 평정심을 잃지 않았다.

"지금까지 진척된 상황이랑 앞으로 얘기할 다음 단계를 요약해서 이메일로 보내드릴 수도 있어요. 대략적인 마감 기한도 보내드리고요."

"좋아요, 그거 좋겠네요. 고맙습니다. 이 정도로 마무리하죠."

마커스가 말했다. 나는 샐리가 말하는 것을 듣고만 있었다.

"이사님이 원하시면 지금 보고해도 되는데요."

"됐어요, 지금은 시간이 안 돼요."

우리는 잠자코 마커스의 비난을 마음에 새긴 채 사무실에서 나왔다. 나는 샐리의 차까지 함께 걸어갔다. 샐리는 믿을 만한 사람이어서, 나는 허심탄회하게 마커스에 대한 불만을 털어놓았다. 보고하려고 해도 못하게 하고 약속도 수없이 취소한 마커스의 행태에 격분해, 나는 고개를 절레절레 흔들었다. 니콜라스한테 쪽 당하니까, 나한테 다 뒤집어씌우며 손가락질하고, 프로젝트도 느닷없이 아주 중요한 프로젝트가 돼버렸다. 샐리는 이유가 어떻든 이제 마커스가 관심을 갖게 되지 않았느냐고 조언했다. 하지만 나는 그런 관심이 좋은지 나쁜지 판단이 안 섰다.

샐리는 샌드라가 맥신 새비지랑 일하느라 시간을 많이 못 내는 점을 고려하면, 일손이 더 필요할지도 모른다고 했다. 하지만 정작 내가 도움 받고 싶은 팀원들은 모두 너무 바쁘고, 카일리나 커트한테는 절대 손을 내밀기 싫었다.

28

휴가

샌드라 피어슨이 씩씩대며 자기 자리로 쿵쾅쿵쾅 들어왔다.

"뭔 일 있었어요? 마커스 만났어요?"

"더한 인간이요. 방금 마녀를 만나고 왔거든요!"

우리는 둘이 조용히 얘기하려고 회의실로 갔다.

"무슨 일인데요?"

"2주 동안 휴가를 내려고요. 톰도 나도 휴식이 필요해서요. 근데 맥신이 휴가 승인을 안 해주잖아요. 그 인간은 내가 휴가 낸다는 사실을 오래전부터 알았어요. 10월부터요! 그리고 이제 크리스마스인데! 엄청 쫀쫀하게 굴어요. 3주 전에는 휴가 가도 된다고 했어요. 그러다가 1주일 뒤에는 휴가 가더라도 일찍 돌아와야 할지도 모른다고 하더라고요. 그런데 지금은 휴가를 갈 수 있을지 모르겠다네요. 또 뭐라고 하냐면, 내가 일을 최우선으로 생각하지 않아서 실망이라나요!"

"진행 중인 프로젝트가 있어서 안 되는 거예요?"

"아니요, 전혀요. 2주일이면 맥신의 제품 기획 일정이랑도 딱 맞아요. 내가 자리를 비워도 아무 문제 없어요. 그냥 나랑 신경전 하는 거죠 뭐."

"마커스는 뭐래요? 사실상 상관은 마커스잖아요. 최종으로 휴가를 승인하는 사람은 그 인간일 텐데요."

"싸움에 말려들기 싫어해요. 맥신이랑 해결 보래요."

내가 조언을 할 만한 사람은 아니라는 생각이 들었다. 내가 샌드라의 처지였다면, 나를 주무르는 맥신의 말을 고분고분 따랐을 테니까. 논거를 대지도, 권리를 주장하지도 않았을 것이다. 물론 그런 상황을 달갑게 생각하지는 않겠지만 말이다. 나는 자기주장이 부족해서 큰일이다. 자신을 방어하지도 않는다. 맥신이나 무서운 디 애쉬먼 같은 사람들이 함부로 대하도록 내버려둔다.

조언 대신에 샌드라에게 어떻게 할 계획인지 물었다.

"맥신한테 2주 동안 휴가 간다고 말해야죠. 톰과 보내기로 한 휴가를 썩힐 순 없어요."

샌드라의 용기가 존경스러웠다.

샌드라는 곧장 관제센터로 다시 올라갔다. 5분도 안 돼 샌드라가 돌아왔다. 에밀리도 마침 자리에 있어서, 우리 셋은 회의실로 갔다. 우리는 샌드라에게 어떻게 됐는지 물었다.

주먹 쥔 손을 허리께에 댄 채, 샌드라가 대답했다.

"맥신 사무실에 들어가서 말했어요. '이사님, 휴가 건으로 나눈 얘기를 생각해봤는데요. 이사님이 하신 말씀을 곰곰이 생각해봤는데, 아무리 이리저리 따져봐도 2주 동안 휴가를 가야겠습니다. 남편이랑 제가 몇 달 전부터 계획한 휴가이고, 남편이랑 같이 시간을 보내고 싶습니다. 날짜 조정은 전혀 불가능합니다. 휴가 날짜는 이메일로 알려드리겠습니다.'"

"그랬더니 뭐래요?"

에밀리와 내가 동시에 말했다.

"내가 돌아서서 나가려는데, 맥신이 그랬어요. '당신이 자리를 비운 동안 연락할 일이 있을지도 몰라.' 난 돌아서서 맥신을 보며 말했죠. '연락 안 될 겁니다. 일정한 주소가 없거든요. 휴가 다녀와서 뵙죠.'"

나는 샌드라를 보고 씩 웃은 다음, 손을 잡고 흔들었다. 셋 다 깔깔 웃었다.

"잘했어요! 나라면 그렇게 못했을 거예요. 엄청 겁내고 불안해했을 텐데. 휴가 계획은 접고 소란 피우지 않으면서 가만히 있었겠죠. 자랑할 일은 전혀 아니지만."

"맥신은 권력을 휘두르면서 아랫사람을 못살게 구는 인간이에요. 아무튼, 맥신이 나한테 뭘 어쩌겠어요? 한동안 나한테 말을 안 붙일지도 모르지만, 그 정도야 뭐!"

다행히 나는 샌드라처럼 휴가 문제로 골머리를 썩지는 않았다. 결국 나는 폴과 크리스마스 기간 동안 휴가를 보내기로 합의 봤고, 마커스한테도 휴가 승인을 받았다.

애니와 해리는 신이 나서 차에 짐 싣는 일을 도왔고, 드디어 우리 가족은 휴가를 떠났다. 먼저 친정에 가서 즐겁게 보냈다. 우리 오빠네와 언니네도 와 있었다. 그런 다음 이틀 동안 운전해서 시댁으로 갔다. 시부모님도 우리를 무척 반가워했고, 특히 남편의 조카들이 엄청 반겼다.

정말 즐거운 휴가였다고 폴에게 얘기했더니, 남편은 휴가를 더 늘려서 재미있는 곳에 가보자고 했다. 나는 그러고 싶지만 먼저 프로젝트를 빨리 끝내야 한다고 대답했다.

다시 회사에 출근했을 때, 샌드라를 만나 휴가가 어땠는지 얘기를 나누었다. 샌드라는 거의 2주 내내 남편 톰과 로키 산맥에서 활강 스키와 크로스컨트리 스키를 타며 환상적인 시간을 보냈다고 했다.

나는 샌드라와 맥신의 휴가 뒤 첫 대면이 정말 기대됐는데, 샌드라가 출근한 첫날 오후에 드디어 두 사람이 만났다. 맥신을 만나고 온 샌드라는 쓴웃음을 지은 채 4층으로 들어왔다.

"어떻게 됐어요?"

내가 샌드라에게 회의실로 오라고 손짓하면서 물었다. 에밀리도 합류했다.

샌드라는 계속 쓴웃음을 지으며 말했다.

"약속이 있어서 맥신 사무실에 올라갔죠. 사무실에 들어가서 내가 말했어요. '안녕하세요, 이사님. 휴가 끝내고 돌아왔습니다.' 맥신이 휴가가 어땠는지 물어볼 줄 알았어요. 역시나 안 물어보더군요. 스키장이라도 물어볼 줄 알았어요. 역시나 안 물어보더군요. 딱 이 말만 했어요. '당신이 자리를 비운 사이에 어떤 일이 있었는지 알려주지.' 그러고는 바로 일 얘기로 들어갔어요. 휴가에 대한 예의상 질문도 전혀 없었어요! 뭐, 아무튼, 치사한 맥신 생각은 완전히 접어두고, 남편과 정말 재밌는 휴가를 보내고 왔죠."

곧이어 맥신은 자기 부서의 제품 담당자를 바꾸겠다고 했다. 샌드라가 서부 사업부 일을 그만두고 천사표로 행세하는 카일리 굿윈이 담당자가 됐다. 카일리는 자랑을 엄청 늘어놓았다. 샌드라는 당연한 일로 받아들이며 카일리에게 친절하게 일을 인수인계했다. 샌드라는 제임스를 지원하는 카일리의 업무를 넘겨받았는데, 샌드라로서는 좋은 일이었다. 제임스는 매우 능률적으로 일하는 사람이기 때문이다.

샌드라의 '해고' 덕분에 나는 큰 보너스를 얻었다. 이제는 샌드라가 내 프로젝트를 도와줄 여유가 더 생겼고, 샌드라도 이런 변화를 기뻐했다.

첫 번째 검토

내 마케팅 전략 프로젝트의 진척 상황을 보여줘야 한다는 압력을 마커스가 니콜라스한테서 받는다는 사실을 알고 나서, 나는 니콜라스, 마커스, 나 이렇게 셋이 모이는 자리를 마련해보기로 했다. 연구 조사로 얻은 내 생각들을 니콜라스가 지지해주기를 바랐다.

니콜라스와 약속을 잡기 전에, 마커스를 따로 만나 진행 상황을 보고했다. 평가와 차이 분석을 바탕으로 도달한 몇 가지 핵심 결론을 마커스가 지지하기를 바랐다. 불행히도 마커스는 내 얘기의 핵심보다 일정표에 더 정신이 팔려 있었고, 최종 결과물에 진척이 더 없다고 나무랐다. 나는 앞으로 차츰 일이 진행되면서 최종 결과물들이 나올 것이고, 결과물 일부를 지금 얘기하고 있지 않느냐고 말했다. 또 내가 영업부장 회의를 조직한 사실도 상기시켰다. 마커스는 떨떠름해하며 인정했다.

마커스는 니콜라스가 최근의 진행 상황을 알고 싶어 한다고 우겼다. 나는 지금 단계까지 마무리한 일들을 마커스가 동의하는지 확인하고 넘어가고 싶었다. 그래서 그동안 내가 검토한 세부사항들을 재빨리 요약했다.

"이사님, 그동안 제가 한 일은 마음에 드시나요?"

"뭐, 괜찮아 보이네요."

괜찮다는 말은 딱 부러지는 말로 들리지 않았다.

"'괜찮다'는 말씀은 무슨 뜻이죠?"

"좋다는 뜻이죠."

그래도 마커스가 어떻게 생각하는지 분명하게 와 닿지 않았다.

"이사님이 보시기에 부족한 점이라도 있나요?"

"아니요."

뭔가 감추고 있는 생각이라도 있는지 마커스의 얼굴을 찬찬히 뜯어봤지만, 그저 무표정한 얼굴이었다.

"우리 회사의 내부 역량에 대한 제 평가에 동의하세요? 경쟁사 분석은 동의하세요? 시장이 달라지는 방식과 소비자들의 요구에 대한 제 결론에 동의하세요?"

"아, 다 괜찮다니까."

마커스가 짜증스럽게 말했다.

"샐리와 제가 인류학 연구에 착수했는데, 어떻게 생각하세요?"

마커스가 펜을 떨어뜨렸다.

"니콜라스를 만났을 때 그 얘긴 하지 맙시다."

"왜요?"

"쓸데없는 생각이니까."

뭐라고 하지? 여기까지라도 마커스가 동의해서 다행이다 싶어, 더 밀어붙이지는 않았다. 하지만 이 문제를 마냥 미뤄두기는 싫었다.

"이번에는 인류학 연구를 검토하지 않더라도, 나중에 꼭 다시 얘기해봤으면 좋겠어요. 무척 유익하거든요."

인류학 연구에 대해 마커스의 조언을 듣고 싶었지만, 시간을 딱 정해서 그 얘기에 계속 집중시키기가 너무 어려웠다. 마커스가 인류학 연구의 독특함을 이해하지 못한다면, 엄청난 내용을 놓치는 셈이다.

"알았습니다. 그동안 제가 한 일을 이사님이 지지하신다니, 계속 이렇게 진행하겠고 니콜라스 사장님과 만날 약속도 정할게요."

내가 노트를 덮으며 말했다.

마커스는 고개를 끄덕인 뒤 일어서면서 말했다.

"다 됐나요?"

"네, 다 됐습니다."

니콜라스를 만나기까지는 좀 시간이 걸렸다. 니콜라스는 좀체 자리에 없었다. 아주 드물게 엘리베이터를 같이 타면 보기도 하는데, 그때마다 우리 둘의 대화는 어색했고 니콜라스는 거의 말을 안 했다.

하지만 나 역시 니콜라스와 만났을 때의 안 좋은 기억 때문에, 그와 우연히 만나도 몸이 덜덜 떨려 말을 나누고 싶지 않기는 마찬가지였다. 우리가 안면을 트려고 처음 만났을 때 본인이 얼마나 화를 냈는지 니콜라스는 기억이나 하는지 궁금했다.

샌드라와 벤에게 이런 두려움을 털어놓았다. 좋은 친구 같은 두 사

람은 시험 삼아 프레젠테이션을 미리 해보라고 했다. 우리는 짬을
내서 19층의 회의실을 예약했다. 우리가 자리에 앉자, 벤이 나보고
니콜라스에 대한 첫 느낌을 단어로 적어 두었냐고 물었다.

"네, 오늘 아침에 공책을 뒤져서 그대로 베껴왔어요. '독재적이
고, 오만하고, 냉정하며, 변덕스럽고, 폭군 같다.'"

"니콜라스한테 어울리는 단어가 꽤 많은데요. 로렌이 후하게 니콜
라스한테 여덟 단어를 주고 싶다면, '경쟁심이 강하고, 영악하고, 미
덥지 않다' 도 포함시켜요!"

벤이 웃으며 말했다.

"나도 동의!"

샌드라가 손을 번쩍 들며 말했다.

"그러면 이제 어떻게 할까요?"

내가 물었다.

"벤이랑 내가 니콜라스 역할을 하면 어때요?"

샌드라가 파일을 열고 적을 준비를 하면서 말했다. 우리는 두 사람
이 니콜라스 역할을 맡아 그의 관점에서 내 얘기를 듣기로 했다. 나
는 요전에 무심코 그랬듯이 사장의 화를 긁어놓는 식으로 비판하지
않으려고 조심하면서 프레젠테이션을 했다. 프레젠테이션을 마치
자, 사람들이 박수를 쳤다.

"감사합니다."

나는 환하게 웃었다.

"그래도 계속 니콜라스 입장에서 말해주세요. 니콜라스는 어떻게

생각할까요?"

"감탄하겠는데요. 정말 다 좋았어요."

벤이 열광하며 말했다.

"샌드라는요?"

"지난 몇 달 동안 로렌의 프로젝트가 발전한 모습이 보였고, 프레젠테이션도 아주 꼼꼼했어요. 훌륭해요, 진짜. 다만 니콜라스와 다르게 말하고 싶은 한 가지는요. '네'라는 대답을 이끌어낼 말로 시작했으면 좋겠다는 점이에요."

나는 샌드라에게 무슨 뜻인지 물었다.

"니콜라스가 '그래, 흥미롭군' 하고 생각하게끔 하는 말이요. 니콜라스의 관심을 끄는 말, 고개를 끄덕이게 만드는 말이요."

"아, 좋은 생각이네요. 그렇게 해볼게요."

"그거 빼고는 훌륭해요."

"감사합니다, 여러분. 정말 고마워요. 이제 마음을 편히 갖는 일만 남았네요."

잠시 뒤 나는 자리로 돌아와 10분 뒤에 시작하는 니콜라스와 마커스의 회의를 준비했다. 발표 자료를 들고 20층으로 막 가려고 하는데, 전화가 왔다. 아마도 회의가 연기됐다는 전화겠지. 그것 말고는 전화 올 데가 없지 않은가.

"여보세요, 로렌 존슨입니다."

나는 머뭇거리며 대답했다.

"안녕하세요, 존슨 부인."

처음 듣는 정중한 목소리다.

"해리의 선생님인 바버라 맥킨리예요."

해리는 최근 다섯 살이 돼서 유치원에 다니기 시작했다.

최악의 생각이 바로 머리를 스쳤다. 아, 안 돼, 도대체 무슨 일이지?

"해리한테 사고가 있었어요."

"해리는 괜찮나요?"

나는 전화기에 대고 소리를 질렀다.

"네, 괜찮아요. 정말 괜찮아요."

나는 조금 안심이 됐다. 맥킨리 선생님이 계속 말했다.

"근데 어머님이 지금 해리를 데리러 오셔야 해요. 다리를 조금 심하게 베어서 병원에 가야 하거든요. 저희가 붕대를 감아놓긴 했는데, 아무래도 꿰매야 할 것 같아요. 지금 바로 오실 수 있나요?"

"아……. 네, 그게 남편이……. 아니 제가……. 우리 둘 중 하나가 바로 갈게요."

나는 선생님에게 전화해줘서 고맙다고 인사하고서 전화를 끊었다. 불쌍한 우리 해리. 그런데 타이밍이 어쩜 이렇게 안 좋니! 오늘 아침은 환자가 미어터지는 날이라 폴은 정신이 없을 것이다. 남편에게는 해리를 데리러 갈 만한 시간이 없다. 컴퓨터의 시계를 봤다. 10시 58분이다. 미팅까지 2분밖에 안 남았다. 이제 제시간에 가기는 글렀다. 위층으로 전화를 걸었다.

"이사님."

"도대체 어디예요? 이런 회의에 늦으면 어쩌자는 겁니까?"

마커스가 화난 소리로 낮게 말했다.

속이 뒤틀렸다.

"죄송합니다, 이사님. 아들 유치원에서 방금 전화가 와서요. 아들이 다리를 다쳐서 바늘로 꿰매야 한대요. 지금 당장 병원에 데려가야 해요. 죄송하지만, 도저히 방법이 없어서요. 일정을 다시 잡아야겠어요."

전화 저편은 조용했다.

"정말 급한 일이에요."

내가 애원했다.

"알았어요."

마커스가 전화를 끊었다.

동료들 대부분이 나를 안타깝게 바라봤다. 커트는 싱글싱글 웃으면서 이런 일을 즐기는 듯 보였다. 에밀리는 차까지 같이 가주겠다고 했다. 나는 고맙지만 괜찮다고 말하고, 핸드백을 집어 들고서 부리나케 아들의 유치원으로 갔다.

유치원에 도착해서 보니, 다행히 해리는 기분이 좋아 보였고 붕대 감은 다리를 자랑까지 했다. 우리는 차를 타고 병원에 가서 한 시간 동안 기다렸다. 해리는 결국 아홉 바늘을 꿰맸지만, 용감하게 잘 참았다. 해리를 데리고 맥도날드에 가서 점심을 먹고 폴의 병원에 데려다 주었다.

회사에 돌아오니 3시가 좀 안 됐다. 마커스의 상태가 어떤지, 어떤 일이 닥칠지 궁금해하며 곧장 마커스의 사무실로 갔다.

"집안 일로 걱정을 끼쳐 드려 죄송합니다, 이사님."

나는 비난 세례가 쏟아지겠거니 생각하며 말했다.

"괜찮아요, 정말."

마커스가 상냥하게 대답했다. 그런 반응이 놀라우면서도 기뻤다. 마커스가 왜 저렇게 차분한지는 모르겠지만, 다행스러운 일이었다. 마커스는 손가락으로 머리를 쓸었다.

"니콜라스가 오늘 만났으면 하네요. 로렌이 돌아오면 전화해주기로 했어요."

제기랄. 회의가 연기됐으면 했는데.

"잠깐만요, 니콜라스한테 확인해보고 올게요."

마커스는 의자에서 벌떡 일어나 니콜라스 방으로 급히 달려갔다. 그는 얼마 안 돼 돌아왔다.

"15분 뒤에 보기로 했어요. 우리 때문에 오후 일정도 바꾸셨다네요."

"네. 내려가서 파일 가지고 올게요."

긴장해서 속이 뒤틀렸는지, 겨우 웃으며 말했다.

"그래요, 이따가 봅시다."

나는 아래층으로 쏜살같이 내려가, 동료들에게 해리가 괜찮다는 소식을 알린 다음, 다시 관제센터로 후다닥 올라갔다. 엘리베이터에서 내려 숨을 고르며 마커스의 사무실까지 천천히 걸어갔다. 머릿속으로 프레젠테이션의 시작 부분과 핵심 부분을 연습했다.

마커스는 니콜라스의 사무실 밖에서 기다리고 있었고 어서 오라고 나에게 손짓했다. 내가 도착하자 바로 니콜라스가 나왔다.

"들어오세요."

"오늘 아침 일은 죄송합니다. 아들이 다쳐서 병원에 데려가 꿰매야 했어요."

"괜찮아요, 로렌. 그럴 수도 있죠."

그 말을 들으니 안심이 됐다.

니콜라스가 우리보고 둥근 탁자에 앉으라고 손짓했다. 나는 다리가 짧은 의자에 앉다가 방향 감각을 잃어서 잠시 휘청거렸다. 다행히 바로 본론으로 들어가지는 않았다. 니콜라스는 옛날에 자기 딸이 18개월쯤 됐을 때 병원에 급히 실려 간 얘기를 들려줬다. 그런데 꾀병이었다고 한다. 니콜라스 얘기에 마커스가 껄껄거리며 웃었다. 정감 어린 농담, 고맙기도 해라. 긴장감이 풀렸다.

"자, 로렌, 얘기할 게 뭐죠?"

니콜라스가 탁자 위에 손을 포갠 채 몸을 앞으로 숙였다.

나는 최대한 똑바로 앉았다.

"지금까지 마케팅 전략을 검토한 상황을 보고하겠습니다."

나는 큰 목소리로 말했다.

"최종 결과물은 시장 점유율과 이윤을 상당히 높일 것으로 예상되고, 시장에서의 돌파구로서 평가될 것으로 보입니다."

"좋아요."

니콜라스가 고개를 끄덕였다. 잘하고 있어. 더 자신감을 느끼며 나는 말을 이어갔다.

프레젠테이션에 들어간 지 5분쯤 됐을 때, 내가 회사의 현재 역량과 경쟁력 있는 포지셔닝을 분석한 결과를 발표하는데, 니콜라스의 정신은 딴 데 가 있었다. 방을 두리번거리고 나를 지나쳐 밖에 지나가는 사람들을 구경했다. 또 펜으로 탁자를 크게 딱딱 두드리고 시계를 흘끔 봤다. 분명히 나는 니콜라스의 관심을 끌지 못하고 있었다.

니콜라스가 부정적인 소식을 싫어한다는 점을 이전 경험을 통해 알고 있지만, 달리 설명할 방법도 모르겠고 있는 사실을 숨기기도 그랬다. 하지만 지금은 니콜라스가 듣기나 하는지도 잘 모르겠다. 주의를 환기시켜 보려고 슬라이드를 통해 몇 분 동안 후다닥 발표한 다음, 나머지 부분은 생략하고 질문을 듣기로 했다.

프레젠테이션을 마치자 니콜라스가 이맛살을 찌푸리며 물었다.

"끝이에요?"

"네."

나는 대답하고서 기다렸다. 심장이 쿵쾅거렸다.

니콜라스가 무표정한 얼굴로 나를 보았다. 나는 기다렸다.

"감동이 전혀 없는데."

니콜라스가 손바닥으로 탁자를 탁 치며 말했다.

니콜라스는 칼을 더 깊이 찌르지는 않았다. 의자에 얼어붙은 나를, 지금 이 공간이 조여 오는 느낌이었다. 숨을 데도 없었다. 침을 꿀꺽 삼키고 니콜라스가 본인의 판결에 대해 설명하기를 속절없이 기다렸다.

"눈곱만큼도 가치가 없는 제안이네요. 우리 회사가 추구하는 방향과는 정반대잖습니까. 우리 전략에도 전혀 안 맞아요. 기본 전제가 완전히 틀려먹었구만."

니콜라스는 천천히 고개를 젓더니, 마커스를 돌아봤다.

"이거 검토한 겁니까, 마커스? 로렌의 제안에 동의해요?"

"그럴 리가요. 전체 틀만 잠깐 보고서 자세히 검토할 기회는 없었습니다. 말씀하신 것처럼 저도 의구심이 들고요. 당연히 저도 사전에 로렌에게 그런 우려를 표명했습니다."

마커스는 거짓말을 했다. 비겁한 인간! 거짓말쟁이! 나는 망연자실한 채 니콜라스와 마커스를 번갈아 봤다.

"로렌, 더 괜찮은 내용을 기대했는데요. 솔직히, 실망스럽습니다. 현실적인 통찰력이나 돌파구가 전혀 안 보이네요."

니콜라스가 휴대전화를 확인하려고 일어서면서 말했다.

내 얘기를 듣기는 한 거야? 인류학 연구 얘기를 꺼내야 할지도 모르겠다. 안 돼, 마커스가 길길이 날뛰겠지.

"다시 작업해서 알려줘요."

니콜라스가 전화기를 귀에 댄 채 자기 책상에서 말했다. 회의는 끝났다.

재빨리 나는 서류를 집어 들고 열 받은 채 비틀거리며 사무실에서 나왔다. 전화가 울렸는지도 몰랐는데 마커스도 귀에 전화기를 대고 있었다. 마커스는 나보고 나중에 얘기하자고 했다. 그러는 편이 나을 것이다. 너무너무 화가 나서 당신을 죽이고 싶으니까.

나는 엘리베이터를 타고 1층으로 내려가서, 안내대 직원에게 파일을 잠시 맡기고 밖으로 빠져나와 신선한 공기를 마셨다. 날씨는 바람이 휭 불고 건조했다. 마음을 정리할 겸 주변을 거닐었다. 나는 완전히 기가 꺾이고 무지무지 화가 났다. 니콜라스의 무례함에 화가 나고, 마커스의 위선적인 행동에 화가 나고, 마커스의 비겁함에 화가 났다. 시간을 들여 제대로 검토하지도 않고서 내 제안을 재단하고 나를 조금도 존중하지 않는 니콜라스의 오만불손한 태도에 화가 났다. 내가 고민을 안 한 게 아니다. 오늘 아침에 퍼뜩 떠오른 생각이 아니다. 나는 이 일에 몇 달 동안 매달렸다. 이건 내 직업이다! 니콜라스의 생각과 다르다는 이유만으로 내 생각이 잘못됐다고 평가돼서 화가 났다. 자기 생각을 옹호하지도 못하는 내 자신에게 화가 나고, 잠자코 고분고분 비난을 받아들인 나에게 화가 났다.

오래 전 아기였을 때 꾀병으로 병원에 갔던 니콜라스의 딸이 궁금했다. 지금쯤 커서 일할 나이가 됐겠지. 니콜라스는 자기 딸이 어떤 상사와 일했으면 할까? 틀림없이 자기보다 사람들한테 잘하는 상사였으면 하겠지. 개자식.

시간 가는 걸 잊고 있었다. 걸으면서 눈물을 닦았고, 이윽고 사무실에 돌아갈 수 있을 만큼 마음이 가라앉았다. 다행히, 자리로 돌아갔을 때 팀원들이 별로 없었다. 오늘 다시 마커스와 부딪칠 일은 없다. 마커스는 우리 사무실에서 멀리 떨어진 층에 있고, 관제센터의 자기 사무실에 잠복해 있을 테니까. 나는 일찍 퇴근했다.

내가 집에 돌아오자마자 폴이 뭔가 안 좋은 일이 있다는 낌새를 눈치챘다. 똥 씹은 듯한 내 얼굴에 다 쓰여 있었다. 폴이 식사 준비 하지 말고 외식하자고 제안했다. 나도 동의했고, 아이들은 설득하고 자시고 할 필요도 없었다. 해리는 절뚝거리면서도 괜찮다고 우겼다.

가족과 함께 있으니 기분이 아주 조금 나아졌다. 집에 돌아왔을 때 쯤 마음이 약간 진정됐다.

애들이 잠자리에 들자 폴이 무슨 일인지 물었다. 내 얘기를 듣더니 폴이 쯧쯧 하면서 고개를 절레절레 흔들었다.

"정말 형편없고 멍청한 녀석들이군. 그 인간들 진짜 이해가 안 된다."

나는 어깨를 으쓱했다. 달리 할 말이 없었다.

"그 인간들, 우화랑 완전 판박이인데. 걸어 다니는 우화집이야!"

폴은 토요일에 산 이솝우화 책을 요새 읽고 있는 중이었다.

나는 너무 지쳐서 말할 기운도 없었다.

"위험한 조짐이 보이자마자 친구를 버리고 도망간 겁쟁이 얘기 알아? 위험한 상황이 끝나니까 돌아와서 칼을 휘둘렀잖아?"

나는 고개를 끄덕였다.

"빌어먹을 마커스가 바로 그런 겁쟁이야. 그리고 멍청이 같은 니콜라스 스트레인지한테 딱 맞는 우화도 많은데!"

나는 웃었다.

"당신한테 도움 될 만한 우화를 계속 찾아봐야겠어. 나 요즘 메모지랑 연필을 꼭 옆에 두고 우화 읽잖아."

"고마워, 자기."

나는 겨우 입을 뗐다.

그날 밤 잠을 거의 못 자서, 다음 날 출근하는데 몸이 천근만근이었다. 다행히 제임스 스완이 나를 위해 30분을 내주었다. 제임스의 조언을 듣고 싶었다.

끔찍했던 회의 얘기를 하면서 눈물이 왈칵 쏟아졌다. 제임스가 휴지를 내밀었다.

"괜찮아질 거예요."

나는 코를 훌쩍거리며 말했다. 제길, 울지 않겠다고 다짐했잖아.

"니콜라스와 마커스가 지금 그날 회의를 생각하고 있을까요?"

"아니요. 아마 머리에서 바로 지워버렸겠죠."

"니콜라스한테는 다른 일상 대화랑 똑같을 뿐이에요. 내 말 믿어요."

"하지만 문제는, 새로운 아이디어를 내는 데 자신이 없어지고 일을 계속하고 싶은 마음이 줄어들었다는 거예요. 열의가 팍 꺾였어요."

내가 체념한 듯 말했다.

"로렌은 본인의 방안이 옳다고 생각해요?"

제임스가 내 생각에 맞섰다.

"네."

"할로우 케인에 도움이 될 방안이라고 생각해요?"

"네."

"본인 분석도 맞고 문제도 정확히 규명했다고 생각해요?"

"네."

"본인이 그 문제를 깊이 고민했다고 생각해요?"

"네."

나는 '네'라는 대답에 조금씩 자신감이 생겼다.

"그러면 본인의 판단과 전문가다운 능력을 믿어봐요. 본인이 일 잘하는 거 잘 알잖아요. 지금까지 자신의 판단이 정확하다는 거 알잖아요. 지금 생각하는 방안을 계속 밀고 나가면서 다른 각도에서 접근해봐요. 아마도 다음에 발표할 땐 로렌 생각이 열렬히 환영받을지도 모르잖아요."

"고마워요, 제임스."

제임스한테는 사람을 기분 좋게 하는 놀라운 능력이 있다. 제임스가 우리 상사였으면 얼마나 좋았을까. 그러면 뭐든 할 수 있을 텐데.

◆ ◆ ◆

나는 프로젝트를 계속 밀고 나갔고, 제임스의 조언을 받아들여 기본으로 되돌아가서 다른 식으로 설명하고 발표할 방법을 생각해봤다. 생각을 잘 전달하지 못하는 것이 내 약점인 듯싶다.

그렇지만 나는 전보다 훨씬 조심스러워졌다. 늘 그렇듯 상처는 빨리 낫지 않는다. 생각을 마무리하고 또 거절당할지도 모를 상황에 대해 마음의 준비가 될 때까지 시간이 더 필요했다.

트럼펫 연주자

커트가 내 자리로 급히 왔다. 나한테 할 말이 있다고 했다.

"여기서는 안 되고요. 회의실로 갑시다."

가기 싫었다. 얼마나 큰 비밀이기에 내 자리에서도 얘기 못 한대? 꺼지라고 말해야 한다고 생각하면서도, 나는 커트를 졸졸 따라갔다. 우리는 빈 회의실을 찾아 들어갔고, 커트가 문을 닫았다.

"로렌이 알고 싶어 할 얘기가 있어요."

커트는 안절부절 못하는 듯했다.

"뭔데요?"

"로렌은 본인이 일을 어떻게 한다고 생각해요?"

아, 제발. 이런 대화는 또 하고 싶지 않다.

"잘하고 있다고 생각하는데요."

내가 힘없이 대답했다. 얼마 전 니콜라스를 만난 일이 바로 떠올랐다.

"왜 물어보는데요?"

커트는 평소처럼 얼굴을 찡그린 채 몸을 숙였다.

"내가 위층에서 로렌 얘기를 들었다면, 알고 싶겠죠, 그죠?"

아니라고 말해야 했다. 그런데 '네'라는 말이 나왔다.

"니콜라스 스트레인지와 맥신 새비지가 하는 얘기를 방금 우연히 들었는데요. 둘이 로렌 얘기를 하더라고요."

벤과 샌드라의 충고대로 꺼지라고 말해야 했는데…….

"그런데요?"

"좋은 얘기는 아닌 거 같던데요."

커트는 나를 살피며 간을 보는 듯했다.

나는 가슴이 덜컥 내려앉았다.

"정확히 뭐라고 말했는데요?"

"그러니까, 다 듣지는 못했는데."

커트는 또 입을 다물었다. 저 인간이 내 감정을 배려한다면, 정말 저래서는 안 된다. 아니면 겉만 요란하게 사람을 가지고 고약하게 장난치는지도 모른다.

"그래서……, 말해봐요…… 무슨 말을 들었는데요?"

내가 재촉했다.

"진짜 별로 못 들어서요. 근데 로렌이 하는 일을 칭찬하는 내용은 아니었던 것 같은데요."

내려앉을 대로 내려앉은 위장이 이제는 단단한 공 안으로 오그라들었다.

나는 씩씩한 표정을 지었다.

"커트, 잊어버려요. 정확하게 못 들었으면 그 둘이 무슨 말을 했는지 잘 모르겠네요, 그죠? 내 얘기가 아닐지도 모르죠."

"아니, 분명히 로렌 이름을 말했어요. 그리고 전략적 마케팅 검토의 결과물이 시원치 않다고 말하는 걸 똑똑히 들었어요. 니콜라스가 '감동이 없다'는 말을 하던데요."

위장과 더불어 뱃속의 다른 내장들도 오그라들었다. 왜 니콜라스가 맥신에게 그런 얘기를 했을까? 맥신이 상관할 일이 아니잖아! 이 얘기만으로도 충분하다.

"아마 별 얘기 아니겠지만, 로렌이 알고 싶어 할까봐서."

커트가 활짝 웃으며 말했다. 나는 얘기를 더 듣고 싶지 않았다.

"커트, 그만 정리하죠."

우리는 나가려고 일어섰는데, 커트는 문을 열지 않고 가만히 있었다. 커트는 대단히 귀중한 정보를 알려줘서 고맙다고 내가 인사치레라도 하기를 바라고 있었다. 천만의 말씀, 만만의 콩떡이다.

나는 내장들을 질질 끌고서 시무룩하게 터벅터벅 자리로 걸어왔다. 커트도 까불거리며 자리로 돌아갔다.

그 뒤로 일에 집중하려고 했지만 허사였다. 폴이 있는 집으로 일찍 퇴근했다. 집에 도착하니 애니와 해리는 놀고 있었다. 폴에게 서재로 와달라고 부탁했고, 오늘 있었던 커트의 악의적인 행동에 대해 들려줬다.

우리는 잠시 우울하게 생각에 잠긴 채 앉아 있었다. 해리가 들어와 애니가 자기를 밀었다고 징징거렸다. 폴이 해리를 밖으로 데려가 다른 것으로 주의를 돌렸다. 나는 어떻게 해야 할지 몰랐다. 폴이 우화책과 메모지를 들고 돌아왔다.

"이 얘기 들어봐! 들으면 깜짝 놀랄걸."

폴이 소리쳤다.

한 트럼펫 연주자가 군대의 선두에 서서 전투가 벌어진 곳으로 행진해가며, 전투적인 곡으로 전우들에게 용기를 불어넣었어요. 적군에게 잡힌 트럼펫 연주자가 살려달라고 애원하면서 말했어요.

"저를 죽이지 마세요. 전 아무도 안 죽였어요. 정말이지, 무기도 하나 없이 트럼펫만 달랑 들고 왔는걸요."

그러자 적군이 말했어요.

"그러니까 더더욱 널 죽여야지. 넌 전투에서 직접 싸우지는 않지만 다른 사람들을 싸우게 부추기니까."

폴이 책을 덮고 큰 소리가 나게 탁자에 내려놓았다.

"이 우화가 그 커트라는 인간을 잘 표현하지?"

"응. 근데 나한테 뭐가 도움이 되지?"

나는 지친 듯이 작게 웃어 보였다.

"저기, 그 인간의 본색을 잘 알고 있어야 해. 자기 자신을 잘 지켜야 한다니까."

남편 말이 옳다. 하지만 나는 늘 문제가 그냥 사라져주기만을 바란다. 그래서인지 나는 충돌을 너무 두려워하지 않는 사람이 되고 싶다. 주로 어린 시절 부모님의 이혼이 계기가 되어 생긴, 상실에 대한 비이성적인 두려움에서 이제는 벗어나고 싶다.

어느덧 아이들은 배고프다고 난리고 복도에서 서로 옥신각신했지만, 내 기분은 그리 나아지지 않았다.

폴이 껄껄 웃었다.

"아, 니콜라스 스트레인지에 관한, 내가 좋아하는 우화가 있다. 지난번에는 못 봤는데."

함께 부엌으로 걸어가며 폴이 읽어 주었다.

말썽꾸러기 사내애들이 연못가에서 놀고 있었어요. 얕은 물에서 헤엄치는 개구리들을 본 사내애들은 돌을 던지며 즐거워했고 개구리 몇 마리를 죽이기까지 했어요. 마침내 개구리 한 마리가 물 밖으로 고개를 내밀고 말했어요.

"야, 그만해! 제발 부탁이다. 너희한테는 장난일지 몰라도 우리한테는 목숨이 걸렸어."

해리가 복도 끝에서 붕대 감은 다리를 끌고 소리를 지르며 달려왔다. 이틀 후에 실밥을 풀고 나면 흉터가 지지 않게 며칠 반창고를 붙일 것이다. 나는 해리를 들어 껴안아주었다.

"우리 예쁜 아들."

나는 해리 귀에 뽀뽀하고 앞뒤로 살살 흔들었다. 애니는 자기가 아끼는 식탁 의자에 앉아 색칠공부 책을 펼쳤다. 나는 해리를 내려놓고 애니 머리에 뽀뽀해주었다.

"엄마 아빠 또 회사 상사 얘기했어?"

애니가 보라색 연필을 쥐고서 고개를 숙인 채 물었다.

"응. 정말 다루기 힘든 사람들이야."

애니가 고개를 들고 진지한 표정으로 말했다.

"난 크면 상사들이랑 안 놀 거야. 남자애들은 너무 못됐어."

폴은 깔깔 웃었고, 나도 웃으며 당근 껍질을 벗기기 시작했다.

최악의 회의

니콜라스에게 프레젠테이션을 한 사건 이후로 마음을 추스른 지 얼마 안 돼, 나는 또다시 19층에서 니콜라스와 그 일당을 대면해야 했다. 마커스는 휴가 중이고 샌드라도 자리를 비워서, 월례 고위임원회의에 내가 마커스 대신 참가했다. 존 스콰이어스만 빼고 임원들이 모두 참석할 예정이었다. 존은 사업 검토를 모두 니콜라스에게 위임했다.

회의 시간은 10시였다. 나는 5분 일찍 갔다. 10시가 몇 분 지났는데도 아무도 오지 않자, 회의실을 잘못 찾아왔나 하는 생각에 소름이 쫙 돋았다. 장소를 막 확인해보려는데 마침 제임스 스완이 들어왔다.

제임스에게 회의실이 맞는지 물었다.

"맞아요. 한 번도 제시간에 시작한 적이 없어요."

제임스는 내 옆자리에 앉았다.

10시 10분쯤 되자 제러미 하이드, 맥신 새비지, 라이언 건이 느긋하게 걸어 들어왔다. 라이언이 탁자 맞은편에 파일과 블랙베리 전화기를 내려놓더니 나한테 와서 악수를 청했다.

"잘 오셨어요, 로렌."

라이언이 격려하듯이 말했다. 나도 깍듯이 고맙다고 인사했다.

제러미와 맥신은 나를 없는 사람 취급했다.

곧이어 휴 워렐과 거스 웨어링이 도착했다. 휴는 나를 보더니 눈길을 돌렸다. 내 교육훈련 아이디어를 훔쳐서 양심의 가책을 느끼나 보지. 거스는 내 옆에 앉아 웃으며 인사를 건넸다. 거스의 파란색 넥타이는 얼룩덜룩하고 신발은 여전히 지저분했다. 어깨에는 비듬이 솔솔 뿌려져 있었다. 그래도 휴나 맥신보다 거스 옆에 앉는 게 훨씬 낫다.

20분 뒤 드디어 니콜라스 스트레인지가 아주 활기찬 모습으로 납시었다. 늦어서 미안하다고 말하는 사람은 아무도 없었다.

니콜라스는 탁자 상석에 자리를 잡고서 회의실을 둘러봤다.

"다들 오셨으니 시작하겠습니다. 우선, 지난달 사업 실적 결과를 검토하겠습니다."

니콜라스가 나한테 환영한다는 말을 한마디도 안 해서 실망스러웠지만, 적어도 내가 여기 있을 권리가 있네 없네 따지지는 않았다.

니콜라스가 이어서 말했다.

"기뻐할 만한 결과가 하나도 없기 때문에, 손을 써야 하는 상황입니다. 특히 경비 문제가 심각하니까 오늘 이 자리에서 시간을 많이 들여서라도 어떻게 비용을 절감할지 결정했으면 합니다."

와우, 단도직입적인데. 니콜라스는 자리에서 일어났다.

"내가 잠깐 자리를 비우는 동안, 제러미 전무이사가 이번 달 결과를 자세히 보고할 겁니다."

회의를 시작한 지 1분 만에 니콜라스가 회의실을 나갔다! 회의에 참석하는 일보다 더 중요한 일이 뭐가 있지?

제러미 하이드가 매출은 낮고 경비는 높은 부문에 초점을 맞춰 회계 결과를 보고했다. 매출이 예산보다 높은 부서에 대한 칭찬은 전혀 없었다. 프레젠테이션을 끝내면서 제러미는 비용 절감 문제를 꺼냈다. 제러미는 우리 회사가 올해 나머지 기간 동안 경비를 3% 줄여야 한다고 말했다. 그러더니 우리에게 비용 절감이 가능한 부문을 종이에 쓰라고 했다. 우리가 고개를 숙인 채 부지런히 쓰고 있는데, 니콜라스가 돌아왔다.

"도대체 뭐하는 겁니까?"

"비용을 절감할 부문을 적고 있었습니다."

제러미가 대답했다.

"시간 낭비 말고 집어치워요!"

니콜라스가 소리쳤다. 제러미가 움찔 뒷걸음질 쳤다.

"비용을 어떻게 줄일 수 있는지, 어디 내가 한번 얘기해볼까요? 모든 부서가 출장비를 15% 줄여야 합니다. 올해 나머지 기간 동안 교육훈련은 없습니다. 문구류와 출판물 경비도 줄여야 해요. IT에 대한 투자를 중단하고 IT 납품 업체들의 청구 대금을 초반에 점검해야 합니다. 실적이 아주 뛰어난 사람만 빼고 올해 임금을 동결하고요.

어떻게들 생각합니까?"

니콜라스가 탁자 쪽을 쭉 노려봤다.

휴가 펜을 만지작거리며 말했다.

"좋은 생각 같은데요. 교육훈련 프로그램을 연기하는 건 껌이에요. 사실, 몇몇 교육 강사 자리를 없애고 내년에 컨설턴트를 고용해도 됩니다. 임금 동결 문제는, 외부 시장도 둔화되고 있으니 직원들에게 다 외부 시장 때문이라고 얘기하면 됩니다. 시장 연동 임금 동결이라고 부르면 되겠네요."

니콜라스가 공감한다는 듯 고개를 끄덕였다. 경영진이 서로 자신의 생각을 주고받는 모습은 처음 봤다. 아주 흥미로웠다.

"IT 부서는 돈 먹는 데 1등이어서, 조금 괴롭혀서는 꿈쩍도 안 할 겁니다."

제러미가 지지의 말을 했다. 제러미가 자신이 관할하는 부서를 아주 부정적으로 말해서 놀랐다.

지금까지는 예스맨들이 한마디씩 거들었고 예스우먼도 재빨리 끼어들었다.

"출장은 주목할 만한 항목입니다."

맥신이 입술을 오므리며 말했다.

"회사 전체적으로 출장에 돈을 많이 쓰고 있고, 실제적으로 쓸데없는 출장도 일부 있거든요. 전 다음 달에 국제회의에 참가해야 하는데, 기꺼이 내년으로 미루겠습니다."

맥신은 거만한 표정으로 환하게 웃더니 회의실을 둘러봤다. 또 유리창에 비친 자기 모습을 한참 보고서 머리를 매만졌다. 30도 각도로 고개를 움직여 보다가 겨우 자기 모습에서 눈을 뗐다.

"좋은 의견 고맙습니다, 맥신 이사."

니콜라스가 내키지 않는 투로 말했다.

"예외적으로 꼭 가야 할 회의가 있다면 얘기하세요. 또 다른 의견이 있는 분?"

"여기 있습니다."

제임스가 손을 살짝 들었다.

"전 동의하지 않는데요. 우리가 임금을 동결하고 교육훈련을 다중단하면…….."

"제임스 이사가 그런 말 할 줄 알았어요."

니콜라스가 불쑥 끼어들었다.

"제임스 이사는 방해물이에요. 앞으로 나아가는 데 장애물이란 말입니다. 문제를 개선하려고 할 때마다 매번 당신이랑 논쟁하고 말다툼하고 다투고 토론하는 데 진절머리 나요. 그냥 잠자코 있어요, 제임스 이사."

나는 어떤 일이 벌어질지 무서워 의자 안으로 움츠러들었다. 제임스는 맹비난에도 불구하고 침착한 태도를 유지했고 표정에도 변화가 없었다.

"좋습니다, 사장님. 하지만 제 의견을 듣기 싫으면 처음부터 물어보지를 마세요."

니콜라스가 눈을 홉뜨고는 큰 소리로 한숨을 쉬었다.

"알았으니까, 어디 말해봐요."

"아까 말하는 중이었는데. 우리가 임금을 동결하고 교육훈련을 중단하면 직원들에게 극적인 메시지를 전달하는 꼴이 돼서 직원들이 잔뜩 겁먹게 됩니다. 그리고 실적이 아주 뛰어난 사람만 임금을 인상하면 회사 전체가 엄청나게 분열될 겁니다."

"아, 그래서 실적이 높은 사람들을 잘 관리하기 싫다, 이 말씀이구나. 당신은 최소 공통분모를 선택해서 다른 사람들의 수준을 죄다 떨어뜨리고 있어. 정말 생각이 좁아터졌군. 우리는 우리 스타들을 잘 돌봐야 한다고."

니콜라스가 붉으락푸르락한 얼굴로 씩씩대며 말했다.

"좋습니다, 사장님. 저한테는 의견을 묻지 말라니까요. 성과를 얻는 더 좋은 방법이 있긴 하지만."

"말 안 하려고요?"

니콜라스가 손을 재빨리 쳐들며 말했다.

제임스가 냉정을 잃지 않고 물었다.

"듣고는 싶어요?"

"알았으니까, 빨리 얘기해봐요."

니콜라스가 화난 목소리로 낮게 말했다.

제임스가 탁자에 앉은 사람들을 둘러봤다. 하지만 적개심에 불타는 그와 부딪치지 않으려는지, 대부분 고개를 숙이고 있었다. 라이언은 블랙베리 전화기를 만지작거렸는데, 틀림없이 이메일을 보내는 중일 것이다. 거스는 노트에 뭔가 끼적거렸다.

제임스가 손바닥을 펴고 말했다.

"회계 결과를 놓고 볼 때, 저는 경비를 전체적으로 3% 줄이면 올해 최종 결과는 괜찮을 거라고 추정합니다."

제임스가 말하는 동안, 니콜라스는 자리에서 일어나 보조 탁자로 가서 잔에 물을 따랐다. 니콜라스가 자리에 앉자, 거스가 일어나 똑같이 보조 탁자로 가서 잔에 물을 따랐다. 왜 똑같이 따라하는 거지? 궁금했다.

제임스가 주장을 이어갔다.

"영업 이외 부문에서 당분간 사람을 뽑지 않으면, 현재의 자연 감소율로 볼 때 경비의 상당 부분이 절약됩니다. 우리가 출장과 컨퍼런스 참가 사안을 재검토하고 제한하면, 약 1%의 경비가 절약됩니다. 직원 교육훈련에 대해선, 여기 있는 사람들 각자가 다음 주 동안 교육훈련 계획을 재검토해서 우선순위를 정하고 경비를 줄일 방안을 찾아 교육훈련을 전면적으로 중단하지 않도록 해야 합니다. 임금 문제에 대해서는, 직원들에게 우리가 비용을 검토하고 있고 경비를 3% 줄이면 올해 말에 정상적으로 연봉 협상이 이뤄진다고 얘기할 필요가 있습니다."

"이봐요, 제임스 이사."

니콜라스가 쌀쌀맞게 말했다.

"그러고 있을 시간이 없어요. 당신이 말한 방법이야 아주 훌륭하긴 한데, 시간을 너무 많이 잡아먹고 효과도 없다고요. 당신 방식대로 했다간, 몇 주 동안 시간만 낭비하고 여전히 지금처럼 막막할 겁니다. 됐고요, 결정 내렸습니다. 제러미가 삭감할 경비를 적은 쪽지를 여러분에게 나눠줄 겁니다. 여러분이 이 안을 전폭적으로 지지하길 바랍니다.”

니콜라스가 노려보며 말했다.

“반대하는 사람한테는 이렇게 말하고 싶네요. 다음 회의 때 이 자리에 없을 사람은 내가 아니라고.”

나는 니콜라스의 역겨운 행동이 도저히 믿기지 않았다. 저 인간이 자기가 원하는 바를 얻는 유일한 수단은 양아치처럼 사람을 괴롭히고 협박하는 것이다. 내 옆에서 거스가 뭐든 동의한다는 뜻으로 멍청하게 고개를 끄덕였다. 니콜라스는 계속해서 떠들었다. 제러미는 일어나서 화이트보드에 뭔가를 적었다.

니콜라스가 탁자에 손바닥을 대고 팔을 쫙 편 채 말했다.

“자, 추진했으면 하는 일이 또 있습니다. 영업부가 아닌 직원들을 영업부로 전직시켜 영업사원 수를 늘리고자 합니다.”

제임스가 이의를 제기하려고 했지만 니콜라스가 손을 들고 노려봤다.

“이 배치전환은 추진할 거니까 토론 따위는 필요 없어요.”

문을 두드리는 소리가 났다.

“들어와요.”

니콜라스가 빽 소리를 내질렀다. IT 부서의 제니스 워터스가 고개를 빼꼼 내밀었다.

“제니스, 무슨 일이에요?”

니콜라스가 시계를 보며 짜증스럽게 말했다.

제니스가 조심조심 회의실로 들어왔다.

"새로운 판매 추적 시스템의 최신 내용을 임원 분들에게 알려드리라고 해서요."

"보류해요."

니콜라스가 톡 쏘아붙였다.

제니스가 잘못 알아듣고 말했다.

"나중에 다시 올까요?"

"아니요, 그 프로젝트 전체가 보류됐다고요. 중단시키려던 참이었어요. 제러미 전무이사가 나중에 알려줄 겁니다."

제니스는 무척 당황해하며 회의실을 나갔다. 제니스가 안됐다. 꼴사나운 짓거리, 작은 히틀러가 진행하는 쇼, 대다수 부하들의 구역질나는 알랑방귀를 보고 있자니 창피했다. 회장인 존 스콰이어스는 이 사실을 알아야 한다. 존에게 얘기하는 사람이 아무도 없나? 존은 관심이 없나?

"회의를 계속하겠습니다."

니콜라스가 좀 진정된 목소리로 말했다.

"다음은 임원 코치 프로그램 건인데, 우리 영업서비스부 이사들은 전원 참가했으면 합니다. 자세한 내용은 휴 이사가 알려줄 겁니다. 난 잠깐 볼일이 있어서."

휴는 머지않아 시작되는 코치 프로그램을 설명하려는데 상사가 별 관심을 보이지 않자 실망한 기색이었다. 프로그램은 첫 단계에서 코치와 일대일로 검토하고, 뒤이어 니콜라스와 검토한 다음 계속 진행된다고 했다.

"아주 간단하죠."

니콜라스가 회의실로 성큼성큼 들어와 대화를 꿰차며 말했다.

"존 회장과 난 우리가 능력이 뛰어난 경영진이라는 사실을 분명히 하길 원해요. 우린 여러분의 강점과 약점을 잘 파악하고 싶습니다."

"개발 부문이요."

휴가 끼어들었다.

"뭐라고요? 무슨 말 하는 겁니까?"

니콜라스가 당혹스러운 표정으로 말했다.

"개발 부문이 약하다고들 하잖습니까."

"여하튼."

니콜라스가 손을 내저으며 말했다.

"코치 이름은 빌 와트만입니다. 빌과 난 오래전부터 알고 지낸 사이예요. 휴 이사가 빌 연락처를 알려줄 겁니다. 빌이 여러분 전화를 기다리고 있어요. 엿새 안에 빌을 꼭 만나세요. 할 말 있나요?"

"네, 질문 있습니다."

제임스가 굴하지 않고 말했다.

"이 프로그램에 돈이 얼마나 들죠? 비용 부담을 고려해서, 다음 회계 연도까지 미뤄도 되지 않나요?"

"또 또 편협하고 좁아터진 생각이군."

니콜라스가 화를 내며 소리 질렀다.

"이런 식으로 당신이랑 얘기하는 데 정말이지 신물이 나. 당신에 대한 평가 보고서를 빌이 어떻게 쓸지 정확히 알겠어. 방해꾼, 고집 불통, 협동심 부족. 경영진이 회사에 미치는 영향력을 높여줄 전략상 중요한 계획이라서 안 돼요. 미루면 안 됩니다."

"좋습니다, 사장님. 제 의견을 듣기 싫으면 처음부터 물어보지를 마세요."

제임스가 침착하게 말했다. 제임스 때문에 내 심장이 벌렁거렸다. 제임스가 계속 자기 생각을 말할 필요가 있을까? 온갖 모욕을 감수할 가치가 있나? 제임스의 용기가 존경스러웠지만, 순교에 가까운 행동이다.

"알았으니까, 코치에 대해 더 할 말 없으면, 다시 말하는데, 앞으로 엿새 안에 빌을 꼭 만나세요."

거스가 보조 탁자로 가서 잔에 또 물을 따랐다. 이번에는 두 잔을 갖고 자리로 돌아왔다. 하나는 본인 것, 다른 하나는 상석에 앉은 니콜라스 것이었다. 니콜라스가 물 마시고 싶다는 신호를 보낸 적이 없는데!

니콜라스는 다음 안건인 '사원 여론조사 건'으로 넘어갔다. 휴가 그레이스 리스를 회의실로 불렀다. 휴가 안건을 소개했다.

"다양한 주제에 대한 직원들의 의견을 평가할 수 있는 설문조사를 해보자고 그레이스가 제안했습니다. 우리 임원들에게 이 안을 검토하도록 오늘 와달라고 제가 요청했습니다."

라이언은 블랙베리 전화기를 한쪽에 내려놓았고 거스는 펜을 집어 들었다. 맥신은 창문 밖을 빤히 바라봤는데, 아마도 유리에 비친 자기 모습을 보는 듯싶었다.

그레이스가 회의실을 둘러본 다음 자신감 있게 프레젠테이션을 시작했다.

"저는 직원들의 생각을 이해하고 회사에 대한 헌신성을 높일 가능한 조치를 취하고자 직원 설문조사를 해보자고 제안하는 바입니다. 우리는……."

"뭐 때문에 우리 직원들이 헌신적이지 않다고 생각하죠?"

니콜라스가 끼어들었다.

"헌신적이지 않다는 말이 아닙니다."

그레이스가 공손하게 대답했다.

"더 정확히 말하면, 직원들이 뭘 제일 중요하게 생각하는지 모른다는 뜻입니다. 전 우리가 그걸 알 필요가 있다고 말씀드리는 겁니다. 직원들이 긍정적으로 생각하는 부분은 계속 유지하고, 별로 탐탁지 않게 생각하는 부분은 적절한 조치를 취할 필요가 있습니다."

"그레이스, 난 그레이스가 정말 중요한 일에나 신경 썼으면 좋겠네요."

니콜라스가 퉁명스럽게 말하더니 휴를 돌아봤다.

"휴 이사, 진짜 허접하기 그지없는 생각이군요. 당신 부서는 왜 우리가 했으면 하는 일은 안 하는 건데요?"

"그게, 저도 정말 100% 같은 생각인데요."

멍청한 겁쟁이 같으니. 마커스랑 친구하면 딱이겠네.

"그레이스가 설문조사를 해야 한다고 하도 졸라서요. 그래서 오늘 회의 때 말해보라고 한 겁니다."

휴가 그레이스를 돌아봤다.

"대답은 '아니다' 같죠, 그레이스."

아무도 말이 없었다. 그레이스는 고개를 숙인 채 서류를 챙겨서 나갔다. 그레이스는 여기에 1분도 채 있지 않았다. 그레이스가 다른 아이디어를 제안하려면 시간이 얼마간 걸릴 테고, 용감하게 다시 임원 회의에 오려면 훨씬 더 걸리겠지. 불쌍한 그레이스.

"자, 이제 끝냅시다."

니콜라스가 명령했다.

"중요하게 전화할 데가 있어요. 다른 안건들은 다음 회의 때까지 미루죠. 다음번에는 우리를 만나려고 밖에서 기다리는 사람이 있으면 미리 알려줘요."

니콜라스가 회의실을 나갔고 나머지 사람들도 따라 나갔다.

나는 제임스를 따라가서 그의 사무실까지 같이 갔다. 우리는 얘기를 나눌 만한 회의실을 찾았다.

"제임스, 제발 니콜라스의 행동을 납득이 가게 설명해주세요. 너무 무례한 데다가, 또 회의실은 왜 그렇게 들락거린데요?"

"아주 단순해요, 정말로."

제임스가 시무룩하게 고개를 지으며 말했다.

"니콜라스는 자기가 다른 사람들보다 훨씬 중요하고 똑똑한 사람이라고 생각해요. 다른 사람의 조언 따윈 필요 없죠. 존이 원해서 회의를 주재하긴 하지만, 니콜라스는 전혀 중요하게 생각하지 않아요. 자기한테 더 나은 방법이 있다고 늘 생각해요."

"제임스는 왜 거리낌 없이 자기 생각을 계속 말해요? 니콜라스가 잡아먹을 듯 비난하리라는 걸 뻔히 알잖아요."

제임스가 이마를 문질렀다.

"난 그냥 최선을 다해서 일하고 싶을 뿐이에요. 그러려면 내 생각을 남한테 얘기해야죠. 그 때문에 보복당하는 거고요. 그리고 계속 날 괴롭히도록 내버려두지 않을 거예요."

"제임스의 용기가 존경스럽지만, 그만한 가치가 있는지 잘 모르겠어요."

"나 자신에게 부끄럽지 않으려는 거고, 그뿐이에요."

"하지만 니콜라스가 무섭지 않아요?"

"아니요."

제임스가 어깨를 으쓱했다.

"니콜라스가 너무 열 받아서 제임스를 해고하면요?"

제임스가 눈을 가늘게 떴다.

"맞아요, 결국엔 해고하겠다고 위협하겠죠. 내 월급을 결정할 권한을 갖고 있는지는 모르겠지만, 그 인간한테 영혼을 팔지는 않을 거예요. 어쨌든, 존이 있는 동안에는 날 자를 순 없어요. 뭐, 존이 그만두면 그 다음에 떠나는 버스에 올라탈 생각이에요. 내 엉덩짝에 니콜라스의 신발 자국이 딱 박히겠죠!"

집중 포화

사장이 내 프로젝트 진행 상황에
전혀 감동받지 않아서 계속 기분이 안 좋았지만, 나는 많은 가정들
을 다시 논의하고 샐리 모턴과 더 많은 시간을 들여 외부 상황을 조
사했다. 이 조사는 시장에 대한 나의 애초 평가와 전체적인 전략 방
향을 여전히 뒷받침했다. 또 인류학적 연구 덕분에 우리나라 고객들
이 '서비스'라는 단어를 어떻게 생각하는지에 관해 놀라운 사실이
드러났다. 돌파구가 될 만한 내용이었다.

우리는 마커스에게 이런 결과들을 보고하려 했지만 소용없었다.
겨우겨우 30분쯤 시간을 얻어 마커스를 만났지만, 세부 내용에는 관
심도 없고 듣지도 않는 듯했다. 마커스는 펜을 돌리며 엉뚱한 질문
만 해댔다. 마커스는 외부 조사로 얻은 예비 결과들을 내가 고위임
원 업무회의에서 발표해야 한다고 우겼다. 윽, 안 돼, 혹평을 퍼붓는
청중은 싫어. 하지만 마커스는 해결책을 실행하기 전에 조사 결과들

을 시험해보고 싶어 했다. 또 내가 인류학 연구를 설명하기를 원했
는데, 본인은 그 방법을 확신하지 않아서였다.

나는 정성 들여 프레젠테이션을 준비했다. 이 방안의 신뢰성, 그에
따른 내 평판은 설득력 있는 발표에 달려 있다. 니콜라스의 생각도
바꿔놓아야 한다. 최근 임원회의에서 본 쓴맛이 아직도 입 안에 남
아 있었다. 분명히 힘든 시간이 되겠지.

프레젠테이션을 다시 살펴보고 아수라장인 마음을 애써 무시하
며, 회의실 밖에서 1시간쯤 기다렸다. 드디어 나는 회의실로 들어갔
고, 마커스가 논의 주제를 소개했다.

"로렌은 우리 회사의 마케팅 전략, 브랜드, 제품, 서비스를 재검토
하는 계획과 관련된 조사를 진행 중입니다. 로렌, 말씀하세요."

내 조사를 지지하는 언사가 전혀 없어서 실망스러웠다. 겁쟁이 마
커스.

"고맙습니다, 이사님."

나는 회의실에 있는 사람들을 쭉 둘러봤다.

"그리고 이렇게 아침에 새로운 소식을 전할 기회를 주셔서 감사드
립니다. 우리 회사의 제품과 서비스에 대한 조사와 그 조사의 초기
결과를 15분 동안 말씀드리려고 합니다."

회의실을 둘러보니 기쁘게도 맥신이 없었다.

마커스가 니콜라스 쪽으로 몸을 기대고 뭐라 수군대서, 그쪽으로
바로 신경이 갔다.

"실례지만, 마커스, 로렌 얘기에 집중을 못하겠네요."

제임스가 말했다.

"미안합니다."

마커스가 뻔뻔스럽게 대답했다. 내가 다시 발표를 시작했다.

"말씀드렸다시피, 이것은 우리 회사 마케팅 전략 조사의 최신 정보입니다. 핵심 고객들과 그 외 이해관계자들의 생각을 조사하기 위해 컨설턴트를 고용했습니다."

"이해관계자들은 누굴 말합니까?"

상석에 앉은 니콜라스가 끼어들었다.

"납품 업체, 정부 기관, 사회적 경제적 정책에 영향을 미치는 조직들을 말합니다."

"왜 굳이 그 사람들까지 포함시키죠?"

"경제적 사회적 변화를 완벽하게 이해해서 미래에 대한 신뢰할 만한 전망을 갖는 건 중요하다고 봅니다."

"난 그렇게 보지 않아요. 우리는 늘 그러듯이 고객들한테만 충실하죠."

니콜라스는 질문을 평서문처럼 했다.

"단지 우리가 거래하는 시장만이 아니라 우리 고객들이 거래하는 시장, 그리고 다음 10년 동안 그 시장이 어떻게 변할지 이해하는 게 중요하다고 생각합니다. 그러면 경쟁사들보다 먼저 시장의 변화를 예측할 수 있습니다."

"로렌 지적이 타당한데요."

제임스가 말했다.

"연구원한테 얼마나 줬죠?"

니콜라스가 물었다.

"하루에 2천 달러쯤 됩니다."

"싸네. 너무 싸. 쓸모없거나 멍청한 놈이겠군."

니콜라스가 냉소적으로 웃었다.

"뛰어난 전문가이고, 이 일에 아주 적격이고, 무척 유능한 '여성' 분입니다."

나는 내 말이 힘 있게 들리게끔 노력했다. 니콜라스의 공격 때문에 긴장했는지 심장이 마구 뛰었다.

"샐리 모턴은 그 분야에서 높이 평가받는 분이에요. 사실, 샐리랑 일하는 건 우리로서는 행운입니다. 미래지향적인 제 제안 때문에 우리랑 같이 일하기로 한 겁니다. 샐리의 인건비가 안 비싼데, 그건 혼자서 일하고 간접비가 낮기 때문이에요."

이쯤 되자 다른 사람들은 또 정신을 딴 데 팔고 있었다. 휴와 제러미는 한쪽에서 자기들끼리 얘기 중이고 거스는 노트에 낙서하고 있었다. 라이언은 문자를 보내는 중이었다.

"뭐가 미래지향적인데요?"

니콜라스가 심문했다.

"저희 조사에는 우리나라 문화에서 사람들이 서비스의 개념을 어떻게 생각하는지 연구하는 내용도 들어 있거든요."

나는 드디어 핵심 주제에 들어간다는 생각에 기뻤다. 그러나 희망적인 관측은 바로 깨졌다.

"뭐요?"

니콜라스가 불만스러운 듯 말했다.

"나중에 다시 말씀드릴게요."

나는 우선 연구 방법의 개요를 설명하기로 했다. 회의실을 둘러봤다. 제임스만 빼고 아무도 주목하지 않았다.

"계속하겠습니다."

나는 최대한 권위 있게 말했다.

"저희는 조사를 시작했고, 조사 방법에는 300명의 사람들을 만나는 것도 포함돼 있습니다."

니콜라스의 공격 방법을 그대로 따라하듯 제러미가 사람 말을 잘랐다.

"300명이라고요! 그게 말이나 됩니까? 그렇게 많은 고객들이랑 애기할 필요는 없어요."

"맞습니다."

니콜라스가 동의했다.

"마케팅 조사는 잘 모르지만, 나 같은 사람도 300명은 너무 많다는 생각이 드네요."

휴가 팔짱을 낀 채 맞장구를 쳤다.

"로렌 애기를 다 들은 다음에 질문하면 안 되나요?"

제임스가 관자놀이를 문지르며 대화를 중단시켰다.

나는 도움의 눈길로 마커스를 봤지만, 마커스는 동상인 척하며 무표정한 얼굴로 있었다. 나는 꾹 참고 계속 발표했다.

그다음 10분 동안 나는 300명이 단지 고객이 아니라 지역 사회의 광범위한 부문에 있는 사람들이라고 열심히 설명했다. 우리 문화에서 서비스가 무엇을 의미하는지 밝히는 것이 조사 목적이기 때문에, 모든 영역의 사람들에게서 조언을 들어야 한다. 우리는 열 군데 작업장에서 30명씩 만날 계획이다.

하지만 공격은 더 심해져, 모든 방향에서 독화살 같은 도전장이 날아왔다. 로렌을 마음대로 사냥할 수 있는 시간 동안, 다들 남보다 더 열심히 사냥하려고 애썼다.

"포커스 그룹(시장 조사나 여론 조사를 위해 각 계층을 대표해 뽑힌 소수 사람들)으로 30명은 너무 많아요."

제러미가 소리쳤다.

"고객들만 인터뷰하면 된다니까요."

휴가 고함쳤다.

"어쨌든 우리는 '서비스'가 뭔 말인지 알잖아요."

라이언이 거만하게 말했다.

나는 녹초가 됐다. 청중이 어찌나 비판을 잘하고 공격적인지 모른다. 이 사람들은 내 얘기를 제대로 듣지 않아 샐리와 내가 이미 시작한 과정을 이해하지 못했다.

"로렌, 그만 정리해야겠어요. 오늘 회의에서 나온 의견들이 도움이 됐으면 좋겠군요."

니콜라스가 말했다.

내가 달리 할 말이 있겠어?

"질문이 많네요. 샐리 모턴이랑 오늘 나온 질문들을 검토해서 이번 주말에 다시 찾아뵙겠습니다."

나는 마음을 진정시키려고 애쓰면서 말했고, 적어도 공격이 끝난 듯해서 안심이었다.

나는 전투로 몹시 지친 몸을 이끌고 회의실을 나갔다. 제임스가 동정어린 웃음을 지으며 니콜라스의 어깨 너머로 '잘 싸웠어요'라고 입 모양만으로 말하는 모습이 언뜻 보였다.

독이 든 편

다음 날 샐리 모턴과 내용을 다시 점검하고 나니, 비로소 임원들이 던진 질문 세례에 답할 수 있었다. 지체 없이 질문에 답하고 임원들이 우리의 조사를 안심하고 신뢰하도록, 질문 공세가 있은 지 이틀 뒤인 수요일에 이메일을 보냈다.

임원 여러분, 안녕하세요.

저는 샐리 모턴과 이야기를 나누면서 고위임원 업무회의에서 제기된 조사 방법에 관한 질문들을 물어보았습니다. 샐리는 질문을 모두 검토했고 저희가 착수한 연구법이 적절하고 신뢰할 만한 방법이며 프로젝트 예산 범위 내에서 진행 가능한 방법임을 확신했습니다. 아래는 제기된 질문들의 답변입니다.

질문 1 : 방법론의 배경

답변 : 샐리는 입증된 방법론, 즉 다른 조사에서 증명된 방법을 따릅니다. 샐리는 이 방법을 수없이 사용해 좋은 결과를 얻었습니다. 전형(典型) 연구, 즉 인류학 연구의 수많은 주요 사례들은 독특한 통찰력을 제공해, 자동차와 아이스크림부터 청과물과 장난감에 이르기까지 다양한 산업의 기업들에 기여했습니다.

질문 2 : 300명이 적절한가?

답변 : 네. 결정을 내리기에 충분한 결론, 즉 신뢰할 만한 결론을 보장하기에 300명은 적절한 수입니다.

질문 3 : 그룹의 수가 30명이 적절한가?

답변 : 네. 워크숍의 운영 방식으로 볼 때, 30명은 관리하기가 쉽습니다. 이런 연구법으로 사람들의 관심을 사로잡고 한 사람도 빠뜨림 없이 조언을 구할 수 있습니다. 더 많은 사람들로 이뤄진 더 작은 그룹은 시간과 컨설턴트 수수료를 줄일 수 있지만, 더 적은 사람들로 이뤄진 더 큰 그룹은 그것이 불가능합니다.

질문 4 : 조사 기간을 3개월 미만으로 줄일 수 있는가?

답변 : 아니요. 순서대로 추진하는 단계가 있기 때문에, 3개월이 현실적인 기간입니다. 기간을 줄이려면 자원을 추가로 배치해야 하지만 실현 가능할지 여부는 모르겠습니다.

질문 5 : 하나의 프로젝트에서 모든 단계를 정말로 소화할 수 있는가?

답변 : 네. 정보를 추출하기에 용이하도록 워크숍을 조직하기 때문입니다. 특정 이해관계자가 어떤 생각을 하든 포착할 수 있습니다.

질문 6 : 고객 이외의 사람들을 인터뷰할 필요가 있는가?

답변 : 네. 어떤 개념의 문화적 의미에 대한 근거가 확실하려면, 지역 사회의 광범한 부문을 포함시켜야 합니다.

제 메일이 제기된 질문에 대한 충분한 답변이 되었으면 합니다. 다른 질문이나 하실 말씀이 있으면 알려주십시오.

로렌 드림.

다음 날 아침 이메일을 확인해보니, 제임스한테서만 답장이 왔다. 제임스는 답변들이 훌륭했고 자기가 볼 때는 내가 연구를 계속해야 한다고 했다. 이상하게도, 하루가 다 갈 때까지 다른 사람들은 답장이 없었다.

금요일 아침, 마커스가 사무실로 오라고 명령했다. 그것도 지금 당장. 마커스의 말투가 왠지 불길했다. 에밀리와 샌드라에게 관제센터로 불려 간다는 신호를 재빨리 보냈다.

"로렌, 그 이메일 가지고 얘기 좀 합시다."

마커스가 잡아먹을 듯 말했다.

마커스는 성난 투견처럼 금방이라도 공격할 기세였다.

"이 층 사람들이 그 이메일을 뭐라 합디다. 건방지다고요."

마커스가 노려보며 말했다.

나는 놀라서 아무 말도 못한 채 다음 말을 기다렸다. 마음을 추스르고 숨통이 다시 트일 시간이 필요했다.

"뭐가 문제인데요?"

나는 겨우 입을 열었다.

"짜증이 확 납디다. 니콜라스도 그랬대요."

"정확히 뭐 때문에요?"

도저히 믿기지 않는다!

"그 말투 때문에요."

"어떤 말투요?"

내가 소리쳤다.

"고위 임원들에게 버릇없고 무례하게 구는 말투요."

마커스는 책상 가장자리에 걸터앉았다.

"이사님, 전혀 이해가 안 되는데요. 무슨 말씀을 하시는 건지."

나는 숨을 돌리고 마음을 가라앉히며 말했다.

"경영진이 제기하는 질문이 부적절하다고 생각하는 그 태도가 건방지다고요."

"하지만 그런 생각은 조금도 해본 적 없어요. 샐리와 질문들을 확인한 다음에, 걱정을 덜어줄 답변을 적었을 뿐이에요. 제가 어떻게 써야 한다고 생각하시는데요? 제 이메일에는 무례하다고 할 만한 내용이 전혀 없단 말이에요.”

“저기, 이 층 사람들이 탐탁지 않아 해요. 자리로 돌아가요. 나중에 얘기합시다.”

나는 충격을 받은 채 자리를 떴다. 나는 버릇없는 여학생으로 묵살당했고, 내가 보기에 유용하고 걱정을 덜어줄 것 같았던 이메일에 대해 전혀 다른 반응이 나타나자 완전히 충격을 받았다.

자리에 돌아오니 니콜라스한테서 이메일이 와 있었다.

로렌,

오늘 아침에 로렌의 메일을 다시 읽었습니다. 이 말은 해야겠는데, 나는 우리 고위 임원들의 모든 우려가 그 즉시 묵살돼서 극도로 짜증이 납니다. 이 문제에 대해 샐리 모턴에게 더 물어보고 싶군요. 우리가 했던 얘기가 이 프로젝트에 전혀 도움이 되지 않았다는 사실을, 나는 절대 못 받아들이겠습니다. 이 문제를 로렌과 논의하고 적절한 다음 단계가 뭔지 계획하는 일은 마커스에게 맡기겠습니다.

니콜라스.

가슴이 덜컥 내려앉고 창자도 함께 내려앉았다. 어깨가 축 늘어졌다. 순수한 내 이메일이 어쩌다 이렇게 걷잡을 수 없이 잘못 해석됐지? 니콜라스의 메일을 몇 번이나 다시 읽었지만, 읽을 때마다 감정만 더 상했다.

니콜라스가 이메일을 '모든 사람에게 답장'으로 보내서, 나한테 쓴 답장을 경영진 전체가 읽었을 것이다.

메일이 또 왔다. 이번에는 제러미한테 온 메일이었는데, 제러미도 나머지 사람들에게 동시에 보냈다.

서면으로 된 제안서를 보고 싶고, 샐리 모턴이 임원회의에 참석해 어떻게 해서 이런 답변이 나왔는지 직접 설명해주기를 바랍니다.

제러미.

휴도 비슷한 답장을 보냈다. 맥신은 그날 회의에 참석하지 않아서 브리핑을 요청했다. 라이언은 '내가 원하면' 조사 방법론을 이해하는 데 도움을 주겠다고 제안했다. 눈물 날 정도로 고맙네요! 이 인간들은 상처 입은 동물을 공격하는 개떼 같다. 경영진을 안심시키고 질문에 지체 없이 답하려던 내 순수한 의도가 터무니없이 왜곡됐다. 답장이 없는 거스가 도리어 고마웠다.

나는 탄력을 받은 연구의 여세를 몰아가고 싶은 마음이 정말 간절했다. 내가 의뢰한 조사는 신선하고 흥미롭다. 가능성이 엄청난, 완전히 새로운 연구법이다. 인류학을 기반으로 조사를 실시한 회사는 몇 안 되고, 더군다나 우리 분야에서는 한 군데도 없다. 연구를 실시한 회사들은 그것을 통해 엄청난 이득을 봤다. 나는 이런 가능성에 흥분했고 남들도 나처럼 흥분할 줄 알았다. 하지만 단순한 일이 엄청나게 복잡한 일이 돼버렸다. 아마도 임원들은 내가 못 미더운가 보다.

제임스가 내 자리로 왔고 우리는 같이 회의실로 갔다. 제임스는 나를 위로하고 안심시키려 애썼고, 분명 연구법에 오해가 있다고 장담했다. 그리고 며칠이 지나면 다 잠잠해질 테고 사람들은 더 중요한 문제에 신경 쓸 것이라고 했다. 나도 힘들지만 제임스처럼 생각해보려고 했다.

일이 끝날 때까지 고민하고 또 고민하다가, 퇴근하기 전에 용기를 내서 니콜라스에게 답장을 보냈고 복사해서 다른 사람들에게도 보냈다.

사장님,

저는 경영진이 제기한 문제들의 우려를 해소하기 위해 모든 질문을 자세히 검토했습니다. 샐리 모턴은 기꺼이 회사에 방문해 더 자세한 설명을 해줄 것입니다. 언제가 적절할지 알려주시기 바랍니다.

로렌 드림.

바로 컴퓨터를 끄고 서둘러 퇴근했다.

꼬투리

　　　　　　　그다음 몇 주 동안은 방해 없이 프로젝트 일을 할 수 있었다. 방법을 놓고 크게 소란이 있었지만 나는 내 식대로 하기로 결심했고, 샐리와 나는 인류학적 방법으로 조사를 잘 진행했다. 우리는 할로우 케인의 고객 서비스를 개선할 아주 귀중한 정보를 얻었다. 그리고 매우 중요한 일을 서로 즐겁게 할 수 있었다.

　어느 날 오후, 퇴근할 무렵에 벤이 내 자리로 와서 책상에 몸을 기대고 이솝우화를 건넸다.

　"다 읽었어요."

　벤이 환하게 웃었다.

　"재미있었어요?"

　"아주요! 이솝우화가 회사 생활이랑 얼마나 비슷하던지 소름이 쫙 돋던데요. 근데 책을 좀 망가뜨려서 미안해요."

　"괜찮아요."

사실, 남편의 어린 시절 추억이 담긴 책을 예의 없이 잔뜩 접어놓아서 좀 짜증이 났다. 접힌 모서리를 보니, 벤이 책을 잘 활용한 모양이다. 나는 기억을 되살리면서 책을 대충 휙 넘겨봤다. 좋아하는 많은 우화들을 보니 웃음이 났다. 벤은 포스트잇을 몇 군데 그대로 붙여 두었다. 나는 책을 가방에 넣었다.

"난 퇴근할게요. 전에도 말했지만, 책 빌려 줘서 고마워요."

"나도 곧 퇴근하려고요."

벤은 서류 가방을 팔에 낀 채 엘리베이터 쪽으로 갔다. 나는 오늘 처리한 업무에 흡족해하며 컴퓨터를 껐다.

차에 갔더니 마침 제임스 스완이 걱정스러운 얼굴로 지나가고 있었다. 처음에 제임스는 별일 없다고 했지만, 괴로운 일이 있었다고 결국 털어놓았다. 우리는 커피숍에 가서 얘기를 나누기로 했다. 하지만 제임스는 콜럼비아스보다 더 멀리 있는 커피숍에 가고 싶어 했다. 나는 남편에게 전화해서 제임스를 만나느라 늦으니까 저녁을 대신 준비해달라고 부탁했다.

우리는 차를 타고 근처 카페에 갔다. 종업원들이 저녁식사 준비를 하느라 시끌벅적했지만, 근처에 커피 마실 데라고는 거기밖에 없었다. 커피를 주문한 다음, 나는 제임스에게 무슨 일인지 물었다.

"니콜라스가 우리 임원들한테 코치를 만나라고 한 거, 기억하죠?"

나는 고개를 끄덕였다.

"실은, 오늘 빌 와트만이랑 면담이 있었는데요."

제임스는 입술을 깨물었다.

"인성 검사를 시키고, 가정환경이랑 하고 있는 일을 꼬치꼬치 묻더라고요."

제임스는 우거지상을 했다.

"면담을 끝내면서 빌이 결과를 알려줬는데, 정말이지 충격이었어요."

"왜요?"

제임스를 훌륭한 지도자 말고 달리 평가할 사람이 있을까?

"그게, 빌이 평가를 시작하면서 이렇게 말하는 거예요. '솔직하게 말하는 편이 낫겠군요.' 아주 불길했죠. 빌은 무슨 얘기를 하려는지, 사람을 계속 궁금하게 만드는 거예요."

커피가 왔다. 종업원이 자리를 뜰 때까지 제임스는 잠시 말을 멈췄다.

"빌은 자기가 생각하기에, 내가 평균 이하의 지도자래요."

"말도 안 돼!"

"좋은 얘기도 있긴 있었어요. 나보고 똑똑하고 창조적 사고를 가진 데다 강하대요. 그래서 내가 그랬어요. '좋은 얘기네요. 나도 내가 상상력이 풍부한 사람이라고 늘 생각하거든요.' 그랬더니 뭐라는 줄 알아요?"

제임스는 고개를 저었다.

"빌이 그랬어요. '상상력이 풍부한 사람으로 전혀 보이지 않아서, 난 놀랐는데요.' 그게 말이 돼요?"

"어떻게 생겨먹어야 상상력이 풍부한 건데요?"

나는 고개를 저으며 말한 뒤, 커피를 조금 마셨다.

"그런 다음에 리더십 얘기를 하면서 나보고 평균 이하라고 하더군 요."

"그건 그 사람 평가죠."

제임스는 오른쪽 주먹을 들었다.

"야구방망이로 배를 얻어맞은 느낌이었어요."

제임스는 주먹으로 다른 손을 때렸다. 퍽!

"부하 직원들이 기대 이상으로 일을 하도록 내가 도전 의식을 북 돋우지 않는다나요."

나는 잔을 떨어뜨릴 뻔했다.

"어처구니가 없다. 제임스, 코치라는 작자한테 말했어요? 제임스 가 격려하고 지지해주지 않았으면 지금까지 한 일의 절반도 못했을 거라고 부하 직원들이 말한다고요?"

제임스가 고개를 끄덕였다.

"말했죠. 우리 직원들이 한 말을 그대로 전했어요. 빌은 면담하는 동안에는 그런 질문을 전혀 안 했거든요. 빌한테 얘기했죠. 당신이 물어만 봤어도, 우리 직원들 말을 내가 틀림없이 했을 거라고요!"

제임스는 잔을 한쪽으로 밀었다.

"아무튼, 나에 대해 말도 안 되는 얘길 많이 했어요. 인정머리가 없다, 사람들이랑 잘 못 지낸다 등등."

"그래서 뭐라고 했어요?"

내가 깜짝 놀라며 물었다.

"그런 얘기를 하나하나 따지면서, 우리 직원들이 그동안 나에 대해 어떻게 얘기했는지 고대로 전해줬죠. 빌이 면담하면서 나를 평가하는 기준이 됐던 핵심 주제에 대해 물어만 봤어도, 난 다 말했을 거예요. 완전히 사기당한 느낌이라니까."

제임스는 허공을 멍하니 바라봤다.

"그리고 동료들과의 관계는 짬뽕돼 있대요. 일부 사람들하고는 친한데 다른 사람들하고는 서먹서먹하다면서."

제임스가 크게 웃음을 터뜨렸다. 제임스도 나도 마커스, 제러미, 맥신, 라이언, 거스, 휴를 떠올렸다!

"뭐, 그 점은 동의할 수밖에 없었죠. 아무튼, 빌이 말한 문제점들을 하나하나 따지면서 증거를 대라고 했어요. 빌은 논쟁을 달가워하지 않는 것 같더라고요."

제임스는 지쳐 보였다.

종업원이 잔을 치우고 또 주문할지 물었다. 우리는 커피 말고 물을 부탁했다. 물은 셀프서비스라며 종업원은 물통을 가리켰다. 나는 벌떡 일어나 컵 두 개에 물을 가득 따라 왔다.

"빌은 내가 피드백을 원하지 않는대요. 어떻게 아냐고 내가 물었죠. 그리고 내가 그랬어요. '이렇게 하면 어떨까요? 지도자로서 내 자질을 어떻게 생각하는지 우리 직원들한테 물어서 피드백을 해보면 어때요? 우리 직원들이 친구나 가족한테 나를 어떻게 말하는지 물어보면 어때요?' 그랬더니 빌은 나에 대한 평가에 이의를 제기하는 거냐고 묻더군요. 내가 그랬죠. '당신이 말하는 내용은 실제 상황과 완전히 다릅니다.' 빌이 안 좋아하더군요."

제임스는 노트를 덥고 물을 조금 마셨다.

"이게 오늘 일어난 일이에요, 로렌."

제임스가 이야기를 끝맺었다.

일찍 저녁을 먹는 사람들이 밀려들기 시작했다. 희미하게 웅성거리던 소리가 이내 테이블을 세팅하는 소리로 바뀌었다.

나는 제임스를 빤히 바라봤다.

"제임스, 한마디만 하면요, 코치 평가는 정말 완전히 얼토당토않은 얘기예요. 사람들이 제임스를 어떻게 얘기하는지 알잖아요. 좋은 사람이고 훌륭한 지도자라고들 해요. 사람들은 모범적인 상사의 사례로 늘 제임스를 들어요."

"아내도 비슷한 말을 하긴 하던데. 평가가 터무니없고, 코치가 언제나 100% 정확할 수는 없다고요."

제임스가 확신 없는 목소리로 중얼거렸다.

"제임스가 훌륭한 지도자라는 걸 보여 주는 증거가 얼마나 많은데요. 나는 당장이라도 제임스랑 일하고 싶은걸요. 그리고 부하 직원들의 실적도 좋잖아요. 그게 증거죠."

"빌은 그런 걸 안 물어보더라고요."

"무슨 말이에요? 영업 실적을 안 물어봐요?"

"네, 우리 부서의 실적이 어떤지 물어보지도 않았어요."

제임스가 녹초가 돼서 말했다.

그 얘기에 나는 화가 났다. 빌이 어떤 사람인지 모르겠지만, 내가 좋아하는 부류는 분명히 아니다. 속상해하는 제임스를 위로하려고 최선을 다했지만, 효과가 없었다.

갑자기 머릿속에서 뭔가 퍼뜩 떠올랐다.

"다르게 해석할 수도 있어요."

나는 새로운 사실을 발견해 기뻐하며 말했다.

"어떻게요?"

제임스가 기대에 차서 물었다.

"아마도 빌이 생각하는 리더십 모델은, 제임스 같은 장점과 능력을 지닌 지도자와는 다를지도 몰라요. 아마도 훌륭한 상사를 보고도 못 알아봤는지도 모르죠!"

제임스의 얼굴이 밝아졌다.

"고마워요, 로렌. 훌륭한 의견인데요!"

"그리고 자신을 변호한 건 잘한 일이에요. 나라면 논쟁의 '논' 자도 못 꺼냈을 걸요. 서로 언성을 높이는 게 너무 싫거든요."

"음, 그렇게 할 수밖에 없죠. 날 위해 싸워주는 사람도 전혀 없는데다, 눈에 보이게 얼토당토않은 얘기를 그냥 넘어갈 순 없잖아요."

나는 제임스의 용기가 존경스러웠다. 다음번에 나를 지켜야 하는 상황에 처하면, 제임스를 본보기로 삼아 노력해봐야겠다. 제임스에게도 그렇게 말했다.

"도움이 된다니 기쁘네요!"

제임스가 웃었다.

"빌은 뭐하던 사람이에요? 그날 임원회의에 갔을 때 니콜라스가 빌이랑 서로 아는 사이라고 했잖아요. 여전히 친구 사이래요?"

"빌한테 물어봤는데요. 직접적으로 물어보기 전까지 계속 얼버무리더라고요. 니콜라스랑 사적인 일로 밖에서 언제 마지막으로 만났냐고 내가 물어봤죠. 지난주에 축구 시합에서 만났대요. 니콜라스가 빌한테 사전에 나에 대해 브리핑했겠구나, 물론 니콜라스의 관점에서죠. 그런 생각이 드니 소름이 끼치더라고요."

나는 움찔하며 놀랐다.

"그럼 이제 어떻게 돼요?"

"아무튼 빌은 본인 평가의 일부 내용을 내가 동의하지 않는다는 사실을 인정했어요. 빌이 그러는데, 이번에는 니콜라스랑 만나 평가를 검토해야 한대요. 그리고 코치 프로그램 계약에 대해 면담이 또 잡혀 있어서 자기랑 다시 만나야 하고요. 빌이랑 또 만나고 싶지 않은데."

"니콜라스는 계속 만나길 원하겠죠."

"그렇겠죠. 하지만 난 별로 안 당기네요. 결과가 뻔히 눈에 보이는데요 뭘. 니콜라스한테 하도 그런 일을 많이 당해서."

제임스는 억지로 미소를 지었다.

나는 흥분한 나머지 손으로 탁자를 쳤다.

"아, 생각났다!"

나는 비명에 가까운 소리를 질렀다.

"이거 한번 들어봐요."

나는 가방 안으로 손을 뻗었다.

"좀만 기다려 봐요."

나는 재빨리 이솝 책을 꺼내서 휙휙 넘겨봤다. 책장을 펼친 데에 빨간 포스트잇이 붙어 있었다.

"자, 이건 이솝우화 책이에요."

나는 제임스에게 책표지를 들어 보였다.

"읽어드릴게요."

늑대가 무리에서 벗어나 길을 잃은 어린 양을 우연히 발견하고서, 지금까지 너무나 힘없는 동물을 그럴듯한 핑계거리도 없이 잡아먹은 데 대해 죄책감을 조금 느꼈어요. 그래서 늑대는 꼬투리를 잡으려고 이리저리 궁리하다가, 마침내 이렇게 말했어요.

"이봐, 너 작년에 나한테 아주 싸가지 없이 대했지."

"그땐 태어나기도 전이라 그럴 리 없어요, 아저씨."

어린 양이 매애 하고 울며 말했어요.

"그럼, 너 내 초원에서 풀 뜯어먹었잖아."

늑대가 대꾸했어요.

"풀을 먹어 본 적이 없어서 그럴 리가 없어요."

"그럼, 내 샘물에서 물 먹었잖아."

"정말로 엄마 젖 말고 먹어본 게 아직 없어요, 아저씨."

불쌍한 어린 양이 말했어요.

"그럼, 아무튼 말이야, 난 밥은 먹고 가야겠어."

늑대는 어린 양에게 달려들어 고민 없이 양을 게걸스레 먹어치웠어요.

제임스가 웃음을 터뜨렸다.

"죽이는데요. 모든 걸 다 말해주는 우화네요. 애초부터 빌은 날 잡아먹으려고 계속 안달이 났던 거예요!"

"제가 처음 이 책을 읽기 시작했는데, 벤도 얼마 전에 다 읽었고, 지금은 남편이 읽고 있어요. 원하면 빌려 드릴게요. 조금 낡긴 했지만요."

나는 제임스에게 책을 건넸다.

제임스는 책을 받고서 고맙다고 했다. 제임스는 물을 다 마시더니 자기가 계산하겠다고 고집했다.

차로 걸어가는데, 제임스가 다 들리게 혼잣말을 했다.

"니콜라스는 왜 임원 코치가 좋은 아이디어라고 생각하는 거지? 그 인간을 만나서 첫 코치 면담을 검토해야 한다니. 재미있게 됐군."

"언제 만나요?"

"다음 주 화요일이요."

나는 농담을 건넸다.

"제임스, 다른 사람으로 변하면 안 돼요. 지금 모습이 좋으니까요."

그다음 주, 제임스에게 니콜라스와는 잘 만났는지 확인해봤다.

"괜찮았어요."

제임스가 생기 없는 목소리로 말했다. 그는 껄끄러운 표정을 지으며 잠시 사이를 두고 말했다.

"빌과 했던 면담이 거의 그대로 반복됐어요."

나는 말을 끊지 않았다.

"다른 점은 내가 빌한테 그랬던 것처럼 니콜라스한테는 따지지 않겠다고 마음먹었다는 거예요."

제임스는 얼굴을 찡그렸다.

"니콜라스는 그저 화를 발끈 내면서 나보고 방어적이라고 했어요. 난 빌이랑 궁합이 안 맞으니까 빌이 나를 계속 코치하는 건 돈 낭비라고 했죠. 아무튼 결론적으로 니콜라스가 제안하기를, 본인이 나를 코치하면서 내 리더십과……"

"뭐라고요!"

"……대인관계 기술을 고쳐놓겠대요."

나는 너무 터무니없어서 웃음이 나왔다.

며칠 뒤, 제임스를 다시 만나 기분이 어떤지 물었다. 제임스는 리더십 코치인 빌의 가식적인 행동이 짜증나는 것 말고는 괜찮다고 했다.

"로렌, 기본적으로 난 내 자신을 사랑해요. 빌이나 니콜라스가 나를 다른 사람으로 바꿔놓도록 내버려두지 않을 거예요."

나는 웃었다. 나도 저럴 수 있다면 좋을 텐데.

35

설문조사

니콜라스 스트레인지가 우리 층에 왔다. 이상한 일이었다. 니콜라스는 점잔을 빼며 걸어 다니면서, 부자연스럽게 아주 격식을 차려 사람들에게 말을 걸고 미소를 지었다. 이례적인 니콜라스의 친절한 행동에 어떻게 반응해야 할지 아무도 몰랐다. 몇몇 사람이 니콜라스의 등을 손가락으로 가리키며 '어떻게 생각해?'라고 말하듯 이맛살을 찌푸렸다.

니콜라스가 우리 층에 온 적이 있었나 생각해봤다. 도저히 생각이 안 났다. 니콜라스는 언제나 자기 사무실에 처박혀 모습을 거의 드러내지 않고 사람들 눈에 띄지 않도록 조심했다. 내가 보기에, 니콜라스는 우리랑 만나면 불편해 보였다. 니콜라스와 약속을 잡으면 늘 그의 사무실에서 만났다. 신하들은 왕위에 경의를 표해야 하니까.

니콜라스가 우리 층에 와서 자리를 빛내 준 그날, 마커스가 부서 회의를 재개하고 그 첫 시작으로 근교 볼링장에서 팀빌딩(다양한 프로그램을 통해 팀원들끼리 화합을 도모하고 자신감을 고취하는 등의 활동) 훈련을 하겠다고 선언했다. 이런 제길, 심지어 마커스는 주말에 남편이나 부인을 데리고 와서 같이 하자고 제안했다. 팀원들 대부분이 주말에 일하기를 원치 않아서, 투표를 통해 주중에 하기로 결정했다. 조직은 마커스가 하기로 했다.

마커스는 개별 면담도 재개하겠다고 했다. 하지만 면담하겠다고 말만 늘 했지, 지금까지 한 적은 한 번도 없었다.

보통 때 모습과 다른 행동들이 보일 때마다 사람들은 수상쩍어 한다. 아니나 다를까, 며칠 뒤 우리는 한 달 내에 직원 설문조사를 실시한다는 소식을 들었다. 나는 마커스에게 어찌 된 일인지 물었다.

"이사님, 제가 고위임원 업무회의에 이사님 대신 참석했을 때 그레이스 리스가 설문조사를 하자고 제안했지만, 안 하기로 결정이 났는데요. 왜 바뀐 거죠?"

마커스는 마치 관리자 매뉴얼을 낭독하듯이 말했다.

"경영진은 직원 설문조사가 좋은 생각이라고 판단했습니다. 설문조사라는 수단은, 직원들이 관심 있는 부분은 뭐고 개선할 부분은 뭐라고 생각하는지 정보를 수집할 기회를 제공합니다."

나는 성가시게 더 캐묻지 않았다. 진실을 알더라도 마커스는 나한테 말하지 않을 것이다.

그날 오후 늦게, 휴게실에서 인사부 직원인 그레이스 리스를 만났다.

"안녕하세요. 그레이스가 제안한 설문조사를 한다니 정말 잘됐어요."

"잘되긴요."

그레이스가 시무룩하게 대답했다. 이유를 물었더니 그레이스는 숨을 깊게 들이쉬었다.

"내가 처음 그 안을 제안했을 때 로렌도 그 자리에 있어서 알겠지만, 쓸데없는 시간 낭비라고 했잖아요. 내 생각이 진지하게 받아들여지지 않았죠. 니콜라스의 판단이었어요. 그때 사무실로 돌아가는데 거의 기어가다시피 했다니까요. 근데 생각지도 않게 내 아이디어가 덜컥 채택된 거예요!"

"어떻게 된 거죠?"

"듣자 하니, 최근 열린 이사회에서 사외 이사 한 명이 이 쟁점을 제기하면서 설문조사를 실시하라고 권고했나봐요. 자기네 회사에서 얼마 전에 했는데 도움이 많이 됐대요. 인맥으로 얽힌 남자들끼리 내린 결정이죠 뭐."

그레이스는 다시 말을 멈추고 아무도 없는지 확인하려고 주위를 둘러봤다.

"아악 소리를 지르고 싶은 심정이에요! 그 문제를 연구하고, 다른 회사들의 아이디어를 벤치마킹하고, 그 주제에 온통 시간을 들인 사람은 바로 나인데 말이에요. 그런데 어떻게 됐죠? 눈 깜짝할 사이에 묵살됐어요. 근데 남자 간부가 언급했다는 이유만으로 채택되더니 어느새 준비도 다 끝났어요."

"열 받을 만해요. 그래도 어쨌든 설문조사를 하잖아요. 우리 직원들한테는 잘된 일이에요."

"알아요. 설문조사 팀에서 일하기로 했는데, 마음은 안 내키네요. 일을 하긴 해도 전만큼 신이 안 나요."

그레이스가 한숨을 쉬었다.

"어떤 심정인지 나도 잘 알아요."

내가 대답했다. 나도 그랬으니까.

"하지만 그레이스의 아이디어라는 사실을 아는 직원들이 많아요."

헤어지면서 그레이스는 고맙다고 인사하고 간신히 살짝 미소를 지었다. 사무실로 터덜터덜 돌아가는 그레이스의 발걸음이 평소와 다르게 힘이 없었다.

그다음 주에 마커스가 나와 일대일 면담을 잡았는데, 직원 설문조사가 실시되려면 아직 몇 주 남았다. 이번만큼은 마커스가 제시간에 왔다. 장소도 4층 회의실로 잡았다. 마커스는 우리가 그런 위선적인 행동을 꿰뚫어볼 줄도 모르는 멍청이인 줄 아나 보다.

"일은 어때요?"

마커스는 문을 등진 채 의자에 꼿꼿이 앉아 말했다.

"어떤 점이요?"

나는 매우 조심스러웠다.

"일은 재미있는지, 의욕도 있고 만족감도 느끼나요?"

마커스가 간사하게 웃으며 물었다.

아, 얼른 본론이나 말씀하시지.

"사기가 높으냐는 말씀인가요?"

"뭐 그렇죠, 사기도 포함해서요."

"사기는 괜찮습니다. 이사님은 어떠세요?"

"나야 최고죠, 최고. 우리 부서가 잘 돌아가잖아요. 실적도 좋고, 팀원들도 훌륭하고요. 로렌 같은 사람들이랑 일하니 아주 만족스럽습니다."

"그렇게 말씀해주시니 기쁘네요."

나의 개소리 탐지기가 미친 듯이 빙빙 돌았다.

"로렌은 본인이 발전하는 게 느껴지나요? 의사소통은 어떤가요?"

"의사소통은 괜찮아요. 근데 최근 참석했던 세미나에서 얻은 정보 중, 더 실행해봤으면 하는 게 있어요."

"무슨 내용이었는지 다시 한 번 말해줄래요?"

마커스는 웅얼거리듯 말했다.

"기억하실지 모르겠는데, 세미나에서 얻은 아이디어가 워낙 다양해서요."

나는 휴 워렐이 훔쳐간 영업사원 교육훈련안은 말하지 않았다.

"아, 맞아요. 로렌이 컨퍼런스에서 얻은 아이디어를 더 추진해야죠. 한 페이지짜리 요약본을 준비해서 곧바로 로렌의 제안대로 해보면 어때요?"

마커스가 너무 지나칠 정도로 관심을 보이며 말했다.

나는 그러겠다고 했지만, 과연 말대로 될지 의심스러웠다.

마커스는 기침을 한 다음 몸을 숙여 팔꿈치를 탁자에 대더니, 턱을 손으로 받쳐서 생각에 잠긴 자세를 취했다.

"로렌이 생각하기에, 나와의 관계는 어떤 거 같아요?"

"괜찮은 거 같은데요."

나는 눈길을 피한 채 우물거리며 대답했다. 개소리 탐지기가 이제 길길이 날뛰듯 돌아갔다.

"로렌, 난 말이죠. 로렌이, 나와 관련된 문제들을 편하게 얘기하는, 뭐 일종의 개방적인 사이로 지냈으면 좋겠어요. 그러니까 직원 설문조사에서 군이 그런 얘기들을 쓸 필요는 없겠죠."

마커스는 나에게 양손을 펴 보였다.

정말 역겹다. 마커스는 내 표를 사서 내가 설문조사에서 자신은 좋은 사람이고, 내 사기는 높다고 대답하기를 바라고 있다.

"그럼요, 이사님."

나는 고개를 숙인 채 심드렁하게 말하면서 이걸로 얘기가 끝나기를 바랐다. 아니었다.

"설문조사는 문제점을 파악하는 가장 효과적인 방법이 아니에요. 난 툭 터놓고 토론하면서 문제점과 해결책의 핵심이 뭔지 이해하는 게 낫다고 봐요. 훨씬 프로답지 않나요, 그죠?"

나는 고개를 끄덕였다.

고개를 들자 유리창으로 벤이 보였다. 마커스는 문을 등지고 있어서 벤을 못 봤다. 벤이 입을 양쪽으로 넓게 찢어서 억지웃음을 지으며 윙크했다. 나는 터져 나오려는 웃음을 겨우 참았다.

마커스가 의자에 기댄 채 계속 말했다.

"우리 부서의 설문조사 결과가 안 좋으면, 상부에서 우리 팀을 엄청 주목할 테고 그러면 그 누구한테도 도움이 안 돼요. 교육훈련이

나 다른 활동에 대한 재정 지원도 줄어들지 몰라요. 그리고 경영진의 감독을 받느라 그쪽에 신경을 쓰다 보면 내가 우리 팀원들과 보내는 시간이 줄어들잖아요."

속이 느글거리기 시작했다.

"감사합니다. 몰랐던 사실이네요."

나는 욕지기를 숨기며 말했다. 윗사람에게 알랑거리는 인간들에 대한 벤의 이론을 잘 뒷받침하는 사례다. 마커스는 윗사람에게 잘 보이려고 환장해서 부끄러움이라곤 조금도 느끼지 않았다.

마커스는 몸을 숙이고 다정함이 넘쳐나는 목소리로 말했다.

"내 관리 능력에서 이것만은 개선했으면 좋겠다 싶은 점이 있다면 뭘까요?"

갈수록 따분하군. 할 일도 많고 샐리도 기다리고 있는데. 완전히 시간 낭비다.

"저기, 이사님. 그 문제는 생각을 좀 해봐야겠는데요. 오늘 이런 얘기를 할 줄 몰랐거든요. 이사님이 하신 말씀 모두 꼼꼼히 생각해 볼게요."

"그럼 그리 해서 알려줘요. 다음 주에 시간을 정해서 다시 얘기해 볼까요?"

마커스는 일주일 내내 부서원들을 따로따로 만나느라 정신이 없었다. 벤은 이번 기회에 월급을 올려 달라고 해볼까 생각했다. 그랬으면 좋겠다!

그다음 주에 나는 마커스와 다시 만나지 않으려고 샐리 모턴과 회사 밖에서 약속을 잡았다. 마커스의 질문에 솔직하게 대답하는 것은 자살 행위고 완전히 헛고생이다. 마커스는 귀 기울여 들으며 내 대답을 진지하게 받아들일 사람이 아니다.

설문조사 날짜가 가까워질수록 마커스는 불안해하는 기색이 더 역력했다. 보통 때처럼 으스대며 걷지도 않고, 스트레스에 찌들어 보임에도 일부러 밝게 보이려고 난리 블루스였다.

우리 팀원 여덟 명은 마커스만큼 설문조사를 중요하게 생각하지 않았다. 하지만 그가 진땀 빼는 모습을 지켜보는 재미는 아주 쏠쏠했다.

설문조사가 실시되기 1주일 전에, 마커스가 회의를 소집했다.

"아침에 이렇게 여러분을 모이라 한 이유는……."

마커스가 환하게 웃으며 말했다.

"카일리가 영업서비스부의 서부 사업부로 자리를 옮겨 맥신 새비지 밑에서 일하게 됐다는 소식을 알려드리기 위해서입니다. 저는 카일리가 본인의 직업 목표를 달성하려면 앞으로 어떤 단계를 밟아야 하는지 한동안 같이 이야기를 나누었습니다. 카일리가 요새 맥신의 마케팅 업무를 돕고 있었잖습니까. 카일리가 원래 영업부로 전직할 마음이 있어서 제가 힘을 좀 썼지요. 영업부 자리가 현재 비어 있어서 카일리는 이번 주말에 자리를 옮길 예정이고, 맥신도 당장 오기를 바라고 있어요."

카일리를 돌아보며 마커스가 말했다.

"카일리, 건강하게 잘 지내길 바라고, 같이 일하는 동안 정말 수고

많았어요. 카일리의 경력에 내가 도움이 돼서 기쁘네요."

커트 울프만 빼고 팀원들 대부분이 카일리를 안 봐서 속이 후련했다. 우리는 열렬히 박수를 쳤다. 그러자 마커스가 허리를 숙여 인사하려 했다.

카일리가 마커스를 향해 활짝 웃으며 도움을 줘서 고맙다고 인사했다.

"이사님, 이사님은 지난 한 해 제게 많은 영감을 주셨습니다. 이사님 같은 분이 제 롤모델이라니, 저는 정말 행운아예요. 도움을 주셔서 감사드려요."

아, 제발. 이번에는 카일리가 우리를 보며 말했다.

"훌륭한 우리 팀원 여러분에게도 감사드립니다. 같이 일하면서 정말 즐거웠어요. 여러분 모두 보고 싶을 거예요."

우리는 웅얼웅얼 고맙다고 인사한 다음 바로 일하러 돌아갔다.

그 주에 마커스는 설문조사 걱정을 털어버린 양 보통 때의 ATC로 돌아왔다. 오후에 볼링을 치자는 제안은 한 번도 이루어지지 않았다.

직원 설문조사는 그다음 주 월요일에 시작돼서 2주 동안 진행됐다. 우리 팀 사람들은 대부분 첫 주에 설문조사를 끝내고 더 중요한 일에 집중했다.

한 달쯤 뒤, 마커스가 설문조사 결과를 알리려고 회의를 소집했다. 우리는 19층으로 터덜터덜 올라갔다. 사실 마커스는 팀원들이 일하는 층의 회의실을 손쉽게 예약할 수 있었다. 우리가 회의실로 줄지어 들어가는데 마커스가 관제센터의 계단으로 방정맞게 내려왔다.

"설문조사를 끝낸 여러분, 수고하셨습니다."

우리가 자리에 앉자마자 마커스가 입을 열었다.

"설문조사는 우리 직원들의 생각을 이해하고 어떤 조치가 우선적으로 필요한지 확인하는 데 도움을 주는 매우 중요한 일입니다. 관리자들은 회사 전체의 설문조사 결과와 개별 부서의 결과를 전달하라는 지시를 받았습니다."

재미있을 것 같다. 전체 결과가 궁금하고 팀원들이 ATC에 대해 어떻게 대답했는지 무지 궁금했다.

"우리 팀이 100% 참가해서 기쁩니다. 한 명도 빠짐없이 짬을 내서 설문조사를 하다니 훌륭해요."

그러더니 마커스는 어깨를 으쓱해 보이고 실망한 표정을 지었다.

"안타깝게도 우리 부서는 설문지가 모자라서 팀의 사기에 대한 공식 결과를 내지 못했습니다. 제대로 된 결론을 내리려면 직원이 적어도 8명은 돼야 하거든요. 팀원이 8명보다 적으면, 인원이 너무 적어서 익명성을 보장하기 어려우니까요. 설문조사 기간에 우리 부서에는 사람이 7명밖에 없었죠."

놀라 자빠질 일이다! 마커스가 약빠르게 카일리를 다른 부서로 서둘러 옮기는 바람에, 우리 부서는 설문조사에 필요한 인원이 모자랐다. 틀림없이 카일리한테 설문조사를 하지 않겠다는 약속을 받았겠지. 마커스는 어떤 것과 맞바꿨을까? 저런 사기꾼! 어쩐지 설문조사 전 며칠 동안 아주 느긋해 보이더라니.

샌드라는 기침을 크게 했다. 커트는 우리 팀의 높은 사기를 보여

줄 기회인데 결과가 안 나와 마커스로서는 유감스러운 일일 거라고 말했다. 네, 어련하시겠어요! 탁자 건너편에 앉은 벤이 나에게 눈짓을 보냈다. 결과가 안 나왔으니 팀원들 대다수가 마커스를 상사로서 얼마나 안 좋게 생각하는지 아무런 기록도 남지 않았다. 마커스, 당신이 이겼소. 약삭빠른 개자식.

마커스의 권모술수 때문에 마음이 너무 심란해져서 회사 전체의 결과가 귀에 들어오지 않았다. 회사의 전반적인 사기가 꽤 낮은 편이라는 말이 어렴풋이 들렸다. 사람들은 경영진, 경력 개발, 임금, 수당에 가장 관심이 많았다. 점수가 제일 낮은 질문은 '이번 설문조사에서 확인된 핵심 문제들에 대해 경영진이 얼마나 만족스러운 조치를 취한다고 보는가?'였다. 결과에 대한 대처 방안은 부서별로 세워서 경영진에게 제출한다고 했다.

이렇게 우리는 마커스에 대한 공식 평가를 듣지 못한 채 넘어가야 했다. 존 스콰이어스도, 니콜라스 스트레인지도 모를 것이다.

그날 늦게 나는 제임스 스완의 사무실에 찾아갔다. 제임스는 자기 부서가 회사에서 가장 사기가 높다는 설문조사 결과 덕분인지 표정이 꽤 밝았다. 나는 제임스가 임원 코치인 빌 와트만에게 설문조사 결과를 알릴 생각인지 물었다. 제임스는 빌한테 인정받을 필요가 없으니 당연히 알릴 이유도 없다고 했다. 제임스는 조용히 결과에 만족했는데, 그런 결과는 너무나 당연한 것이었다. 제임스의 부서가 회사에서 만족도가 제일 높다는 사실을 모르는 직원은 없다. 제임스의 직원들은 대우를 잘 받고, 마음 편히 일하고, 상관을 존경한다.

그날 저녁을 먹으면서, 먼저 애니와 해리가 하루를 어떻게 보냈는지 들은 다음 내 얘기를 했다. 설문조사를 가지고 술책을 부리는 마커스의 모습에 폴과 나는 웃음을 터뜨렸다. 폴은 마커스를 축하했다. 물론 비꼬아서 말이다. 애니는 무슨 말인지 알고 싶어 했다. 우리는 애니에게 카드 속임수 같은 거라고 말해줬다. 해리는 그만 일어나고 싶어 했고 애니도 곧 해리를 따라갔다.

폴은 접시를 한쪽에 밀어 놓았다. 폴이 단호한 말투로 말했다.

"자, 우리는 마커스와 니콜라스, 나머지 사람들에 대해 다 알아. 당신이 그런 사람들이랑 같이 일하는 이유가 있겠지."

폴이 이마를 문지르며 말했다.

"그 이유는 당신이 대처 방법을 배워야 하는 이유이기도 해. 이번 기회를 통해서 마음을 다스리는 법을 배울 수도 있어."

"흥미로운데."

나는 일어나서 의자를 폴 가까이로 옮겼다.

"우리 남편이 무슨 생각을 하시나?"

"이솝우화를 다 읽었거든. 이 모든 문제를 어떻게 다룰지, 어떻게 해야 당신이 자신이 원하는 사람이 되고 원하는 일을 할 수 있을지 방법을 알려주는 우화들이 있더라고. 하지만 적절한 방법으로 시작해야 해."

나는 엄청 궁금하고 흥분됐다.

폴은 손가락으로 탁자를 톡톡 쳤다.

"주말에 애니와 해리를 잠깐 봐줄 사람을 구해서 맡기고, 2시간

정도 얘기해보면 어때?”

　“좋아 좋아! 샌드라가 언제든지 애들을 봐준다고 했거든. 샌드라 한테 토요일 아침에 봐달라고 하고, 점심 때 샌드라 남편까지 다같이 밥 먹으면 되겠다.”

　“좋은 생각인데!”

　해리가 방으로 달려왔다.

　“내 생일 언제야?”

　“여섯 달 지나야 해.”

　“얼마나 오래?”

　“아주 많이.”

　폴이 양손을 1미터쯤 벌리며 말했다.

　“그만큼이구나!”

　해리는 방을 나갔다.

양털과 베이컨

토요일 아침에 마음씨 좋은 샌드라가 우리 집까지 차를 몰고 와서 애들을 데리고 갔다. 샌드라와 톰은 정오쯤 돌아와 같이 점심을 먹기로 했다.

애들이 가자마자 우리는 밖에서 얘기했다. 화창한 아침이고, 뒤뜰은 아늑했다. 햇볕 덕분에 등이 기분 좋게 따뜻했다. 나는 폴에게 머핀을 건네고 커피를 따랐다. 폴 앞에는 이솝우화 책이 놓여 있었다. 책 군데군데에 폴이 붙여 놓은 포스트잇이 보였다.

"내 생각엔, 이 우화들이 당신을 힘들게 했던 일들을 해결할 만한 방법을 찾는 데 도움이 되는 거 같아."

"잘됐다."

"제임스와 샌드라, 그리고 벤도 포함해서, 그 사람들이 어떻게 대처하는지 얘기해봐도 좋을 거 같아. 그 사람들한테도 배울 점이 있잖아."

나는 커피를 홀짝였다.

"있지, 당신은 일하면서 정말로 뭘 원해?"

나는 웃었다.

"정말로 즐기면서 신나게 일하고 싶어. 마커스나 다른 적대적인 사람들의 행동에 방해받고 싶지 않아. 그냥 회사에 도움이 되고 싶을 뿐이야."

"응, 좋아. 어떻게 하면 그렇게 될까? 구체적으로 말이야."

나는 잠시 말없이 생각했다.

"내 생각에는, 그 사람들이 인정해주기를 바라면 안 돼. 지금의 나처럼 말이야."

"또 다른 건?"

"어, 충돌을 회피하면 안 돼."

나는 얼굴을 찡그렸다.

"의견 충돌이나 대립을 당연하게 생각하고, 모든 사람이 인정해주기를 바라서도 안 돼."

폴은 커피를 조금 마셨다. 나는 블루베리 머핀을 네 조각으로 잘랐다. 폴이 책을 펼쳤다.

"황소가 쫓아올 때마다 구멍에 후다닥 숨어서 계속 피하기만 하는 쥐 이야기가 있어. 결정적인 구절은 쥐가 이렇게 꽥 소리쳤을 때야. '세상일이 어디 너처럼 덩치 큰 녀석들 마음대로만 되는 줄 알아? 이봐, 우리 같은 조그만 동물들이 이기는 때가 있다고.'"

나는 입에 묻은 빵 부스러기를 털어냈다.

"좋은 얘기이긴 한데, 어떻게 하라는 말은 없잖아."

"있지, 난 출발점으로 좋다고 봐."

"살면서 난 늘 착한 사람이었어. 좋은 일도 꽤 많이 하고 문제도 전혀 안 일으켰어. 문제에 휘말리기도 싫어. 그리고 나 때문에 다른 사람이 속상해하면 언제나 나 자신한테 몹시 짜증이 나."

"저기, 당신은 샌드라와 제임스를 존경하고, 두 사람은 아주 능숙하게 문제에 대처하잖아. 그 사람들의 어떤 면이 존경스러워?"

"음⋯⋯. 강인한 성격."

"그게 왜?"

나는 영감을 얻으려고 정원을 둘러봤다.

"남이 인정해주기를 기다리지 않아. 본인들의 가치관대로 움직이고, 다른 사람들이 인정하든 안 하든 개의치 않아."

폴은 탁자의 먼지를 털어냈다.

"내가 보기에 당신한테 정말 도움이 될 만한 우화는 방앗간 주인과 아들 얘기야. 생각나?"

"응. 재미있게 읽었어. 기억나게 읽어 주세요."

나는 상냥하게 부탁했다.

폴이 잔을 내려놓고 읽었다.

어느 방앗간 주인이 나귀를 팔 요량으로 아들이랑 나귀를 끌고 시장에 갔습니다. 가는 길에 두 사람은 깔깔거리며 떠드는 여자애들을 만났는데, 아이들이 이렇게 소리쳤어요.

"저런 바보들 본 적 있니? 나귀를 타고 가면 될 텐데 먼지투성이 길을 터덜터덜 걸어가잖아!"

방앗간 주인은 일리가 있는 말이라고 생각해서, 아들을 나귀에 태우고 자기는 옆에서 걸어갔어요.

곧 두 사람은 방앗간 주인의 오랜 친구들을 만났는데, 두 사람을 맞으면서 친구들이 이렇게 말했어요.

"자네, 애를 응석받이로 키울 셈인가? 자넨 힘들게 걷고 아들은 나귀에 태우니 말일세! 저 굼벵이 같은 젊은 놈보고 걸으라 하게! 그래야 착하게 크지."

방앗간 주인은 친구들의 충고대로 본인이 나귀에 탔고, 아들은 뒤따라 터덜터덜 걸었어요.

얼마 가지 않아 아버지와 아들은 한 무리의 여자들과 아이들을 앞질렀는데, 그때 방앗간 주인은 이런 말을 들었어요.

"저런 바보 같은 노인네를 봤나! 자기는 편하게 나귀를 타고 가고, 불쌍한 꼬마 애는 헉헉거리며 뒤따라오게 하다니!"

그래서 방앗간 주인은 아들을 뒤에 태웠어요.

얼마 뒤 두 사람은 나그네들을 만났는데, 그 사람들이 방앗간 주인에게 타고 있는 나귀가 본인 것인지 아니면 잠시 빌린 것인지 물었어요. 방앗간 주인은 자기 나귀이고 시장에 내다 팔러 가는 길이라고 말했어요.

"맙소사! 짐을 그렇게 실으면 불쌍한 짐승이 완전히 녹초가 돼서, 시장에 도착하면 아무도 나귀를 거들떠보지 않을 거요. 아니, 나귀를 들고 가는 게 나을 성싶소!"

"아이고, 감사합니다. 그렇게 해봅죠."

방앗간 주인이 말했어요.

두 사람은 내려서 나귀 다리를 밧줄로 묶고 막대기에 매달았어요. 둘은 나귀를 들고 드디어 마을에 도착했어요. 너무나 우스꽝스러운 모습에 사람들이 구름 같이 몰려들어 나귀를 보고 낄낄대고, 아버지와 아들을 매정하게 놀렸으며, 몇몇 사람은 두 사람을 미치광이라고 했어요.

마침 아버지와 아들이 다리를 건너고 있었는데, 나귀가 시끄러운 소리와 별난 상황에 놀라서 발길질을 하며 버둥거리다가 밧줄이 풀려 그만 강물에 빠져 죽었어요. 운이 없는 방앗간 주인은 화도 나고 창피하기도 해서 서둘러 집으로 발길을 돌렸어요. 그는 모든 사람의 비위를 맞추려다 아무것도 못 맞추고 결국 나귀마저 잃어버렸음을 깨달았어요.

나는 머핀을 다 먹고 정원을 가만히 바라봤다. 꽃들 사이로 벌이 바쁘게 움직였다.

"정말 방앗간 주인처럼 되긴 싫어."

"지금 당신 판단이 옳다고 생각해?"

"응."

우리는 잠시 말없이 앉아 있었다.

"시도는 한번 해봐야 하는데, 방법을 정말 잘 모르겠어."

"지난번에 우리 환자가 도움이 될 만한 얘기를 해줬는데."

폴이 명랑하게 말했다.

"환자가 그러는데, 골치 아픈 일을 넘겼을 때의 좋은 결과를 마음속에 그려보래. 골치 썩이는 일이나 걱정거리에 연연하지 말고. 가령 힘든 일을 넘기고 15분이 지난 상황을 머릿속에 그린 다음에, 궁정적인 결과와 긍정적인 에너지를 생각해보는 거야."

"흥미로운데."

"당신도 해볼래? 골치 아픈 일을 넘기고 나서 좋은 결과를 상상해보는 거야."

"좋다, 좋아. 어디 보자……. 오케이, 알았다. 하나 생각했어."

"어떤 거?"

폴이 싱긋 웃었다.

"커트. 커트한테 한마디 하는 상황이야."

나는 웃었지만 확신은 별로 없었다.

"그래, 한번 해보자. 커트한테 한마디 하니까 어떤 느낌이야?"

"소름끼쳐. 생각만 해도 심장이 쿵쾅거려."

"좋아, 그럼 그 일 말고 15분 뒤를 상상해봐."

폴은 곰곰이 생각할 시간을 주었다.

"지금은 어때?"

나는 눈을 감았다. 커트와 맞짱 뜨는 생각을 했다. 기분이 더러웠다. 미칠 듯이 초조했다.

"그 일 생각은 건너뛰어."

폴이 용기를 주었다.

나는 맞짱 뜨고 나서 15분 뒤를 생각하려고 애썼다. 갑자기 황홀하면서도 긍정적인 에너지가 몸에서 솟구쳤다. 호흡이 편안해지고 몸속에 신선한 산소가 흘렀다.

나는 눈을 떴다.

"기분 죽인다!"

"당신 얼굴 보니까 알겠어!"

폴이 웃었다.

"내가 말한 환자 말로는 긍정적인 생각이 회복에 도움이 된대. 그래서 그런지 그 환자가 남들보다 스트레스도 잘 조절하고 회복도 빠른 거 같아."

"이런 방법을 지칭하는 말이 있어?"

"환자가 뭐라고 했는데 내가 잘 못 알아들었어."

폴이 책을 다시 펼쳤다.

"아, 험담을 좋아하는 커트에 관한 우화가 있어서 표시해 뒀는데. 얼마나 들어맞으려나?"

황소 세 마리가 초원에서 풀을 뜯어먹고 있었어요. 그 모습을 지켜보던 사자는 잡아먹고 싶어 안달이 났지만, 황소들이 몰려 있어서 혼자 셋을 상대하기 어려웠어요. 그래서 사자는 황소들이 서로 질투하고 믿지 못하도록 거짓 소문과 악의적인 말을 흘리기 시작했어요. 이런 술책이 꽤 효과가 있었는지 머지않아 황소들이 냉정하고 쌀쌀맞게 변하더니, 결국 서로 외면하며 각자 떨어져서 먹이를 먹었어요. 이 모습을 본 사자가 곧바로 차례차례 달려들어 잡아먹었어요.

나는 웃으며 말했다.

"커트를 아주 잘 묘사하는데. 딱이야, 딱. 그 인간은 거짓 소문을 내는 데 선수거든."

나는 시계를 봤다.

"벌써 11시 반이야. 좀 있으면 샌드라랑 톰이 오겠어."

나는 일어나서 탁자 쪽으로 갔다.

"고마워, 자기야."

나는 폴의 목 뒤에 키스를 했다.

"하나만 더 읽자."

폴이 팔로 내 다리를 감싸더니 내 허벅지를 쓰다듬었다.

"일을 어느 정도 해야 하나, 상기시켜 주는 우화야."

돼지 한 마리가 양떼들이 풀을 뜯어먹는 초원을 지나가고 있었어요. 양치기
가 돼지를 잡아서 정육점에 끌고가려고 하자, 돼지가 꽥꽥 크게 소리를 지르
며 달아나려고 발버둥 쳤어요. 양들이 돼지보고 너무 난리법석을 떤다며 나
무랐어요.

"우리도 종종 양치기한테 잡혀서 너처럼 끌려가지만, 그렇게 유난 떨지는 않
아."

"아니, 난 다를 거야. 내 경우는 너희랑 완전히 달라. 양치기는 너희한테 양
털만을 원하지만, 나한테는 베이컨을 원하니까."

우리는 웃었다.

"난 당신이 회사 사람들한테는 양털만 주고 우리 가족한테는 베이
컨을 주려고 노력했으면 좋겠어."

폴이 책을 덮으며 말했다.

우리는 점심을 준비했다. 바비큐랑 준비하기 손쉬운 샐러드 몇 가지를 만들었다.

12시가 좀 지나서 샌드라와 톰이 애들과 함께 돌아왔다. 애니와 해리는 오전에 어린이 박물관에서 재미있는 시간을 보냈다고 했다. 우리는 친구들이랑 수다 떨고 농담도 하면서 오후를 즐겁게 보냈다. 회사 얘기는 하지 않았다. 다들 일 얘기는 잠시 접어두기로 한 듯했다.

* * *

그다음 주, 베이컨에 관한 우화를 한참 생각하고 있는데 주차장에서 커트가 불쑥 다가왔다. 아주 재수 없게도 커트를 만나면 이제는 온몸이 스멀거렸다.

"로렌."

나는 무시하고 계속 걸었다. 커트의 목소리를 들으니 속이 다 뒤틀렸다. 불행히도 커트는 눈치가 없었다.

"로렌이 샌드라랑 갈등 있는 거 알아요. 같이 얘기 좀 해볼래요?"

갑자기 열불이 났다. 이 소름끼치게 싫은 인간한테 진절머리가 났다. 샌드라 피어슨은 나의 가장 친한 직장 동료이자 가장 소중한 친구 중 하나다. 폴이 생각났다. 이 문제를 끝장 보고서 15분 뒤에 느낄 즐거움을 재빨리 마음속에 그렸다. 걸음을 멈추고 가방을 천천히 내려놓은 다음 어깨를 펴고 커트를 똑바로 쳐다봤다.

"커트, 뭐 잘못 알고 있나 본데요. 샌드라는 내 가장 친한 친구 중 하나예요. 실제로 지난주 토요일도 샌드라 가족이랑 같이 보냈거든요. 이 못돼 먹은 인간아. 그 암같이 사악한 장난은 다른 사람한테나 치시지 그래. 난 됐거든. 끝이라고, 끝!"

나는 천천히 가방을 집어 들고, 얼이 빠진 커트를 남겨 둔 채 자리를 떴다.

돼먹지 못한 인간한테 맞선, 내 인생의 손꼽을 만한 사건이었다. 기분이 괜찮았다. 토요일에 뒤뜰에서 경험했듯이 정화되는 듯한 느낌이 온몸에 흐르면서 순간 만족감과 용기가 샘솟았다. 사람과 정면으로 맞서서 살아남았다. 하늘이 무너지는 일은 없었다. 게다가 이제 커트는 나를 못 괴롭힌다!

커트와 붙어서 나를 더는 못 괴롭히게 만들었더니, 인생이 새로 시작되는 느낌이었다. 프로젝트에 다시 열의가 생겼다. 샐리 모턴의 조사는 잘 진행됐고 내 기획도 거의 끝나갔다. 모든 일이 아주 순조로웠다.

다시 찾아간 고문실

어느덧 두 번째 업무 평가가 다가와 나는 또다시 마커스의 사무실에 앉아 그가 나타나기를 기다렸다. 역시나 마커스는 제시간에 오지 않았다. 작년에 있었던 많은 일들을 골똘히 생각하는데 마커스가 부산하게 사무실로 들어왔다.

"오늘 오전 일은 더 굉장한데, 손 쓸 방법이 전혀 없군."

마커스가 중얼거렸다.

"로렌, 우리가 오늘 뭐 때문에 만나나요?"

"제 업무 평가 때문에요."

내가 냉랭하게 말했다.

"그렇죠."

마커스는 책상 위의 파일을 집어 들고서 내가 있는 둥근 탁자로 왔다. 그는 앉아서 파일을 한쪽에 밀어놓은 뒤, 몸을 젖혔다.

"지난 한 해는 어땠다고 보나요?"

마커스가 펜을 들며 물었다.

"제 생각에 지난 한 해에는 결실이 꽤 많았다고 봅니다. 가장 중요한 점은 마케팅 전략 검토가 일정대로 착착 진행돼서 곧 최종 보고서가 제출될 예정이라는 겁니다."

마커스가 펜을 계속 돌려서 정신이 없었지만 나는 집중하려고 노력했다.

"영업부장 회의도 치렀고요, 긍정적인 부서 분위기에도 한몫했다고 생각합니다. 따라서 괜찮은 한 해였다고 봅니다."

"의구심이 몇 가지 드네요."

돌아가던 펜이 돌연 멈추었다.

또 시작이군. 늘 그렇듯 폭풍우가 몰아칠 태세다. 나는 만약의 사태에 대비하기 시작했다. 말을 줄이고 움츠러들었다. 문득 커트와 한판 잘 붙은 일이 머리에 떠올랐다. 제임스가 용기 있게 임원 코치에 맞선 일도 생각났다. 이런 생각을 하자 기운이 샘솟고 힘이 났다. 이 일을 넘기고 나서 느끼고 싶은 감정을 차분히 마음속으로 그렸다. 뭐니 뭐니 해도 괴롭힘을 안 당하고 싶다.

"어떤 의구심이요?"

나는 날카롭게 물었는데, 내 용기에 깜짝 놀랐다. 틀림없이 불어닥칠 거센 비바람에 마음의 준비를 단단히 했다.

"난 우리가 매출과 수익률에 의미 있는 영향을 못 미쳐서 걱정이에요. 로렌이 마케팅 전략에서 돌파구가 될 만한 결과도 못 냈잖습니까."

"이사님, 작년에 말씀드렸는데요."

나는 당당하게 대답했다.

"제 일의 일정은 12개월보다 길다고요. 지금 진행 중인 프로젝트는 결과를 마무리 짓고 시행하기까지 18개월에서 24개월이 걸리고, 그 영향을 판단하려면 적어도 또 1년이 필요합니다. 영업사원들은 주기가 1개월이고 제품 담당자들은 6개월에서 9개월 정도이지만, 저는 더 길어요."

"난 우리가 매년 결과를 내야 한다고 봐요. 1년 결과물 없이 사람을 평가하기가 얼마나 어려운데."

마커스가 정색하며 말했다.

"그렇죠, 어렵죠. 맞아요, 일반적인 시스템하고도 달라요. 하지만 한 해 동안 어떻게 활동했는지 보여드릴 수는 있습니다."

"하지만 난 로렌의 업무 실적을 평가해야 한다고요."

마커스는 다시 펜을 돌렸다. 펜이 아주 신경에 거슬렸다.

나는 자신감을 유지하려고 무진 애를 썼는데, 서서히 효과가 나타났다. 보통 때 같았으면 지금 상황에서 심장이 엄청 뛰었을 텐데 그렇지 않았다. 나를 무능한 인간으로 만들려는 마커스의 시도에 굴복하지 않겠다고 굳게 다짐했다.

"이사님, 제가 18개월째 일하고 있는데요. 마케팅 전략 프로젝트에 중요한 진척이 있었고, 일도 계획대로 잘 진행되고 있습니다."

"업데이트 된 정보를 알려주면 고맙겠군요."

"저도 그렇게 하려고 했죠."

나는 격분한 목소리로 말했다.

"그런데 이사님이 약속을 계속 취소하셨잖아요. 전 언제든지 이사님에게 제 생각과 제안 내용을 말씀드릴 준비가 돼 있단 말입니다."

보통 때와 다른 센 반응에 마커스가 깜짝 놀라는 모습이 보였다. 더 밀어붙이자.

"지난 한 해의 활동 중에서 제가 긍정적으로 보는 일들이 또 있는데요. 우선, 영업부장 회의를 성황리에 잘 마쳤습니다."

마커스가 내 말을 인정하기를 기다렸다.

"라이언의 기여가 컸죠."

나는 어떻게 대답할지 준비해 뒀다.

"사실, 라이언 이사님은 한 일이 별로 없어요. 겨우 두 주 전에 합류하셨는데 어떻게 일을 많이 하셨겠어요? 니콜과 제가 거의 다 했죠."

마커스는 믿지 못했다.

"내가 기억하기론 안 그랬는데."

"아니요, 정확히 그랬습니다."

나는 마커스의 얼굴을 노려보며 천천히 말했다. 마커스는 그 얘기를 그만했다.

점점 용기가 솟았다.

"그리고 마케팅 전략은 예정대로 진행되고 있습니다. 회사 내부 역량을 재검토하고, 우리 회사의 경쟁력 있는 포지셔닝에 관해 외부 조사를 하고, 고객의 구매 동기를 평가하는 일을 다 마쳤습니다. 서비스의 의미를 인류학적으로 연구하는 일도 거의 마무리했고요."

마커스는 목을 문지르고서 말을 하려고 입을 열었다.

"제 말을 끝까지 들어보세요."

내가 손을 들었다. 마커스의 벌어진 입이 딱 하고 닫혔다.

"긍정적으로 생각하는 다른 일은……."

나는 적극적으로 말을 이어갔다.

"제가 다른 팀원들에게 도움이 된다는 점입니다. 전에 제품 마케팅을 해본 경험이 있어서, 팀원들이 자기 역할이나 과제를 고민할 때 제가 도움을 주고 있습니다. 이사님은 모르시겠죠. 이사님 사무실은 여기 꼭대기 층에 있으니까, 우리가 실제로 어떻게 일하는지 잘 모르시잖아요."

"지금 내 얘기를 하는 자리가 아니잖아요. 로렌, 당신 얘기를 하는 자립니다. 그리고 로렌이 팀원들이랑 잘 못 지낸다는 얘기를 어떤 팀원들한테 들었는데."

새롭게 발견된 나의 강인한 면이 테스트를 받고 있다.

"뭘 증거로 그런 말씀을 하시는 거죠?"

나는 단호한 말투로 물었다. 그렇게 험뜯을 사람은 카일리와 커트 밖에 없다. 그런 비난은 내뱉기는 쉽지만 남한테 상처를 주는 말이다. 마커스는 내가 감히 도전하자 놀란 표정이었다.

"어찌된 일인지 물어보셨어요? 증거가 뭔지 물어보셨어요?"

"아니요, 안 물어봤어요. 사람은 자기 생각을 말할 권리가 있잖아요."

마커스가 나를 보며 미간을 찡그렸다.

"로렌이 피드백을 받아들이지 않는다니, 실망스럽네요."

나는 나도 모르게 침묵 모드로 돌아가려 했다. 안 돼, 여기까지 왔으니까 더 싸워야 해.

"전 정확하고 쓸모 있는 피드백은 정말 잘 받아들이는 편이에요."

나는 마커스가 말하는 방식에 넌더리가 났다.

"증거나 사실을 못 대실 거면, 이런 얘기는 꺼내시면 안 되죠, 이사님."

좋아, 이제 마커스에게 모든 걸 말하겠어.

"제가 또 기여한 일은, 더 좋은 영업사원 교육훈련을 위해 아이디어를 제공한 겁니다. 긍정적인 영향을 미쳤죠."

"그게 어떻게 로렌의 공입니까? 휴의 아이디어였어요!"

마커스가 냉소적으로 비웃었다.

나는 의자에 꼿꼿이 앉아 마커스의 눈을 똑바로 보면서, 조금도 떨지 않는 목소리로 천천히 말했다.

"사실 그건 제 아이디어였어요. 휴 이사님에게 알려준 사람이 저예요."

마커스가 고개를 저었다.

"말도 안 돼요. 임원회의에서 휴가 그 아이디어를 낸 걸 똑똑히 기억하는데."

마커스가 팔짱을 꼈다.

마커스가 내 말을 믿으리라고 기대하지는 않았지만, 불만을 털어놓으니 속은 시원했다.

"또 제가 자랑스럽게 생각하는 일은 각 영업서비스부 이사님들과 만나서 영업 전략에 대해 조언해 드린 일입니다. 대부분의 이사님들에게 꽤 도움이 됐다고 생각합니다."

"몰랐던 사실이군요."

마커스가 앉은 자세를 바꾸며 말했다.

"사실 이사님은 제가 하는 일을 다 모르시잖아요. 전 제가 한 일을 여기저기 돌아다니면서 떠벌리지 않아요. 영업서비스부 이사님들한테 제가 기여한 일에 대해 꼭 피드백을 받으세요."

내가 신랄하게 말했다.

"뭐 사실은 이미 물어봤어요."

금시초문이다. 마커스가 임원들한테 나에 대해 물어볼 줄은 전혀 몰랐다. 물어봤다니 좋은 일이기는 하지만, 그런 일은 나한테 알려 주는 게 기본 예의 아닌가?

"분명히 평이 아주 좋았을 거예요. 이사님들과는 대체로 생산적인 업무 관계를 유지하고 있거든요. 근데 왜 그러시죠?"

나는 마커스가 뭘 숨기고 있는지 궁금했다.

"그게, 내가 들은 얘기는 전혀 다른데."

"네? 무슨 얘긴데요?"

또다시 불어닥칠 맹공격에 마음의 준비를 단단히 했다.

마커스가 파일을 열었다.

"로렌과 같이 일하면서 어땠는지 임원들한테 평을 물었어요. 우려 섞인 지적들이 많아요."

"예를 들면요?"

나는 신경이 곤두선 채 물었다.

"음, 우선 맥신 새비지의 평인데요. 맥신은 로렌을 많이 못 만났다고 하던데요."

나는 관자놀이를 문질렀다.

"맥신 이사님에게 업무를 도와드리겠다고 수차례 얘기했었는데, 그때마다 거절하셨어요. 그래서 제 도움이 필요한 다른 부서들에 시간과 에너지를 집중한 거죠."

"그래도 도와줄 사람과 안 도와줄 사람을 고르면 안 되잖습니까. 다른 사람들한테 좀 융통성 있게 대해요."

"알았어요. 다른 분들은요?"

나는 짜증이 났다.

"거스 웨어링의 평은 좋고 나쁜 게 섞여 있더군요. 거스가 보낸 이메일이에요."

나는 마커스가 건넨 종이를 읽었다.

마커스,

이메일로 로렌 존슨에 대한 평을 부탁하셨는데, 일단 로렌은 나와 우리 팀에게 도움이 되도록 일을 잘하고 있습니다. 지난 한 해 동안 일부 제품의 매출이 하락해서 우리가 어려움을 겪고 있었는데 이를 극복하는 데 도움을 줬고, 우리 팀이랑 같이 일하면서 회복 전략을 짜는 일도 도왔는데 역시나 잘했습니다. 로렌의 성장 문제와 관련해서 말하자면, 로렌이 왠지 본인 생각을 밀어붙이는 데 좀 심하게 주저해서 장애가 될 수 있다고 다른 사람들이 하는 얘기를 몇 번 들었는데요. 나는 같이 일하면서 그런 점을 보지 못했습니다. 다른 사항이 있거나 설명이 더 필요하면 알려주십시오.

거스 웨어링.

나는 혼란스러워하며 고개를 들었다.

"뭐가 안 좋다는 거죠?"

"일부 사람들이랑 잘 못 지낸다고 쓰여 있잖아요."

이런 바보 멍청이를 봤나. 나는 자제력을 잃지 않은 목소리로 주장했다.

"이 이메일을 어떻게 읽으셨어요? 왜 거스 이사님이 제 업무 수행능력을 부정적으로 본다고 생각하시죠? 거스 이사님은 아주 상호 보완적으로 말씀하시고, 제가 한 일에 만족하시는 거 같은데요. 맞아요, 다른 사람들의 의견을 말씀하시고는 있죠. 하지만 제가 성장하기를 바라는 맥락에서 하신 말씀이에요."

"난 그렇게 보지 않아요."

"그럼 거스 이사님한테 전화해서 물어봤어요? 대체로 긍정적인 평가인지 아닌지 물어봤어요?"

"아니요, 안 물어봤어요. 그럴 시간도 없고 내가 보기엔 아주 분명하니까."

틀림없이 마커스는 나를 괴롭히고 싶어 안달이 났다.

"또 다른 분들은요?"

"다예요."

"제임스 스완 이사님에게 물어봤나요? 거의 1년 내내 제임스 이사님과 그의 팀이랑 긴밀하게 일하고 있거든요."

"제임스한테는 연락 안 했어요. 긍정적인 평일 게 뻔하니까."

기가 막히고 코가 막힐 대답이군! 고문실의 지금 이 순간은 매우 비현실적이다. 마커스는 자기 입으로 한 말을 듣기나 했는지 궁금하다. 나에 대해 긍정적인 피드백을 받기 싫어서 제임스한테 말하지 않았다니!

"로렌, 전체적인 평가를 해야겠네요. 지난 12개월 동안 로렌의 업무 평가는 3등급입니다."

놀랍다, 놀라워! 치과용 드릴이 노출된 신경을 연신 두드리는 듯했다. 작년과 같은 등급이다. 3등급, 기대 충족, 평균 등급. 싸워보자. 커트에게 맞서면서 느낀 자신감과 제임스한테 얻은 영감을 활용하자. 제임스가 코치와 부딪쳤을 때 보인 태도, 임원 회의에서 자신의 가치관을 지키려던 태도를 생각하자.

"이사님, 너무 가혹한 평가입니다."

아니야, 이런 대응은 잘못됐다. 무법자 같은 마커스의 특성상, 이런 얘기를 들어도 꿈쩍도 안 할 것이다. 그래도 나는 계속했고, 이번에는 더 조심스럽게 말했다.

"3등급은 부당한 등급입니다. 제 업무의 성격도, 제가 미친 영향도 고려하지 않은 평가예요."

"난 때때로 상황에 대해 판단을 내려야 해요. 모든 사람이 등급에 만족할 거라고 생각하지 않아요."

마커스가 신중한 어투로 대답했다.

"등급을 재고해주시길 부탁드립니다."

논쟁하는 내 자신이 자랑스러웠다.

"안 됩니다. 그럴 순 없어요. 내가 볼 땐 딱 정확하고만."

마커스가 양손으로 탁자를 치면서 말했다.

"3등급이면 괜찮은 거예요."

헛소리하고 있네. 벤이 작년에 말했듯이, 좋은 등급이면 저런 말 자체가 필요 없다.

"전 그렇게 생각하지 않아요. 다른 회사에서 일할 때는 업무 실적이 좋아서 등급이 늘 높았어요. 평균 등급을 받은 적이 한 번도 없었어요. 할로우 케인에 오기 전까지는요."

"할로우 케인 사람들의 업무 능력이 더 뛰어나고, 같이 경쟁하는 직원들도 더 유능한가 보죠."

마커스가 딱 잘라 말했다. 정말 어처구니없다. 팀원들끼리 피 터지게 경쟁하라는 얘기인 셈이다. 저런 말은 해서는 안 될 말이다.

"이사님, 제가 3등급인 이유를 짧게 설명해주실 수 있나요?"

"주된 이유는 핵심 업무에서 주목할 만한 결과물이 안 나왔기 때문이죠. 회사의 핵심 마케팅 전략, 브랜드, 제품, 서비스를 수정하는 일 말이에요."

"하지만 중요한 진척이 있었어요. 이사님이 진척된 내용을 들을 시간이 없는 것뿐이죠."

"뭐, 시간을 내보죠. 아무튼 3등급이에요. 결과를 내면 더 높은 등급을 받을 여지가 있잖아요. 게다가 내년을 위해서 더 분발하게 되고."

"하지만 지금도 성과를 내면서 착착 진행하고 있어요."

"이봐요, 로렌. 마케팅 전략의 결과물이 별로 없다고 니콜라스가 날 얼마나 쪼는데요. 다 당신 책임이야. 니콜라스는 로렌이 뭘 하는지도 몰라요."

마커스는 날 너무 지치게 한다. 도대체 누가 업무 평가를 하는 거지? 마커스야, 니콜라스야? 아마도 니콜라스의 비위를 맞춰서 자기는 높은 등급을 받으려고 나를 괴롭히는지도 모른다. 실제로 마커스를 평가할 권한이 니콜라스에게 있다면 말이다. 아니면 단순히 니콜라스의 꼭두각시인가? 모든 게 너무 복잡하다.

마커스가 시계를 봤다.

"그만 정리하죠, 로렌. 등급은 변함없어요. 프로젝트를 검토할 시간은 내보도록 하죠. 그리고 내년에는 당신이 2등급을 받았으면 좋겠네요."

나는 마커스의 사무실에서 나와 머리를 식히러 산책을 나갔다. 업무 평가 때문에 사기가 떨어졌지만, 기분은 지난번만큼 나쁘지는 않았다. 나를 방어했고 피해자라는 느낌도 덜했다. 마음의 상처가 전만큼 심하지 않았다. 제임스의 자리로 갔다. 마커스와 붙은 얘기를 해주고 싶었지만, 제임스는 자리에 없었다.

그날 밤 폴에게 업무 평가 얘기를 들려줬다. 남편도 그 일이 열의를 떨어뜨린다는 데 공감했다.

"그래도 자기야! 난 당신이 자랑스럽다. 자신을 방어했잖아. 꿋꿋이 잘 버텼어."

폴이 나를 안아주었다.

"내가 해냈어."

나는 환하게 웃었다.

"대단해. 그럼 이제 다음 주말에 뭐할지 계획을 세워 보자."

폴이 손을 입에 동그랗게 갖다 대고서 애니와 해리를 큰 소리로 불렀다.

애들이 쏜살같이 방으로 달려왔다. 폴은 해리를 잡았다. 나는 애니를 안아 간지럼을 태웠다. 애니가 킥킥거렸다.

"이번 주말에 뭐 특별한 거 하고 싶어?"

폴이 웃으며 말했다.

"당연하지!"

월급봉투

올해 평균 임금이 4.5% 오른다는 소문이 돌았다. 연봉 협상 시기이기에, 우리 임금도 평균 정도 오르게 되는 건지 상황을 지켜봤다.

마커스가 전화해서 나를 보자고 했다. 턱에 어퍼컷을 날리는 신호를 샌드라와 에밀리에게 보낸 다음 20층으로 올라갔다.

"로렌, 연봉 협상과 관련해서 알려줄 소식이 있어요."

마커스가 말을 시작했다. 지난해 평가 논쟁을 떠올리면서 숨을 죽이고 들었다.

"로렌의 임금이 4% 인상됐다는 소식을 전하게 돼서 기쁘네요. 최근 업무 평가 때도 말했는데 난 로렌이 일을 만족스럽게 하고 있다고 봐요. 그때 논의했듯이, 로렌은 잘하는 부분도 있고 개선할 부분도 있어요. 로렌이 일부 팀원들과 잘 못 지내서 좀 우려스럽고, 또한 로렌에 대한 임원들의 평도 엇갈렸죠."

마커스가 내 감정의 버튼을 눌렀다. 기가 죽고 수세적인 느낌이었지만, 쓸모없는 사람이라는 자괴감을 나에게 느끼게 하려는 마커스와 싸우고 싶었다. 마커스가 천천히 하나씩 얘기했으면 좋겠다. 하지만 내 감정을 드러내고 싶지는 않았다. 지난번에 마커스와 붙었을 때를 떠올리자 용기가 솟았다. 나를 방어할 마음의 준비를 했다. 이 순간이 지나고 얻게 될 자신감을 마음속으로 그렸다.

"이사님, 한 번에 한 쟁점씩 얘기하면 어떨까요?"

내가 공손하게 물었다.

"우선, 인상률이 4%라니 아주 실망스럽네요."

"4%는 평균 인상률이에요."

"제가 알기로는 관리자들한테 전달된 지침은 4.5%라던데, 그러면 제가 평균보다 떨어진다는 말이잖아요. 전 제 업무 능력이 평균이나 평균 이하라고 생각하지 않습니다."

"뭐, 4에서 4.5%가 평균이죠."

마커스가 인정했다.

"이사님, 관리자들한테 전달된 지침이 4%인가요, 4.5%인가요? 어느 쪽이죠?"

틀림없이 마커스는 꼼짝 못하고 사실을 털어놓아야 한다는 사실을 파악했다.

"4.5%가 맞긴 한데, 우리 팀의 평균 인상률은 4%예요."

자기가 방금 뭐라고 떠들었는지 알기나 한 거야? 마커스는 방금 팀원들을 속인 사실을 인정했다. 스스로 자기 무덤을 파다니.

"그러니까 인상분 전액을 팀원들의 월급을 올리는 데 쓰지는 않겠다는 말씀이시네요."

나는 두 사실을 연결시켰다.

"왜 그 예산을 부서원들의 연봉 협상에 쓰지 않는 거죠?"

재빨리 계산해보니, 마커스는 전체 연간 예산에서 약 4천 달러를 절약하는 셈이고, 그렇게 해서 윗사람들한테 잘 보이려는 속셈인 듯싶다. 어째서 일부 관리자들은 자기 지갑에서 돈이 나간다고 생각할까?

"내가 볼 땐, 우리 부서의 전체 실적을 고려하면 4%가 적당해요."

마커스가 대답했다.

저런, 마커스는 본인 입에서 뭔 말이 튀어나오는지도 모르는군. 나는 큰마음을 먹고 과감히 말했다.

"팀의 실적이 정말로 평균 이하라면, 그 팀의 관리자한테도 팀원들과 똑같은 인상률을 적용해야 하지 않나요?"

마커스는 동요하지 않았다.

"내 경우는 그렇지 않죠. 내가 취임하고 나서 팀의 실적이 계속 오르잖아요. 제품들도 좋아졌고 내년쯤이면 분명히 실적이 좋은 팀이 될 겁니다."

마커스, 만세! 이 인간은 전혀 개의치 않나 보다. 계산기로 임금 인상분을 두들기는 건 마커스에게 그저 일상적인 업무다. 레이더가 켜졌다가, 다시 꺼진다. 우리 팀원들이 이런 생각을 못하거나 다른 팀원들하고 대화를 안 한다고 생각하나? 내가 집에 가서 남편한테 뭐라고 말할 거라고 생각하지? 어이구, 남편이랑 일 얘기를 한다고는 전혀 생각하지 못할 수도 있겠다. 생각을 하더라도 마커스는 신경 쓰지 않을 것이다. 마치 벽에다 대고 얘기하는 꼴이다!

"그럼 얘기를 끝내죠."

내가 먼저 대화를 마무리했다.

마커스는 내 연봉 협상 문서를 꺼내서 과장되게 빙빙 돌려 사인을 했다. 내가 일어서자, 마커스가 문서를 느릿느릿 봉투에 넣어 나한테 주더니 내가 가기를 기다렸다.

옆에서 지켜보던 내가 한마디 했다.

"임금이 올라도 별로 기쁘지 않네요. 그리고 왜 이사님은 저를 지지하지도, 고무하지도, 제 일에 흥미를 불어넣지도 않는지 모르겠어요. 왜 제 열의를 꺾으시죠? 왜 저를 마치 체스판의 졸로 취급하시죠? 잊지 마세요, 전 이사님 팀의 일원입니다."

나는 대답을 듣지도 않고 뒤돌아서서 후들거리는 다리를 감추며 아주 침착하게 걸어 나왔다.

그다음 주, 좋아하는 카페에서 점심을 먹는 동안 팀원 몇몇이 마커스의 연봉 협상 면담에 대해 불평을 늘어놓았다. 에밀리가 말문을 열었다.

"새로 들어온 사람이 몇 년 일한 사람보다 돈을 더 많이 받는 경우가 종종 있으니까 짜증 나요. 가끔은 있죠, 그만뒀다가 다시 들어오는 게 더 낫지 않나 싶다니까요. 오랫동안 회사에 충성한 사람들한테는 너무 불공평한 일이에요."

틀림없이 에밀리도 연봉 협상이 실망스러웠나 보다.

"다 회사 시스템 때문에 그래요. 이 시스템에 따라서 모든 직원의 급여 등급이랑 폭이 정해지잖아요. 웃기는 건 이 시스템이 신입사원보다 현 직원들의 임금을 더 억제한다는 사실이에요. 새로 사람이 들어오면 관리자들이 급여 등급이랑 직책을 정하고 그 등급 내에서 급여 폭이 정해지죠(동일한 직무의 급여를 묶은 것을 급여 등급이라 하고, 동일한 등급 내에서 최고와 최저 급여 수준의 차이를 급여 폭이라고 한다). 하지만 현 직원들은 등급이랑 임금을 조정하는 데 시간이 너무 오래 걸려요. 관리자가 인사부에 사유를 제출하면, 그다음에 임원회의에서도 논의해야해요. 이 시스템 때문에 현 직원들은 급여 등급을 바꾸기가 무지 어렵고, 그해 임금 인상률과 다른 임금 인상은 승인 받기가 힘들어요."

벤이 말했다.

다들 연봉 협상 얘기를 돌아가면서 하기 시작했다. 벤은 연봉 협상을 한 해 못한 적이 있다고 했다. 스프레드시트에 자기 이름이 누락된 건지, 임금을 안 올려 주려고 일부러 그런 건지 알 수 없단다.

"임금은 안 올려 주더라도, 연봉 협상을 한다는 사실은 적어도 나한테 알려줬어야지!"

나는 디 애쉬먼 얘기를 해줬다.

"그 여잔 직원들을 직접 만나서 연봉 협상 문서를 전해준 적이 단한 번도 없어요. 점심 먹으러 갔거나 회의 중인지 확인해서 책상에 문서를 휙 던져 놓고 도망갔죠."

"난 표창장을 그런 식으로 받은 적이 있는데. 내가 프로젝트를 정말 잘한 거예요. 성과도 좋고 고객들 반응도 엄청 좋아서 상을 받았죠. 상사가 멋진 편지도 줬는데, 로렌처럼 책상에 던져 놓고 갔더라고요!"

샌드라 피어슨이 말했다.

"아까 말한 그 상사는 칭찬을 안 했어요."

나는 웃으며 말했는데, 디 애쉬먼 얘기에도 웃기는 점이 있다니 신기했다.

"그 여자는 칭찬을 하더라도 '하지만'이라는 단어를 뒤에 꼭 붙였어요. 하루는 내 자리로 오더니 내 프레젠테이션 반응이 좋다고 하더군요. 근데 속으로 '잠깐만, 방금 내가 칭찬을 했지'라고 생각하는 게 뻔히 보이더라고요. 왜냐하면 이런 말을 덧붙였거든요. '하지만 그 프레젠테이션이 사업으로 이어질지는 기다려 봐야지.' 정말 못됐다 싶더라고요."

"그게 다 관리자들이 불안해서 그런 거예요. 어떤 관리자들은 좋은 소식을 전하거나 칭찬하기 싫어해요. 어떤 상사들은 아랫사람이 일을 잘한다는 건 곧 자기는 일을 못한다는 말이라고 생각하죠. 그 사람들은 세상을 수입과 지출이 맞아떨어져야 하는 장부로 봐요."

벤이 말했다.

독한 년 디와 마커스 폼프리를 생각하니 벤의 말에 공감이 갔다.

"멕 몽고메리는 공로를 정말 잘 인정해줬어요. 적절한 때를 골라 전체 팀원들 앞에서 상을 줬죠. 말에는 늘 진심이 담겨 있고요. 정말 특별했던 점은 상을 준 다음에 사무실로 불러서 어떤 점을 잘했는지 차분히 얘기해 준 거예요. 멕은 어떤 점이 훌륭했는지 구체적으로 말했어요. 우리가 또 높게 사는 점은, 멕은 반드시 프로젝트가 완성돼야 공을 인정해주는 사람이 아니었어요. 일이 착착 성공적으로 잘 진행되면, 주저 없이 잘한다고 인정해줬어요. 멕은 직원들이 일을 성공적으로 끝내리라고 믿었고, 실제로도 직원들이 일을 잘했죠! 동기 부여가 아주 잘 됐어요. 상사가 날 믿으면, 자신을 더 믿게 되잖아요.”

샌드라가 말했다.

멕이랑 하루밖에 일을 못하다니, 에고 내 신세야.

“제임스 스완도 비슷해요. 사람의 진가를 제대로 알아주는 사람이에요. 한번은 출산 휴가에서 돌아온 지 얼마 안 됐을 때, 제임스가 맡긴 프로젝트 때문에 2주 동안 출장을 가게 됐어요. 남편이랑 내가 무지 힘들 때였는데도, 정말 그 일을 하고 싶더라고요. 근데 제임스가 집에 있는 남편한테 편지를 보내서는, 내 출장이 회사에 미칠 영향을 설명하고 자신이 뭐든 돕겠다고 했어요. 남편이랑 난 어찌나 고맙던지.”

에밀리가 말했다.

와, 단순한 행동이지만 정말 큰 감동을 주는구나. 멋져요, 제임스. 나한테도 저런 상사가 있다면 얼마나 좋을까!

시간이 다 돼서 우리는 후다닥 점심을 먹었다.

마지막으로 벤이 말했다.

“이 점만은 기억해 둬요. 연봉 협상을 통해서 상사의 많은 점이 드러나요. 우리가 아니라 관리자들의 성격을 테스트하는 셈이에요. 마음이 후한 상사라면, 연봉 협상에서 후한 마음과 자신에 대한 만족감이 드러나겠죠. 인상분을 계산할 때 복잡한 공식을 사용하는 상사라면, 사소한 문제에 집착하고 계산기 뒤에서 위안을 얻으려는 성격이 나타날 거고요. 인사부가 분명히 결정해야 한다고 비난하는 상사라면, 소심함을 드러내는 셈이죠. 어떤 관리자들은 자기 주머니에서 돈이 나간다고 생각하는데, 인색한 성격을 고스란히 드러내는 거죠. 연봉 협상을 권력의 도구로 사용하는 상사들도 있는데, 권력을 휘두르고 싶은 욕구를 보여주죠. 연봉 협상을 너무 심각하게 받아들이지 말아요. 우리가 아니라 관리자들을 평가하는 일이니까."

우리는 밥값을 계산하고 일하러 돌아갔다. 나는 자리로 돌아가서 전략적 마케팅의 마지막 부분을 검토해야 한다. 점심시간에 동료들과 편하게 농담을 주고받았더니 기분이 좀 나아졌다. 분명히, 형편없는 연봉 협상으로 힘들어하는 사람들이 나 말고도 많았다. 이 사실에 안도감을 느끼다니 좀 기분이 이상했다.

사무실로 돌아가는 길에 벤을 붙잡고서 상사들에 대해 더 물어봤다.

"벤, 상사들의 행동이 성격을 반영한다고 했잖아요? 그럼 같이 일하기 힘든 상사들이 왜 그렇게 많을까요?"

벤이 웃었다.

"내 이론에 따르면, 두 가지 이유 때문이에요. 첫째 이유 덕분에 많은 상사들이 일찍 출세할 수 있었죠. 경쟁심 강하고, 거만하고, 공격적인 행동 말이에요. 어찌 됐든 이런 상사들이 꾸준히 승진해요. 갈수록 이런 나쁜 행동에 점점 더 의지하고, 그 덕분에 성공한다고 속으로 생각하죠. 경영진이 되면, 자기가 원하는 것을 얻으려고 거듭 같은 행동을 보여요."

"둘째 이유는요?"

"권력이죠. 권력을 쥐면 사람이 자만하게 되잖아요."

벤은 턱을 문질렀다.

"전 그런 태도 때문에 너무 힘들어요."

"그러니까 로렌은 권력욕과 출세욕이 없는 사람인 거죠. 로렌은 그 사람들한테 상대가 안 될 걸요."

"맞아요. 다행인 것 같아요."

우리는 잠시 아무 말 없이 기분 좋게 걸었다.

"이건 상사들한테도 아주 가혹한 시스템이에요. 결국엔 그 사람들도 위로 올라가든가 아니면 아웃 당할 테니까요!"

나는 웃음을 터뜨렸다.

"고마워요, 벤!"

1루에 나가다

장거리 장애물 경주보다 장애물이 더 많았지만, 할로우 케인의 마케팅과 브랜드 전략을 재검토하는 일에 엄청난 진전이 있었다. 어떤 제품과 서비스의 유형이 앞으로 10년 동안 회사가 잘 자리 잡는 데 도움이 될지 좋은 아이디어가 생겼다. 특히 인류학적 검토가 흥미로웠다. 샐리와 나는 단순하면서도 깊은 통찰력을 얻게 됐다. 이를 통해 시장 전략과 경쟁력 있는 포지셔닝에 관해서 새롭고 흥미로운 아이디어들이 떠올랐다.

이 모든 내용을 모아서 돌파구가 될 방법을 보고서에 담자 정말 엄청나게 흥분됐다. 맥이 애초에 생각했던 바를 완수했다고 확신한다. 새로운 전략은 수백만 달러가 걸려 있는 엄청난 일이다. 계획대로만 진행된다면 회사의 수익, 시장 점유율, 이윤이 상당히 좋아질 것이다.

이제 경영진의 지지를 얻어야 할 때가 됐는데, 이전 경험으로 보면 조심스럽게 다가갈 필요가 있었다.

내 상사인 이상, 마커스는 내 제안의 내용을 잘 알고 지지해줘야 한다. 하지만 약속을 잡아보려 해도 헛수고였다.

내가 간절하게 이메일을 보내자, 마커스가 다른 임원들을 먼저 만나 보라고 했다. 다른 임원들과 만난 자리에서 나온 조언들을 자기가 검토하겠단다. 위험한 제안이긴 하지만, 일을 추진하려면 그렇게 해야 했다.

안타깝게도 제임스 스완은 휴가가 연장돼 자리를 비운 상태였다. 같이 프레젠테이션을 검토해보고 싶었는데, 제임스는 몇 주 뒤에나 돌아온다.

경영진을 개별적으로 만나 제안을 검토하는 게 최선책이라는 판단이 들었다. 시간은 더 걸릴 테지만, 이전 경험으로 봤을 때 임원회의에서 검토하는 건 내 아이디어를 죽이는 자살 행위나 다름없다. 누군가 부정적인 말을 한 마디만 해도 모두 잇따라 독설을 퍼부을 것이다. 내 제안은 그날 분위기에 따라 통과되거나 거부당할 테고, 아니면 부주의한 말 한 마디에 사보타주당할 것이다.

존 스콰이어스는 니콜라스 스트레인지를 의사 결정자로 본다고 분명히 밝혔다. 한편 니콜라스는 판단을 내릴 때 친구들 말 빼고는 거의 안 믿는다. 그래도 영업서비스부 이사 네 명의 지지를 등에 업고 니콜라스를 만난다면, 내 계획을 설득시키기가 훨씬 쉬울 것이다. 그래서 임원들을 개별적으로 차례차례 만나는 쪽으로 생각이 기울었다.

제러미와 맥신은 너무 까다로워서, 생각을 바꾸기가 제일 힘든 사람들이다. 까다로운 데다 성질도 너무너무 더럽다. 제임스는 휴가 중이고, 라이언 건은 경영자 교육 프로그램을 받는 중이었다.

그래서 거스 웨어링을 제일 먼저 만나 보기로 결정했다. 다른 임원들에게 존재감이 적은 사람이긴 하지만, 마커스가 나에 대해 물어봤을 때 긍정적으로 말해줬다. 거스는 원칙적으로 나를 깔아뭉개지 않고 내 말에 귀를 기울일지도 모른다. 긍정적인 평가를 하나라도 얻는다면 순조롭게 출발하는 데 도움이 된다.

거스를 꽤 잘 안다고 생각하지만 제안을 해 본 적은 없어서, 아무튼 경험 있는 사람의 조언이 필요했다. 그래서 거스 부서의 영업사원인 베로니카 베이커와 약속을 잡았다. 베로니카와 꽤 친해져서 거스에 관한 내부 정보를 물어볼 수 있었다.

"있지, 거스랑 단 둘이서 만나는 게 좋아. 여러 명이서 보는 것보다 일대일을 더 좋아하거든."

"왜?"

"일이 복잡해지는 걸 싫어해. 자기가 상황을 통제하고 싶어 하거든."

"오케이. 다른 건 없어?"

"자세히 설명하는 걸 싫어해. 세부적인 얘기를 하면 헤매니까 간단하게 말해. 설명할 때 슬라이드는 다섯 개 이상 쓰지 말고."

"야, 농담이지?"

"아니, 나 완전 진지하거든. 거스 가까이서 일하는 사람들은 슬라이드를 다섯 개 이상 쓰면 거스의 주의력이 떨어진다는 사실을 다 알아."

전혀 예상치 못한 사실이다.

"힘들 거 같은데. 지난 몇 년 동안 할로우 케인이 다룬, 손에 꼽을 만큼 중요한 내용을 슬라이드 다섯 개만으로 설명할 순 없어."

"그래도 쉽고 단순하게 설명해야 해."

베로니카가 단단히 주의를 줬다.

결국 슬라이드 22개와 백업해 둔 정보로 꽉 찬 파일을 혹시 몰라 따로 준비해 두는 수밖에 없었다. 이 슬라이드들은 안 다루는 문제가 없다. 시장, 사회적 추세, 돌파구로서 인류학 연구, 경쟁사 분석, 예상 매출, 영업 인센티브, 제품 세부사항, 광고와 제품 출시 정보, 투자 제안, 재무 수익까지 완벽한 패키지였다.

나는 거스랑 만나기 전날과 그다음 날 아침에 샌드라와 벤 앞에서 프레젠테이션을 연습하고서, 10시 약속에 맞춰 관제센터로 씩씩하게 올라갔다.

거스는 나보고 사무실로 들어오라고 했다. 나는 나무들과 골프 여행 사진들 사이에 앉았다. 보통 때처럼 탁자에는 파일이 그득 했다. 거스는 내 서류 더미를 보고 곤혹스러운 표정을 지었지만, 친절하게도 서류를 다 내려놓을 공간을 만들어줬다. 거스의 셔츠가 하얀색이라 비듬에 눈이 가는 일은 없어서 다행이었다. 거스의 신발은 일부러 보지 않았다.

계획한 대로 자세한 내용이 든 파일은 한쪽에 따로 두고, 거스 앞에 있는 탁자에는 슬라이드 꾸러미를 놓았다. 함께 슬라이드를 휙휙 돌려 볼 수 있도록 거스의 오른편에 앉았다. 나는 신중히 생각하느라 슬라이드를 열기 전에 머뭇거렸다.

거스에게, 내 제안은 매우 종합적인 검토이며 자본 투자가 상당히 필요하기 때문에 위험하기는 하지만 시장에서 회사를 성장시킬 잠재력이 있다고 말했다. 이 전략을 시행하는 데 영업서비스부 이사로서 지지를 부탁한다고 말했다. '영업서비스부 이사' 라는 단어를 말할 때 거스의 가슴께가 살짝 부어올랐다. 거스는 더 꼿꼿이 앉는 듯했다.

슬라이드 꾸러미를 열지 않은 채 배경을 설명했는데, 거스는 조용히 듣고 있었다. 거스는 펜을 만지작거리다가, 멍한 표정으로 펜의 뭉툭한 부분을 한쪽 귀에 넣고 열심히 판 다음 다른 쪽 귀도 팠다.

나는 슬라이드 폴더를 열었다. 거스는 몸을 숙이고 양이 얼마나 많은지 보려고 슬라이드를 휙휙 넘겼다. 내가 슬라이드 다섯 개로 재무 계획을 막 요약하려는데, 거스가 벌떡 일어나 걸어 나가기 시작했다.

"나 없이 계속해요."

거스가 고개를 돌려 말했다. 그러더니 나가버렸다.

도대체 뭔 일이야? 나는 주위를 두리번거렸다. 거스와 내가 둘이 있던 방에 이제 나밖에 없다! 어떻게 계속하란 말이지? 너무 어리벙벙해서 일어날 엄두도 나지 않았다. 누가 있다고 하더라도 아무 말도 못했을 것이다. 나무나 사진에 귀가 있을지도 모른다. 나무나 사진은 내 제안에 관심이 있을지도 모른다.

어쩌면 거스가 화장실에 갔을 수도 있다. 비서에게 확인해봤다. 아니다. 아래층으로 간다면서 나갔다고 한다. 5분을 더 기다렸지만 오지 않아서 나는 짐을 챙겨 나왔다.

10시 20분쯤 자리로 돌아왔는데, 방금 벌어진 일 때문에 완전히 멍한 상태였다.

"어떻게 됐어요?"

벤이 물었다. 나를 쳐다본 벤의 반응으로 봐서는 내 얼굴이 백지장처럼 하얀 게 틀림없다.

"무슨 일이에요, 로렌? 괜찮아요?"

나는 입이 떨어지지 않아 벤을 보며 고개만 천천히 가로저었다.

"로렌, 괜찮아요?"

벤이 걱정하며 다시 말을 멈췄다.

"괜찮아요. 아주 심각한 일은 아니에요."

내가 정신을 좀 차리며 말했다.

벤은 기다렸다. 몇 분 뒤 나는 지구라는 행성의 현재 시간대로 돌아왔다.

"그동안에 내가 참석한 업무회의 중에서 가장 놀라운 회의였어요."

내가 고개를 저으며 말을 꺼냈다.

"프레젠테이션에 쓸 슬라이드 다섯 개를 꺼내서 본론으로 막 들어가려는데, 거스가 일어나더니 그냥 나가버렸어요. 자기 없이 계속하래요!"

벤이 입을 벌린 채 빤히 바라봤다.

"도대체 나보고 어쩌라는 거죠? 도무지 모르겠어요."

"하지만……. 분명히 거스가 전화를 받고 나가……."

"아니요, 전화 안 왔어요. 사무실로 다시 오지도 않았다고요. 거스는 세부 내용은 거들떠보기도 싫고 결정도 내리기 싫은 거라고요 ……'나 없이 계속해요'라니!"

이때 벤이 재미있는 점을 발견한 모양이었다. 벤이 입술을 실룩거리며 히죽 웃고 눈을 반짝거리더니, 결국에 배꼽을 잡고서 크게 껄껄 웃었다. 다른 사람들이 쳐다봤다.

벤이 연극하는 사람의 어투로 되풀이해 말했다.

"나 없이 계속해요."

그러더니 벤은 자리를 떴다.

벤의 연기가 나한테 전염됐는지, 나는 킥킥거리며 웃다가 나중에는 웃음을 주체하지 못하고 눈물까지 주르르 흘렸다.

밤에 폴한테 얘기하면서도 그날 있은 일이 믿기지 않았다.

거스한테서 소식이 전혀 없어서, 명단에 있는 그다음 임원을 만나기로 했다. 이번에는 '서쪽의 사악한 마녀' 맥신 새비지를 만난다. 그다음에는 마커스를 만날 것이다. 물론 마커스와 약속 날짜를 어떻게든 못 박을 수 있다면 말이다.

얼마 전 나는 회사의 전략기획회의에 초청받았다. 회의는 3주밖에 남지 않았다. 좀 더 서둘러서 임원들에게 프레젠테이션을 다 마친다면, 전략기획회의에서 내 제안이 채택될지도 모른다.

마녀에게 제안하다

거스한테 시간을 낭비한 지 이틀 뒤, 맥신을 만나러 19층으로 갔다. 내가 의도한 바는 아니지만, 맥신이 내 제안을 처음 보는 임원이 됐다.

회의실 탁자 한쪽에 파일을 놓고서 맥신이 오기를 참을성 있게 기다리다 보니, 얼마 안 돼 맥신이 왔다.

맥신의 걸음걸이는 그대로였다. 몸집에 비해 너무 좁은 굽 때문에 뒤뚱거리며 걸었다. 머리는 뒤로 단단히 올려 매고, 노골적으로 몸매를 다 드러내는 딱 달라붙는 정장을 입었다. 보통 때처럼 뾰로통한 모습이었다.

맥신이 거울에 비친 자기 모습을 넋 놓고 보지 못하도록, 나는 유리창 맞은편 자리에 앉았다. 이렇게 하면 한 명의 맥신만 상대하면 된다!

"안녕하세요, 이사님."

맥신이 자리에 앉자 내가 당당하게 말했다.

"이렇게 시간을 내주셔서 감사드려요. 제가 준비한 마케팅 전략과 브랜드 계획에 관해서 이사님과 함께 검토하고 싶어서요. 시작하기 전에 뭐 드실래요? 차나 커피, 물 드릴까요?"

"아니, 됐어요. 빨리 끝내죠. 좀 이따 회의가 있으니까, 바로 본론으로 들어갑시다."

맥신은 팔짱을 낀 채 말했다.

"알았습니다."

이제는 맥신의 거만한 태도가 별로 놀랍지 않다. 나는 프레젠테이션 꾸러미 쪽으로 손을 뻗었다. 힐끔 쳐다보니 맥신이 눈을 흡뜨고 있었다. 저 여자가 내 계획을 망치도록 내버려두지 않겠어.

"이건 1년 반 넘게 작업해서 얻은 결과물이고요, 많은 회사 직원들과 외부 관계자들이 참여했습니다."

"알거든요. 요점만 얘기하죠."

"바로 본론으로 들어갈 겁니다."

나는 단호하게 말했다.

나는 마케팅 전략을 재검토하는 설득력 있는 이유를 대기 시작했다. 재검토의 사유를 재빨리 밝히고, 매출이 지난 3년 동안 침체해 있고 시장 점유율도 제자리걸음인 상황을 실례로 들어가며 보여줬다. 같은 기간에 우리의 두 주요 경쟁사는 작은 회사들을 희생시켜 시장 점유율을 높였다. 규모가 작은 일부 회사들이 지난 몇 년 동안 도산해서 더 큰 회사들로 통합되는 중이다. 맥신에게조차도 변화의 필요성은 분명했다.

맥신은 몸을 앞으로 숙이며 얘기에 집중했고, 내가 작성한 도표에 시선을 고정했다. 좋았어, 맥신이 관심을 보이는군.

나는 우리 회사의 활동 영역인 외부 상황 얘기로 넘어갔다. 샐리 모턴의 뛰어난 연구를 통해 현재의 사회 환경, 사회와 정치 분위기를 바꿔놓는 트렌드에 대해 명확히 알게 됐고, 이런 변화들이 앞으로 10년 동안 소비자와 기업 정서에 미칠 영향을 예측할 수 있었다.

그런데 맥신이 노트를 펴서 받아 적는 게 아닌가!

다음으로 나는 마케팅 추세를 구체적으로 설명하고, 시장의 영향력 있는 세력들에게 성공적으로 대응한 다른 분야 기업들의 주요 사례들을 인용했다.

맥신은 몇몇 사례에 대해 질문했는데, 주장이라기보다 설명을 요구하는 질문이었다. 맥신은 생각에 잠겨 고개를 끄덕거렸다.

나는 인류학 연구와 우리나라에서 서비스가 갖는 의미를 발견한 사실에 대해 설명했다.

"전형 연구와 비슷한 건가요?"

맥신이 물었다. 우와, 맥신이 나랑 대화를 나누다니!

"네, 맞아요."

이 개념을 소개한 운명적인 임원회의에 맥신이 참석하지 않은 사실이 생각났다.

맥신은 몇 마디 더 적었다.

할로우 케인에 미칠 영향과 기회에 대한 얘기로 넘어갔다. 현재 어떤 경쟁사도 회사의 전략을 근본적으로 바꿔 돌파구가 될 만한 조치를 취하지 않고 있다.

이어서 선택의 문제로 넘어가 대단히 흥미로운 제안들을 설명했다. 이 제안들은 회사에 엄청난 영향을 미치고, 성공하면 경쟁사들 사이에서 독보적인 위치를 점할 수 있다. 돌파구가 될 아이디어들의 장점 중 하나는 단순함이다.

내가 고개를 들었을 때, 맥신의 얼굴에 야릇한 미소가 얼핏 스쳤다. 그러다 순식간에 보통 때의 무표정한 얼굴로 돌아왔다.

"그럼 이제 재무 분석 얘기를 해보겠습니다."

내가 페이지를 넘기며 말했다. 나는 높은 수준으로만 요약해 설명했다. 사업 실정이 괜찮고 가정들이 타당하다면 초기의 현금 흐름은 원활할 것이다. 맥신은 제기된 많은 가정들을 시험해봤지만 결점을 찾지 못했다.

이 아이디어를 시행할 상세한 사업 계획 얘기로 넘어갔다. 이번에도 맥신은 조용히 귀를 기울였다.

마지막으로 우리가 조치를 취하지 않으면 어떻게 될지 설명했다. 단기적으로는 현 위치를 유지하겠지만, 경쟁사들이 잠자코 있지 않을 것이다. 우리의 위치가 점점 약해질 테고, 경쟁사 한 곳에서 내가 지금 제안하는 것과 비슷한 생각을 하게 된다면 우리는 심각한 타격을 입을 것이다. 아무것도 안 하는 것은 선택지가 아니다.

"제 제안은 여기까지입니다."

내가 마지막 페이지를 넘기며 얘기를 마쳤다.

침묵이 흘렀다. 맥신은 필기한 내용을 다시 봤다. 맥신은 손을 뻗어 내 파일을 자기 쪽으로 끌어서, 돌파구가 될 조치들이 적힌 슬라이드 세 개를 다시 휙휙 넘겨봤다.

"이게 다인가요?"

"왜 그런 질문을 하시는데요?"

내가 어리둥절해하며 물었다.

"제안이 이게 다예요?"

맥신이 되풀이해 물었다.

"네."

"제안일 뿐이죠?"

"저기, '제안일 뿐'이라는 건 이 제안의 중요성을 폄하하는 말씀이세요. 우리의 사업 방식을 바꿔놓을 제안이거든요. 우리가 사용하는 GTM 모델(Go-To-Market, '시장으로 가자'는 뜻으로 전체 마케팅 전략을 실행하기 위해 자원이나 조직을 효과적으로 활용해 시장에 들어가는 것)과 고객들이 우리한테서 얻는 가치제안(기업이 고객의 욕구를 충족시키기 위해 제공하는 이점)을 바꿔놓을 거예요. 회사 전체의 브랜드와 주력 분야를 바꿔놓을 겁니다."

"솔직히 말해서요, 로렌."

맥신이 의자에서 몸을 꼼지락거리고 머리를 쓰다듬으며 말했다.

"조잡하기 그지없는 제안이네요. 사실 장기 프로젝트 치고는 꽤 실망스러운 결과예요. 쓸 만한 내용도 있긴 한데 피상적이네요."

나는 입을 꽉 다물었다. 말이 나오지 않았다. 그래, 저 여자는 권력으로 나를 뒤흔들어 놓으려는 거다. 내가 보기에 맥신은 설득됐다.

"이거, 다른 임원들한테도 보여줬나요?"

맥신이 얼굴을 찡그렸다.

"아니요, 아직요. 마커스 이사님이랑 거스 이사님한테 보여 드리려고 했는데 못했어요."

내가 힘없이 말했다.

"저기 말이죠."

맥신이 평소와 달리 다정다감한 목소리로 말했다.

"난 로렌을 도울 준비가 돼 있어요. 내가 손을 좀 봐줄 수 있거든요. 로렌이 파일을 두고 가면 내가 좀 고민해보려고 하는데, 어때요? 1, 2주일 뒤에 다시 만나서 내가 손 본 부분을 같이 검토해봐요."

수상한 냄새가 났다. 왜 갑자기 이 여자가 이렇게 친절하게 나오지? 맥신의 생각을 알 수가 없었다.

"어떻게 하시려고요?"

내가 머뭇거리며 물었다.

"지금은 좀 정신이 없으니까 시간을 충분히 두고 생각해보고 싶어요."

맥신이 노트를 덮었다.

"잘 모르겠네요. 사실 저는 제가 작성한 제안이 아주 만족스럽거든요. 아주 일관성이 있는 생각이라고 봐요."

나는 결정을 내리지 못한 채 말했다.

맥신이 나를 향해 집게손가락을 흔들었다.

"이봐요, 로렌, 내가 알기론 당신에 대한 평가는 아직도 유보 상태인데."

맥신이 살벌한 목소리로 말했다.

"내가 잘 아는데, 고위 임원들 중에 몇몇은 당신을 안 좋아해요. 당신이 회사에 도움이 될 만한 사람인지 아닌지 의심한단 말이지. 심지어 어떤 임원들은 당신이 왜 이 회사에 다니는지 의아해 한다고."

맥신은 양손을 번쩍 들었다.

"그러니까 내 도움이 필요해요. 이번 일이 잘 안 되면, 로렌의 미래는 암울할 테니까."

맥신은 가늘게 뜬 눈으로 노려보며 말을 마쳤다.

나는 겁에 질려 어쩔 줄 몰랐다. 소문을 내기 좋아하는 커트한테서 나에 대해 부정적인 말이 오고갔다는 얘기는 들었지만, 이렇게 나쁜 내용일 줄 몰랐다. 나는 빨리 정신 차리려고 애썼다.

난처한 처지가 돼버렸다. 한편으로는 여러 의견들을 개방적으로 받아들여야 한다. 이 제안이 실행되도록 해야 한다. 성공할 만한 가치가 있는 제안이고, 세계 최상급의 해결책이자 경쟁사들이 부러워할 만한 아이디어다. 맥신이 더 좋은 안으로 수정한다면, 귀 기울여야 하지 않을까? 바로 이게 아이디어를 검토하는 이유이기도 하다. 임원들의 의견을 반영하면 임원회의에서 지지를 받을 가능성도 더 높다. 이메일 사건 때처럼 곤란한 상황에 처하고 싶지 않다. 그러면 분명히 뒤에서 쑥덕대겠지. '로렌은 그 누구의 도움도 원하지 않는다' 더라 하고.

다른 한편으로는 이 제안에 대한 권리를 조금도 잃고 싶지 않다.

아주 작은 부분에도 내 노력과 피와 땀과 눈물이 들어갔다. 영업사원 교육훈련 아이디어처럼 뺏기면 어쩌지? 안 돼, 또 그런 일이 벌어져서는 안 돼. 이건 내 생각이야!

재빨리 절충안을 찾아 결정을 내렸다.

"저기, 이사님, 이사님 생각에 정말 감사드리지만, 파일을 두고 갈 순 없겠는데요. 며칠 뒤에 니콜라스 사장님한테 보고해야 하고, 마커스 이사님이랑도 검토해야 해서요. 아마 2주쯤 지나면 만나서 이사님 의견을 검토할 시간이 될 것 같아요."

"이메일로 보내면 어때요?"

맥신이 다시 다정다감한 목소리로 말했다.

"아직 초안이라 안 되겠는데요."

내가 피해망상에 사로잡혀 있는지도 모르지만, 이게 다 전에 사기당한 경험 때문이다.

"알았어요. 그럼 핵심 슬라이드 몇 개만 메모 좀 할게요."

맥신은 다시 노트를 펴더니 슬라이드를 휙휙 넘기며 핵심 주제들을 메모했다. 맥신은 필기를 마치고 고개를 들었다.

"출발치고는 괜찮네요."

출발치고는 괜찮다니! 거들먹거리기는. 온갖 잘난 체는 다 하는 여자다!

"그래…… 출발치고는 괜찮아요."

모욕적인 말을 내가 분명히 들도록 맥신은 되풀이해 말했다.

"하지만 작업이 더 필요하겠어요. 내가 할 수 있는 일을 찾아볼게요. 장담하는데 난 이 안의 가치를 높이고 정말로 좋은 안을 만들 수 있어요. 어려운 일이지만 난 이런 일에 경험이 아주 많아서, 좀만 생각하면 틀림없이 다 해결할 수 있어요."

내가 뭐라 하겠어?

"고맙습니다, 이사님. 감사드려요."

나는 거짓말을 했다.

"2주쯤 뒤에 제가 연락드릴 테니까 그때 얘기 나누면 좋겠네요."

"난 3주 뒤에 전략기획회의에 참석해요. 그거 끝나고 봐도 좋아요."

맥신이 말했다.

"네, 저도 참석하는데요. 우리……"

"로렌도 가요?"

맥신이 눈썹을 치켜 올리며 끼어들었다.

"네. 마케팅부 보조 대표로 참석하는데요. 게다가 제가 하는 일이 전략과 관련 있잖아요."

"알았어요."

맥신이 고개를 저으며 말했다.

왜 그러는 거지? 요새는 기획회의에 탐탁지 않은 별의별 인간들이 다 참석한다고 생각하는 모양이다.

"알았으니까, 나중에 봅시다."

맥신은 흔들거리는 힐을 딛고 서며 말했다.

"로렌이 자랑스러워할 만한 수준으로 끌어올리도록 내가 도와줄

게요."

맥신은 회의실을 떠났는데, 문틀을 잡고 균형을 잡으면서 급하게 나갔다.

나는 그냥 있었다. 맥신과 만나면 늘 그렇듯이 기력이 빠졌다. 또 다시 기분이 우울해졌고, 전투로 마음에 상처를 입은 채 천근 같은 몸을 끌고 자리로 돌아갔다.

드라이브

　　그래, 오늘은 꼭 성공하자. 아침 8시 15분쯤, 나는 책상에 앉아 이메일을 확인하고 프레젠테이션 내용을 다시 한 번 점검했다.

　최종 안을 마커스에게 보고하려고 약속을 잡으려 했지만 다섯 번이나 꽝 난 뒤, 점점 불만이 쌓이고 짜증이 났다. 마케팅부 이사인 내 '상사'가 내용을 빠삭하게 꿰고 도움도 줬으면 좋겠다, 아니 그래야만 한다.

　거스 웨어링은 무관심했고 맥신 새비지는 거들먹거렸지만, 나는 내 아이디어가 정말이지 무척 자랑스럽고 회사에 미칠 영향을 생각하면 가슴이 두근거렸다. 다른 사람들도 그렇게 생각하기를 바라지만, 무엇보다 직속상관이 지지해줘야 한다. 마커스를 만나는 건 무척 중요한 일이다.

　마음 한 편으로는 경쟁사가 비슷한 아이디어를 개발해서 우리가 선점할 기회를 놓칠까봐 걱정됐다. 그런데 마커스를 의자에 앉혀 놓고 내 얘기를 듣도록 하지 못해서 계획 전체가 지연되고 있다. 오늘은 꼭 성공했으면 좋겠다.

마커스와 10시 30분에 만나기로 돼 있었다. 10시 20분쯤 벤 바우저와 얘기를 마무리하려는데, 휴대전화 액정에 마커스의 전화번호가 번쩍거렸다. 이런 또 시작이군. 또 취소하려는 모양이다. 마커스가 또 궁색한 변명을 늘어놓겠구나 생각하며, 벤한테 양해를 구하고 전화를 받았다.

아니었다. 이번에는 장소만 바뀌었다. 마커스는 시내에 약속이 있어서 회사 차를 타고 가면서 만나기를 원했다.

나는 전화를 끊고 나서 벤에게 소리쳤다.

"도대체 어떻게 해야 마커스가 약속을 제대로 지키죠?"

"난 어쩌다 화장실에서 마커스를 봐요."

벤이 무덤덤하게 말했다.

5분 뒤, 나는 할로우 케인의 회사 차 운전기사인 앨버트에게 인사를 하러 갔다. 앨버트는 오십대 후반인데, 차에 너무 오래 앉아 있어서 그런지 배가 조금 나왔다. 앨버트는 평소처럼 나비넥타이에 하얀 셔츠를 입고 기사 모자를 쓰고 있었다. 매끈한 최신 모델인 검정색 메르세데스는 고위 임원들만 사용한다. 온종일 앨버트는 바쁜 임원들을 시내와 그 인근에서 열리는 다양한 회의에 데려다준다.

나는 마커스 옆에 앉으려고 뒷자리에 타기로 했다. 마커스는 아직 도착하지 않았다.

"안녕하세요, 앨버트 씨. 잘 지내세요?"

나는 부드러운 가죽 의자에 앉으며 앨버트에게 인사했다.

"덕분에 잘 지내요, 로렌. 오늘 저녁에 그렇게 기다리던 우리 손자 녀석 생일잔치가 있어요. 로렌은 잘 지내요?"

"저도 덕분에 아주 잘 지내고 있어요. 마커스 이사님과 얘기를 꼭 나눠야 해서, 도착지까지 가는 데 시간이 적당했으면 좋겠네요."

나는 요약본 도표들이 담긴 파일 하나만 갖고 왔다. 파일은 옆자리에 두고 핸드백은 다리 근처의 바닥에 놓았다.

"교통 상황에 따라서 다르겠지만, 20분쯤 걸릴 거예요."

"음, 아주 넉넉하지는 않겠네요."

나는 약속이 취소된 것보다는 낫다고 생각하면서 말했다.

"앨버트 씨가 천천히 가면 되겠죠."

내가 농담을 했다. 앨버트가 껄껄 웃었다.

"아니면 로렌이 말을 정말 빨리 하거나!"

앨버트가 농담을 맞받아쳤다.

"아, 손자 분 생일 선물로 뭘 준비하셨어요?"

"로렌도 잘 알겠지만, 해마다 손자 애가 얼마나 들떠 있는지 몰라요. 사실 난 선물은 안 줘요. 손자랑 둘이서 생일맞이 놀이를 하는데, 10달러를 숨겨놓고 찾을 때까지 내 주머니를 뒤지게 해요. 장난일 뿐인데, 혹시라도 손자 녀석이 나를 엄청 후한 사람으로 생각할까봐 지갑은 주머니에서 꼭 빼놓죠!"

마커스가 불쑥 차에 들어왔다.

"안녕하세요, 로렌. 좋은 아침, 앨버트. 자, 출발합시다. 내가 좀 늦었네."

윽 이런, 마커스가 앨버트 옆자리에 탔다. 말을 해야 했다.

"이사님, 전략적 마케팅 얘기를 나누려고 하는데, 저랑 뒷자리에 같이 앉으시면 안 될까요?"

마커스가 머뭇거렸다. 다른 식으로 설득해봤다.

"제 업무 평가 때 이사님이 검토하겠다고 약속하셨는데요."

"아, 그럽시다."

마커스가 유쾌하게 말하더니 차에서 재빨리 내려 내 옆자리에 앉았다.

"피츠힐스 쪽으로 가로질러 갈까요?"

차가 출발할 때 앨버트가 물었다.

"그러지."

마커스는 머리를 매만지고 안전벨트에 눌린 넥타이를 쫙 펴면서 웅얼거렸다.

"이사님, 할 얘기가 아주 많은데요. 제일 먼저 하시고 싶은 얘기가 있나요?"

내가 조심스럽게 말했다.

"아니요. 중요한 문제부터 얘기하죠. 아, 얘기가 나와서 하는 말인데."

마커스가 앨버트한테 소리쳤다.

"앨버트, 내가 지난주에 농구 경기 얘기했던가?"

잠깐이었지만 마커스가 그렇게 흥분한 목소리로 말한 적이 없었던 것 같다.

"아니요, 말씀 안 하셨는데요."

앨버트가 백미러로 나를 힐끗 보며 말했다. 나는 고개를 가로저은 뒤 차창 밖을 봤다.

"압승했거든! 내가 컨디션이 최고였어. 앨버트가 내가 뛰는 모습을 봤어야 하는데. 전반전 끝날 때까지는 동점이었는데, 후반전에서 우리가 꺾어버렸지."

그러더니 마커스는 후반전에 대해 처음부터 끝까지 자세히 얘기했다. 나는 대화에 끼어들었다 빠졌다 했다. 앨버트는 대화에 좀 더 열중했다.

"우리 팀이 10초, 아니 아니 7초를 남겨두고 1점을 뒤지고 있었어."

마커스는 지나치게 흥분한 아이처럼 말했다.

"상대편이 승리에 쐐기를 박으려고 앞으로 막 전진하는데, 그때 내가 패스를 가로챘잖아."

마커스는 내 손에 들린 가상의 공을 잡아챘다.

"선수 하나를 제치고."

마커스는 한쪽으로 몸을 피하는 척했다.

"또 다른 한 명을 제치고."

이번에는 다른 쪽으로 피하는 척했는데, 머리가 내 어깨에 부딪칠 뻔했다.

"그랬더니 골대 앞이 뻥 뚫렸더라고. 2초를 남겨놓고 내가 골을 넣었잖아. 앨버트, 2초야, 2초!"

마커스는 상상의 공을 가지고 앞 좌석 쪽으로 덩크슛을 했다.

"정말 멋진 승리였어!"

"와, 정말 대단하네요. 저기, 저는 신경 쓰지 마시고 이사님과 로렌은 말씀 나누세요."

앨버트가 말했다.

"로렌은 어때요? 스포츠 좋아해요?"

마커스는 앨버트의 말을 못 들은 모양이다.

"저랑 저희 가족 모두 스포츠를 좋아해요. 애들이 태어나기 전에는 요트를 꽤 자주 타러 다녔어요."

나는 일부러 짧게 대답했다.

"다른 건요?"

"아, 농구도 좀 좋아해요."

마커스는 아무 대답이 없었다. 아마도 내 얘기를 못 들은 모양이다. 내가 웅얼거리며 말해서 그런지도 모른다.

"작년에 오픈 테니스 선수권대회에 갔었는데 말이죠. 우리 회사 컨설턴트 중 하나가 초대해줘서 법인 특별석에 앉아서 봤어요. 테니스 보는 맛이 나더라니까."

절망적인 상황이다.

"그렇게 수준 높은 경기를 보니까 옛날에 뛰던 시절 기억이 정말이지 새록새록 떠오르더군요."

"전에 운동을 하신 줄 몰랐어요, 이사님."

나는 어찌할 바를 몰라 그냥 대화를 중단시켰다.

"나중에 시간이 되면 그 얘기를 더 듣고 싶네요. 제가 보여 드릴 건……"

내가 파일에 손을 뻗는데, 마커스가 끼어들었다.

"작년에 그 선수권대회에서 최고로 수준 높은 경기를 봤는데 말이죠."

얼씨구. 그다음 몇 분 동안의 얘기를, 나는 한 귀로 듣고 한 귀로 흘렸다.

"……경기가 끝나니까 팬들이 선수들을 다 우르르 둘러싸더라고요."

"사람들한테 계속 시달려서 선수들이 피곤하겠어요."

내가 다시 정신을 차리고 말했다.

"그럴 리가!"

마커스가 웃었다.

"사람들이 그렇게 존경해주는데 누가 피곤하게 생각하겠어요? 거 있지, 니콜라스 사장님도 작년에 그 자리에 나랑 같이 있었어요."

"좋았겠네요."

사람들한테 존경받는 것과 니콜라스가 무슨 연관이 있는지 궁금해하며, 나는 불쑥 말을 꺼냈다.

"니콜라스 사장님 얘기가 나와서 말인데요, 사장님은 분명히 이 프로젝트가 얼마나 진척됐는지 무척 궁금해하실 테니까, 빨리 보고해야 해요. 다음 주에 니콜라스 사장님을 만나기 전에 수정할 부분이 있는지 보게, 제 프레젠테이션의 핵심 부분을 지금 검토했으면

해요."

"좋아요. 근데 서둘러야겠네요. 시간이 몇 분밖에 없는데. 평소랑 다르게 오늘은 차가 별로 없네."

나는 악 소리를 지르고 싶었다. 하지만 프레젠테이션의 원래 순서를 바꿔서 핵심 부분을 서둘러 설명하면서, 본론으로 들어가기 전에 마커스가 내 아이디어의 잠재력에 관심을 갖도록 애썼다. 마커스가 차창 밖을 몰래 힐끔 힐끔 보는 걸로 봐서는 관심이 전혀 없어 보였다.

"알았습니다, 로렌. 거의 다 끝났나요?"

차가 길가에 멈춰 서자 마커스가 말했다.

"이사님, 정말 이제부터 시작이에요. 본론은 들어가지도 못했는걸요. 대충이라도, 아니 간단하게 요약이라도 하게 10분 정도만 차에서 더 얘기하면 안 될까요?"

너무나 절박해서 애원하고 싶을 정도였다.

"미안하지만 안 돼요. 이러다간 늦어요. 사람들을 기다리게 할 순 없잖아요. 나중에 사무실에서 얘기합시다."

소리를 지르고 싶은 심정이다.

"제가 이 프로젝트를 계속 진행하려면 이사님과 만나는 게 정말 중요해요."

"당연하죠. 그럼 나중에 봐요, 로렌."

마커스는 차에서 뛰어내리더니 곧장 가버렸다.

"로렌, 이제 어디로 가죠?"

앨버트가 백미러를 통해 나를 보고 웃으며 물었다.

정말 어디로 가지? 곰곰이 생각했다. 마커스와 프로젝트를 검토하는 일은 이제 어떻게 되지? 앞이 깜깜하다!

"회사로 다시 가 주시겠어요?"

"그래요."

앨버트는 차도 속으로 다시 차 방향을 돌렸다. 마커스에게 보고하려던 시도는 또 실패로 끝났다. 그렇다고 앨버트한테 화를 내기는 싫었다.

"고맙습니다, 앨버트 씨. 우리 회사에 이런 운전기사 서비스가 있다니 정말 다행이네요. 임원 분들이 시간을 엄청 절약하겠어요. 일에만 집중하고 직접 운전하는 걱정도 덜고요."

"아……. 그렇죠. 그분들한테는 확실히 도움이 되겠죠."

앨버트는 우물쭈물하며 말했다.

"그나저나 마커스 이사님은 무슨 약속이 있대요?"

앨버트가 백미러로 나를 보며 히죽히죽 웃었다.

"머리 자르러 가시는 거예요."

운명

이사들이 지지를 하든 말든, 니콜
라스한테는 어쨌든 내 아이디어를 얘기하고 싶었다. 내 제안이 할로
우 케인에게 돌파구가 되리라는 믿음에는 흔들림이 없다. 내 아이디
어의 가능성을 알아보고 나를 지지해줄 대변자가 회사 어딘가에 분
명히 있을 것이다.

결국 내 아이디어가 쓸 만한지 아닌지, 채택할지 말지를 결정하는
사람은 니콜라스 스트레인지다. 결국 나는 니콜라스를 만나 검토해
야 한다. 운명이 손을 썼는지 모르겠지만, 다른 임원들보다 먼저 니
콜라스를 만날 운명인 듯싶다. 매도 먼저 맞는 게 낫다.

그런데 니콜라스의 비서가 약속을 취소한다고 전화를 걸어왔다.
급한 일이 생겼단다. 운명 얘기는 이쯤에서 그만둬야겠다. 다음 주
에 열릴 전략기획회의 전에 니콜라스를 만나 내 제안을 설명하고 싶
었다. 전략기획회의가 끝나고 그다음 주까지는 니콜라스에게 시간
이 나지 않았다. 당분간 지지를 얻기 위해 뭘 하기는 어렵겠다. 기다

리는 수밖에 없었다.

니콜라스가 약속을 취소한 이유가 회사 전체에 곧 들불처럼 번졌다.

"소식 들었어요?"

내가 자리에 돌아오자, 벤 바우저가 내 어깨 너머로 귓속말을 했다.

"제러미 하이드가 그만뒀대요!"

"네? 언제요?"

"좀 전에요."

"틀림없이 벤이 제일 먼저 소식을 들었겠죠. 왜 그만뒀대요?"

"몰라요. 알아볼게요. 분명히 성희롱이나 뭐 그런 문제일 거예요. 더 알아보고 다시 올게요."

몇 시간 뒤, 존 스콰이어스가 안타깝게도 제러미 하이드가 개인적인 사정으로 회사를 그만뒀다는 내용의 간단한 이메일을 전 직원에게 보냈다. 메일에는 제러미와 일하면서 얼마나 즐거웠는지, 제러미가 할로우 케인의 성장에 얼마나 큰 기여를 했는지 적혀 있었다. 맥이 그만뒀을 때 존이 다정하고 진심 어린 메일을 보냈던 기억이 나는데, 존은 회사를 그만둔 모든 사람에 대해 이렇게 말하는 모양이다. 솔직히 제러미랑 일하는 게 즐거웠던 사람이 누가 있겠나?

제러미의 사임은 뜬소문에 불을 붙였다. 단지 '개인적인 사정'으로 그만두는 회사 간부는 없다는 사실을 모두 안다. 진실만이 불길을 잠재울 것이다.

모두들 나름의 생각이 있었다. 어떤 사람은 제러미가 다른 직원과 낯 뜨거운 짓을 하다 발각됐다고 주장했다. 또 어떤 사람은 제러미가 사람들을 또 못살게 굴었다고 했다. 회계 부정을 저질렀다가 들 켰다는 사람도 있었다. 연세 드신 제러미 어머니가 심각한 병에 걸 려 하루 종일 돌봐야 해서 그만뒀다는 얘기도 있었다. 마지막 소문 은 금세 사라졌다.

벤은 며칠 동안 복도를 서성거리더니 100% 진실이라고 확신하는 소식을 갖고 돌아왔다. 벤은 얘기를 들려주려고 믿을 만한 동료 몇 명과 함께 커피를 마시러 갔다.

커피를 주문한 뒤 벤이 입을 열었다.

"있죠, 얼마 전에 그만둔 회계 직원이 제러미가 자기를 부당하게 괴롭혔다고 고소했대요."

"그 직원은 뭐 때문에 그만뒀는데요?"

에밀리가 물었다.

"그건 부차적인 문제예요."

벤이 단호하게 말했다. 벤은 자기가 생각해둔 순서대로 얘기를 들 려줄 것이다.

"메리 스펠링이라는 직원이 몇 주 전에 회사를 그만뒀어요. 그런 데 곧바로 메리의 변호사가 존 스콰이어스한테 편지를 써서, 메리가 장기간 동안 제러미한테 괴롭힘을 당했다고 주장했어요. 트라우마 가 생겨서 일도 못할 정도였대요."

벤이 나를 보며 말했다.

"존은 메리와 오랫동안 같이 일했기 때문에 메리가 한 말에 진심 으로 귀를 기울였어요."

벤은 다시 다른 사람들을 보며 말했다.

"존은 메리를 만났어요. 틀림없이 메리한테서 제러미가 어떤 식으로 행동했고 어떤 영향을 미쳤는지 실상을 들었겠죠. 메리가 진실을 말하고 트라우마가 심하다는 사실에는 의심의 여지가 없었어요. 그리고 가장 중요한 건 존이 괜찮은 사람이라는 점이에요."

벤은 듣는 사람이 있는지 확인하려고 힐끗 주위를 둘러봤다.

"제러미가 메리의 변호사한테 편지가 왔다는 사실을 알았을 때 난리도 아니었대요. 메리의 친한 동료들을 찾아내서는 메리가 한 일을 가지고 동료들을 엄청 괴롭혔대요."

"거 참. 그 멍청한 인간이 제 무덤을 크게 파는군. 제러미는 분명히 그럴 줄 알았다니까."

에밀리가 말했다. 주문한 커피가 왔다.

"존이 메리를 만났을 때 아주 흥미로운 일이 있었어요. 지난 한 해 동안 회사에서 불거진 상거래 행위 추문과 관련해서 메리가 존한테 비밀을 털어놓은 거예요. 제러미가, 그리고 짐작컨대 니콜라스가 그동안 재무 실적을 거짓으로 보고했나 봐요."

종업원이 와서 더 필요한 것이 있는지 물었다. 우리는 손을 저어 돌려보냈다.

"무슨 추문인데요?"

나는 어떤 종류의 불법 행위 또는 수상한 행동인지 궁금해서 물었다.

"틀림없이 각 분기 말에 수익을 부풀렸을 거예요."

샌드라가 말했다.

"무슨 말이에요?"

내가 아주 흥미로워하며 물었다.

"어떤 식이냐면."

벤이 불쑥 끼어들었다.

"분기 마지막 날에 트럭이 창고에서 물건을 싣고 소비자들한테로 제품을 날라요. 제품이 창고를 떠나자마자 매출로 기록되죠. 문제가 딱 하나 있는데, 고객들은 그 상품을 주문하지 않았어요. 그래서 트럭은 하룻밤 동안 그냥 있고, 분기가 막 끝날 때 그 제품은 매출로 기록되는 식이에요. 그리고 다음 날 창고로 다시 가져와 입고 내역으로 기록하죠."

"정말 어처구니가 없네요!"

내가 소리쳤다. 할로우 케인 같은 평판 좋은 회사가 회계 장부를 고의로 조작하다니 믿기지 않았다.

"잠깐만요, 그러면 그다음 분기가 마이너스로 시작하잖아요?"

내가 물었다.

"다 방법이 있죠. 그렇게 되면 틀림없이 마이너스 출발을 만회하고도 남을 정도로 그다음 분기의 수익이 엄청 올라갈 테니까요. 경제가 성장하는 동안에는 이 방법이 통해요. 시장이 안 좋으면 역효과를 내고 끝장나겠죠. 이런 지 거의 1년이 다 돼가네요."

벤이 말했다.

"사람들은 다 이 사실을 아나요? 어떻게 간부들이 그렇게 노골적으로 부정을 저지르고 신뢰를 저버리죠? 창고 직원들이랑 회계 직원들은요? 그 사람들도 분명히 알고 있겠죠. 어떻게 그렇게 많은 사람들이 못 본 체할 수 있죠?"

나는 어안이 벙벙해져 물었다.

에밀리가 어깨를 으쓱했다.

"억압적인 독재 체제에서는 사람들이 보고도 못 본 척하게 되죠."

에밀리는 태연하게 말했다.

"하지만 니콜라스와 존은 틀림없이 알 텐데요."

내가 말했다.

"뭐, 니콜라스는 알겠죠. 존은 어쩌면 알지도 몰라요. 존은 모르는 사실이 많으니까요. 이건 최근에 생긴 문제인데, 십중팔구 니콜라스 짓일 거예요. 증거는 없지만요. 니콜라스는 영리해요. 제러미를 희생양 삼아 자기를 보호할 만큼 똑똑하죠."

"맞다, 나도 지난 분기 말에 이 얘기 들었다."

샌드라가 말했다.

윽. 비리 사실을 아는 것만으로 나도 타락한 느낌이었다.

"아무튼 그래서 존은 진저리를 내며 제러미한테 끝내자고 말했대요. 존은 제러미가 소위 위신을 지키며 사임하도록 내버려 뒀어요. 총무부의 반응은 그야말로 열광적이에요. 금요일 밤에 밖에서 저녁을 먹으며 승리의 파티를 한다고 하더라고요."

"벤, 그러면 이제 일할 의욕도 생겼고 하니까, 우리도 사무실로 돌아가서 회사를 위해 뼈 빠지게 일해볼까요?"

나는 밑에 둔 가방과 지갑을 집었다.

"근데 또 어떤 사람이 올까요?"

내가 돈을 꺼내 탁자에 올려놓으며 말했다.

사무실로 돌아가는 길에 나는 에밀리와 같이 걸으며 어떻게 지냈는지 물었다.

에밀리는 가까이 다가오더니 귓속말을 했다.

"나 임신했어요!"

에밀리는 비밀이라는 뜻으로 입술에 손가락을 갖다 댔다.

"잘됐다! 축하해요."

내가 소곤소곤 말했다.

"몇 사람한테만 말했어요. 임신한 티가 나기 전까지 마커스가 몰랐으면 좋겠어요. 어떤 반응을 보일지 몰라서요."

나는 에밀리의 팔꿈치를 만졌다.

"우리 둘만 있을 때 안아줄게요. 나도 너무 기쁘다!"

횡설수설

전략기획회의 때문에 아침 일찍 집을 나서며, 애니와 해리는 안아주고 폴한테는 뽀뽀를 했다. 비록 내일 밤이면 돌아오지만 그래도 식구들이 많이 보고 싶을 것이다.

회의는 시내에서 차로 약 3시간 거리에 있는 포도밭의 리조트에서 열린다. 이틀 동안 심사숙고하면서 계획을 세우기에 이상적인 장소다. 이 회사에서 2년도 채 일하지 않았는데 회사의 방향을 결정하는 자리에 참석하게 돼 기뻤다. 모든 일이 다 기대됐다.

좋아하는 교향악 작품과 뮤지컬 음악을 섞어 들으며 차를 몰고 워크숍 장소로 갔다. 회의는 브런치를 먹은 뒤 10시 30분에 열린다. 나는 10시에 포도밭에 도착해 체크인을 했는데, 방을 보러 가는 길에 사환이 우리가 사용할 회의장을 알려줬다. 방에 도착하자 사환은 능수능란하게 커튼을 열어젖혀 포도밭이 내려다보이는 개인 테라스를 자랑스럽게 보여줬다. 눈부신 햇살이 내리쬐는 포도밭은 흠 잡을 데 없이 완벽한 풍경이었다. 폴이랑 같이 이 경치를 봤으면 얼마나 좋앗을까. 멋진 가족 여행을 가야 할 때가 된 모양이다.

사환이 가고 나서 옷을 몇 벌 꺼내고 회의 파일을 한데 모은 다음, 브런치를 먹으러 내려갔다.

각 부서의 대표들과 직책, 나이, 근속기간이 각기 다른 많은 할로우 케인 직원들이 참석할 예정이다. 내가 아는 사람은 절반 정도다. 라이언 건은 경영자 교육 프로그램에서 돌아왔다. 존 스콰이어스와 니콜라스 스트레인지, 휴 워렐, 맥신 새비지, 거스 웨어링까지 모두 참석한다. 지금쯤 제임스도 휴가에서 돌아왔을 텐데. 나는 제임스를 계속 찾아봤다. 마커스는 마케팅부 이사니까 보나마나 참석한다. 물론 제임스는 오지 않는다. 제임스 대신 누가 오는지는 모른다.

나는 회의장에 잠시 들러서 제일 가까운 탁자에 파일을 두고 커피를 마시러 갔다. 휴식 공간은 널찍널찍하고, 라운지와 책을 읽는 공간은 화려했다. 내가 알기로는 회의에 회사 사람 25명과 외부 조력자 1명이 참석한다. 사람들이 거의 다 온 모양이었다. 회의장 안은 사람들이 잡담하는 소리로 시끌벅적했다. 라이언은 존과 진지하게 얘기를 나누고 있었다. 맥신, 휴, 마커스는 같이 떠들며 웃고 있었다. 니콜라스는 혼자 가죽 의자에 앉아서 앞에 신문을 펴놓고 전화를 하고 있었다.

나는 커피와 빵을 들고 아는 얼굴이 있는지 둘러봤다. 짜잔, 제임스가 포도밭 쪽으로 열려 있는 유리문 부근에 있었다.

제임스한테 가고 있는데, 휴, 마커스와 함께 있던 맥신이 갑자기 자리에서 일어나더니 나한테 멈추라고 손짓을 했다. 맥신은 몹시 부산을 떨며, 굽이 좁고 높은 구두로 넘어질 듯 말 듯 위태위태하게 걸어왔다.

"로렌, 잘 지냈어요? 얼굴 보니까 반갑다."

맥신이 웃으며 친한 척했다. 우리는 워크숍에 어떻게 왔는지 얘기하며 의례적인 대화를 나누었다. 나는 제임스한테 가고 싶었다.

"그런데 계획한 대로 니콜라스, 마커스와 함께 전략적 마케팅 프레젠테이션을 검토했나요?"

맥신이 천연덕스럽게 물었다.

"아니요. 다음 주쯤에 만날 계획이에요. 지금까지 제대로 검토하신 분은 이사님뿐이에요."

맥신은 고개를 끄덕이더니 커피를 마시러 간다고 했다.

나는 제임스한테로 갔는데, 그는 모르는 사람과 얘기 중이었다. 제임스는 나를 만나서 반가운지 환하게 웃었다. 제임스는 총무부의 조지 뱅크스에게 나를 소개했는데, 그는 제러미 대신 온 사람이었다. 조지와 나는 악수를 나누었다. 제임스는 피부가 까무잡잡해졌고 꽤 여유로워 보였다. 제임스는 나한테 프로젝트에 대해 묻고 나서, 작은 목소리로 조지에게 내가 하고 있는 일을 재빨리 설명했다. 나는 제임스에게 프로젝트를 같이 검토하고 싶은데, 여기 일정이 끝난 뒤에야 가능하다고 말했다. 제임스의 휴가 얘기도 듣고 싶었지만, 회의가 막 시작하려고 해서 각자 자리로 흩어졌다.

나는 탁자에 놓아둔 파일을 들고 내 자리를 찾았다. 내 자리의 오른쪽에는 거스가, 왼쪽에는 휴가 앉아 있었다. 어떻게 재수 없이 저런 자리에 앉게 됐는지 궁금했다. 유일하게 떠오르는 생각은 몇 안 되는 여성들이 고르게 흩어져 앉도록 누군가 배치했다는 것이다. 아, 그리고 같은 부서 사람들끼리도 서로 떨어져 앉았다. 적어도 마커스 옆에는 앉지 않아서 다행이었다.

이미 앉아 있는 두 남자 사이에 비집고 들어갈 틈이 별로 없었다. 휴는 툴툴거리며 인사하고 나서 휴대전화로 문자 메시지를 보내는 데 열중했다. 거스는 나를 반갑게 맞았는데, 편안히 앉아 양손을 머리에 대고 있어서 그의 겨드랑이가 내 코 가까이에 닿았다. 그에게 야외 활동이 전혀 없기를 바랄 뿐이다! 어처구니없는 '나 없이 계속해요' 회의 이후로 거스를 처음 만난 것이다. 그런데 거스는 겸연쩍어하는 기색이 전혀 없었다.

조직자인 앨리슨 위크스가 모두 주목하라고 말한 뒤 워크숍의 시작을 알렸다. 앨리슨은 우리를 환영했고 조력자인 크리스토퍼 로버트슨에게 특별히 환영 인사를 남겼다. 그런 다음 우리보고 2분 정도 본인 소개와 할로우 케인에서 맡고 있는 직책을 얘기해달라고 부탁했다. 대부분 사람들이 간단히 말했지만, 몇몇은 주저리주저리 떠들어댔다. 라이언, 휴, 마커스가 바로 핵심 장본인이었다.

소개가 끝나자, 앨리슨은 플립 차트 쪽으로 가서 준비해온 목록을 보여줬다. 앨리슨은 차트 판에서 물러나 손뼉을 딱딱 쳤다.

"이번 회의에는 일곱 가지 규칙이 있습니다."

앨리슨이 단호하게 말했다.

"규칙 1, 우리는 지난 결정들을 옹호하지 않는다. 규칙 2, 우리는 다른 사람이 동의하도록 지위를 이용해 위협하지 않는다. 규칙 3, 우리는 새로운 아이디어에 개방적인 태도를 취한다. 규칙 4, 다른 사람이 말하는 내용에 귀를 기울임으로써 자존감을 존중해 준다. 규칙 5, 우리는 아이디어를 죽이지 않는다. 규칙 6, 우리는 과정을 중요하게 생각한다. 규칙 7, 우리는 최대한 많은 사람의 참여를 바란다."

앨리슨은 그 종이를 떼어내 가장 가까운 벽에 붙였다.

앨리슨은 '썰렁한 분위기를 깨기' 위해 화제를 바꿨다. 우리는 각자 할로우 케인의 성격을 드러내는 동물을 그렸다. 나는 몇 가지 동물이 떠올랐지만, 그 동물을 고른 이유를 설명하기가 힘들었다. 거스는 나한테 귓속말로 낙타를 골랐다고 했다.

"비교적 자급자족 능력이 있고, 필요한 자원을 비축해 두고, 짐을 안고 다니고, 언제나 목표하는 데까지 가니까요."

휴는 고개를 숙인 채 아무 말이 없었다.

나는 거스를 보고 웃었다.

"전 유인원을 그렸어요. 우리는 공동체 안에서 일하고, 사회 규범이 있고, 지도자도 있고, 위협도 받는 데다, 살아남으려면 적응해야 하니까요."

모두들 동물을 결정해서 시끌벅적한 소리가 커지자, 앨리슨이 회의장 한쪽으로 걸어가 사람들에게 스케치를 보여 달라고 부탁했다.

회의장이 갑자기 조용해지면서 긴장감이 맴돌았다. 사람들은 곁눈질로 슬쩍슬쩍 니콜라스를 봤는데, 틀림없이 그의 기분이 어떤지 재면서 의견을 말해도 별 탈이 없을지 판단하는 중일 것이다.

회의장 한쪽에 있던 존이 우리를 구해줬다.

"전 암소를 골랐어요!"

존은 그림을 들고 웃었다.

"전혀 암소 같지 않기는 한데요."

"저희는 회장님 말씀에 다 동의합니다!"

제임스가 웃으며 말했다. 고맙게도 긴장된 분위기가 풀리면서, 나머지 사람들도 따라 웃었다.

존이 설명했다.

"제가 암소를 선택한 이유는 암소는 알차고 무해하고 믿음이 가는 동물인 데다, 상품을 만들어내기 때문입니다."

앨리슨은 존에게 제일 먼저 나와줘서 고맙다고 했다. 앨리슨은 다른 자원자가 있는지 물었다.

라이언이 손을 번쩍 들었다.

"하버드에 다닐 때 저는 우리가 기업으로서 어디쯤에 있을까 생각해봤어요. 전 우리 회사가 치타라고 생각합니다. 날렵하고, 유능하고, 빠르고, 진로를 빨리 바꿀 줄 알고, 먹이를 찾으러 일찍 일어나는 치타 말입니다."

라이언은 특유의 우쭐한 표정을 지으며 웃었다.

나는 니콜라스를 힐끔 봤는데, 라이언의 말이 마음에 들었는지 고개를 끄덕이고 있었다.

거스는 낙타 얘기를 했고, 나는 유인원을 고른 이유를 발표했다. 처음 보는 젊은 직원 하나가 자기는 할로우 케인이 코끼리 같다고 말했다.

"……왜냐하면 우리 회사는 윗부분이 너무 크니까요. 경험은 많지만 도전하지도 않고, 일에 별로 집중하지도 않고, 갈구하는 것도 없는 나이 든 사람들이 상부를 이끌잖아요."

순간 니콜라스의 태도가 눈에 띄게 달라졌다. 얼굴에 붉은 빛이 스쳤다. 니콜라스는 탁자에 손을 꽝 내리치고 이를 악물더니 앨리슨에게 으르렁거리며 말했다.

"이게 다 뭐하자는 짓입니까?"

니콜라스는 경멸하는 투로 손을 내저었다.

"다른 걸로 넘어갑시다."

앨리슨은 침착한 모습을 유지했다.

"좋습니다. 지금까지 우리의 현재 모습을 얘기했고요. 우리가 바라는 모습으로 넘어가겠습니다."

우리는 각자가 바라는 할로우 케인의 미래 모습을 표현하는 동물을 그려야 했다.

몇 분도 안 돼 동물 그림들이 별 문제 없이 술술 나오기 시작했다. 이번에 나는 펭귄을 골랐다. 빠르고 유연하고 적응력이 빠르며 능률적이고 새끼를 잘 보살피는 유능한 동물이자 똑똑해 보이기까지 하니까.

휴가 의견을 발표했다.

"우리는 표범이 될 겁니다. 민첩하고, 강하고, 빨리 움직이고, 힘이 세니까요. 물론 지금 우리가 그렇지 않다는 말은 아니고요."

젊은 참가자 하나가 막 말을 하려는데, 맥신이 가로채 말했다.

"우리는 계속 진화해서 순종 경주마 이상의 존재가 될 거예요. 우리는 경쟁에서 승리하고, 잘 훈련되고, 기민하고, 빠르고, 집중을 잘하니까요. 하지만 다치기 쉽죠."

맥신은 자기 농담이 재미있는지 깔깔 웃었다.

몇 사람의 생각을 더 들은 뒤에 앨리슨은 그 자리를 정리했다.

"여러분 모두 수고하셨습니다. 다들 정말 잘하셨어요!"

앨리슨은 살짝 머리를 숙여 인사했다.

"이제 존 회장님에게 마이크를 넘기겠습니다. 회장님이 정식으로 개회를 선언하고, 본격적인 토론에 들어가기에 앞서 이틀 동안 우리가 무엇을 얻어 가야 할지 말씀해주실 겁니다."

존은 기다란 몸을 의자에서 쭉 일으키고는 회의장 앞쪽으로 갔다.

"안녕하세요, 여러분. 환영합니다! 우리 할로우 케인은 지난 몇 년 동안 매우 잘해왔습니다. 우리는 할로우 케인이라는 배를 바로 세웠습니다. 우리는 달성하기로 마음먹은 목표들을 이루었습니다. 수익과 이윤도 좋고 고객만족도도 상당히 높습니다. 우리는 감사해야 할 점들이 많습니다. 하지만 자만에 빠져서는 안 됩니다. 우리 주위의 세상은 달라지고 있고, 따라서 이 성공을 이어나가려면 우리도 달라져야 합니다. 이틀 동안의 과제는 앞으로 5년 뒤에 우리가 어디에 있어야 하고 5개년 계획을 달성하기 위해 앞으로 12개월 동안 어떤 핵심 단계들을 밟아가야 할지 계획하는 것입니다. 미래는 우리 손에 달려 있고, 미래를 창조하는 건 바로 우리의 몫입니다."

존은 반대쪽으로 자리를 옮겼다.

"각 부서의 책임자들에게 지난해 실적을 요약해달라고 요청 드렸는데요. 각 부서의 실적을 차례대로 검토하도록 하겠습니다."

존은 니콜라스를 봤다.

"니콜라스 사장, 영업부의 최근 소식을 발표해주시겠어요?"

니콜라스가 일어나 앞으로 가자, 앨리슨이 슬라이드 프레젠테이션을 켰다.

니콜라스는 우선 간략하게 회사 전체의 수익, 이윤, 고객만족도를 입이 마르도록 극찬했다. 그런 다음 부서 상황으로 넘어갔다. 슬라이드는 분과별 수익을 보여줬다.

"유일하게 문제가 있는 분과는 동부 사업부입니다……."

거스가 한숨을 쉬는 소리가 들렸다. 거스가 안됐다는 생각이 들었다.

"……우리는 동부 사업부의 문제를 논의하든가, 아니면 변화를 받아들이든가 해야 합니다."

니콜라스가 무슨 뜻으로 저런 말을 하는지 분명했다. 거스는 전직되거나 해고당할 것이다.

니콜라스의 설명은 분과별 이윤으로 넘어갔는데 메시지는 대부분 비슷했고, 뒤이어서는 고객만족도로 넘어갔다. 고객만족도 결과는 거스 분과가 상당히 좋고 맥신의 서부 사업부가 제일 안 좋았다.

니콜라스는 손사래를 쳤다.

"전 이 결과를 별로 안 믿습니다."

니콜라스는 마커스를 봤다.

"마커스, 우리한테는 더 신뢰할 만한 고객만족도 측정 방법이 필요합니다."

마커스가 생각에 잠긴 듯 고개를 끄덕였다.

"동의합니다. 더 유능한 팀원에게 그 일을 맡기겠습니다."

마커스는 문제를 쉽게 인정했다.

니콜라스는 계속 발표했고, 영업부의 전체 실적에 이례적일 정도로 높은 점수를 줬다.

존이 조지 뱅크스에게 총무부 보고를 부탁했다. 조지는 현금 흐름, 외상 매출금, 총무부의 기능, 관리 업무 등을 매우 효율적으로 보고했다. 또 강점과 약점을 솔직히 얘기하고, 현금 관리와 더 신속한 수금이 개선해야 할 핵심 문제라고 인정했다.

마커스는 마케팅부 보고를 부탁 받았다. 마커스는 허리 위까지 높이 올라온 꽉 조이는 바지와 딱 붙는 반소매 티셔츠를 입었는데, 배가 불룩 나온 모양이 운동과 무관해 보이는 몸에 운동복을 입은 꼴 같았다. 하지만 마커스가 세부 내용 설명은 좀 불충분하게 해도 말을 잘한다는 사실은 인정해야 했다. 마커스는 제품 출시, 판매 수수료 계획, 웹사이트, 고객만족도 여론조사에 대해 발표했다. 또 마케팅부의 새로운 방향에 대해 말했는데, 나는 처음 듣는 얘기였다. 심지어 '우리'가 곧 완료할 핵심 검토 안을 언급하기도 했다.

"마커스 이사에게 질문 있습니까?"

존이 물었다.

"고객만족도 여론조사 결과에 대해 궁금한 점이 있는데요."

IT부서의 사원 대표 제니스 워터스가 말했다.

"앞에서 니콜라스 사장님이 이 문제를 언급하셨는데, 저는 각 부서에서 고객을 선정하는 과정이 궁금합니다. 여론조사에 참여하는 고객들을 부서에서 추천하나요, 아니면 무작위로 선정하나요?"

니콜라스 스트레인지가 불쑥 끼어들었다.

"제니스, 너무 세부적인 질문이군요. 그런 데 시간 낭비하지 맙시다."

눈썹이 올라가면서 제니스는 아차 싶은 표정을 지었다. 다들 미동도 없었다. 아주 잠깐 침묵이 흘렀다.

"제니스, 좋은 지적입니다."

존이 말했다. 존은 앨리슨 쪽으로 고개를 돌렸다.

"차트에 이 문제를 적어놓고 나중에 다시 생각해보죠."

존이 마커스 쪽으로 고개를 돌렸다.

"마커스 이사, 감사합니다. 발표 좋았습니다."

마커스는 환하게 웃고 바지를 매만진 뒤 자리에 앉았다.

"자, 휴 이사."

존은 아직도 내 옆에 앉아 있는 휴를 봤다. 전화기를 만지작거리고 있던 휴는 놀라서 고개를 들었다.

"인사부 보고를 부탁드릴게요."

존이 손짓했다.

휴가 빠져나가도록 나는 의자를 한쪽으로 끌어당겼다. 휴는 몇 달 전에 실시된 직원 여론조사 결과의 가장 최근 정보를 알려줬다. 휴가 보여 준 결과는, 기억이 가물가물하기는 하지만 당시에 마커스가 얘기한 결과보다 더 긍정적이었다.

"자, 여러분 모두 감사합니다. 현재 우리 회사의 상황은 좋습니다만, 미래를 위한 당면 과제를 인식하고 계셔야 합니다. 점심을 드신 뒤에 우리의 미래에 대해 얘기해보겠습니다."

앞쪽에 앉아 있던 앨리슨이 벌떡 일어났다.

"자, 점심 식사 시간은 두 시간입니다. 2시에 다시 이곳으로 와 주세요. 모두 수고하셨습니다!"

구내식당에 갔을 때, 앉을 자리가 거의 없었다. 선택지는 두 가지였다. 맥신 옆에 앉느냐, 니콜라스의 테이블에 앉느냐. 어려운 선택이었다. 나는 손을 흔들며 얘기하는 니콜라스를 택했는데, 그는 내가 자리에 앉자 반갑게 맞아주었다.

내 왼편에 앉은 니콜라스는 옆자리의 외부 조력자, 그리고 맞은편의 휴와 열심히 대화를 나누었다. 내 자리는 테이블 끝이어서 오른편에 얘기할 사람이 없었다. 맞은편 자리는 비어 있었다. 나는 마치 혼자인 양 조용히 밥만 먹었다.

잠시 뒤 앨리슨이 나타나 우리를 다시 주 회의장으로 안내했다. 젊은 직원들은 다 왔는데, 임원들은 대부분 자리에 없었다. 존은 벌써 와 있었다.

곧 니콜라스가 부산스럽게 들어왔고 라이언과 맥신이 뒤따라왔다. 휴와 거스도 속속 도착했다.

"우리는 산책을 하고 왔어요."

거스가 내 옆에 털썩 주저앉으며 말했다. 아, 회의가 너무 길지 않 았으면 좋겠다. 땀투성이인 거스와 오후 내내 붙어 있고 싶지 않다.

마침내 한 명도 빠짐없이 다 왔다. 앨리슨은 박수를 쳐서 우리를 집중시켰다.

"조력자 크리스토퍼 로버트슨을 정식으로 소개해 드리겠습니다. 할로우 케인과 오랫동안 같이 일해 온 분입니다. 크리스토퍼는 이번 워크숍의 핵심 목표에 도움을 줄 텐데요, 다시 말해 향후 5년 동안 우리 회사의 비전과 행동을 계획하는 일을 도와줄 겁니다. 크리스토 퍼를 따뜻하게 맞이해주시길 바랍니다."

크리스토퍼는 자리에서 일어나는 데 시간이 좀 걸렸다. 그는 덩치 가 크고 머리가 벗겨지기 시작했으며 차림새가 단정하지 못했다. 그런데 입을 열자, 지저분한 겉모습과 어울리지 않게 목소리는 세 련됐다.

크리스토퍼는 회의장 앞쪽으로 천천히 걸어가서 섰다.

"저는 할로우 케인의 전략기획회의를 6년째 돕고 있습니다."

쩌렁쩌렁한 목소리가 회의장을 흔들었다.

"우리는 이윤을 내는 회사라는 사실을 자랑스럽게 생각해야 합 니다."

'우리'라는 말로 봤을 때 크리스토퍼가 본인이 할로우 케인의 일 원이라고 주장하는 건지 궁금했다.

크리스토퍼가 우렁찬 목소리로 말했다.

"이번 시간은 5년 뒤에 어떤 회사가 됐으면 좋을지 자유롭게 의견을 말하는 자리입니다. 종이를 한 장 가져가서, 할로우 케인의 5년 뒤 모습을 6분 동안 적어보세요. 우리의 미래를 결정짓는 힘은 무엇일까요? 우리가 대응해야 할 환경은 무엇일까요?"

6분 뒤, 크리스토퍼가 우리를 집중시킨 다음 의견을 발표해달라고 부탁했다.

미래 사회, 경제, 세계열강의 변화, 기술과 통신, 고용과 교육, 윤리와 기업지배구조 등에 대해 좋은 의견들이 여기저기서 막 쏟아져 나왔다.

때때로 거스가 얄팍한 의견을 내놓기도 했다.

"5년 뒤에 우리는 진정한 고객 중심의 기업이 될 겁니다."

"5년 뒤에는 모든 직원이 우리의 비전대로 살게 될 겁니다."

어느 젊고 조용한 전문가가 말했다.

"5년 뒤에는 시장세분화(전체 시장을 동일한 마케팅 전략을 적용할 수 있는 시장으로 세분화해서 그에 맞게 제품을 생산해 효율성을 높이는 것)를 잘해야 합니다.".

니콜라스는 냉소적으로 웃으며 젊은 직원의 생각을 비웃었다.

"얼마 전까지는 그랬지!"

그 젊은 여성은 당황스러운 표정을 지었고, 그 뒤로는 조용히 있었다.

크리스토퍼는 지금까지 나온 아이디어를 플립 차트에 작게 휘갈겨 썼다. 드디어 크리스토퍼가 5년 전망에 대한 토론을 마치겠다고 말했다.

"제가 오늘밤에 이 내용을 다 정리하도록 하겠습니다. 다음 주제로 넘어가겠습니다."

크리스토퍼는 플립 차트를 넘겨 백지를 펼쳤다.

그다음 세 시간은 정말 힘들었는데, 무엇이 좋고 나쁜지, 현재 회사의 비전은 어떤지 마음대로 비판하는 시간이었다. 대체로 8명쯤 되는 사람들 사이에서 격론이 오고갔다. 다른 사람들은 구경만 하며 말다툼에 끼어들지 않았다. 왜냐하면 토론이 제멋대로 진행돼서, 토론에 끼어들려면 지금 말하는 사람이 얘기를 끝내자마자 바로 말을 해야 했다. 얘기 중인 사람의 말이 끝나기를 예의 바르게 기다렸다간, 다른 사람이 먼저 불쑥 끼어들기 일쑤였다. 절망적이었다. 나는 앨리슨이 말한 일곱 가지 규칙을 보면서 마음속으로 하나하나 체크해봤다. 그럼 그렇지, 지키는 규칙이 거의 없군.

무의미한 횡설수설이 오간 지 몇 시간 뒤, 저녁 식사 전 휴식시간이 우리를 고통에서 구해줬다.

크리스토퍼가 말했다.

"자, 더 말씀하실 분이 없으면 여기서 마치겠습니다. 얘기하실 분 계십니까? 없나요? 그럼 결론을 내리겠습니다. 없습니까, 없습니까, 네 결정 났습니다!"

크리스토퍼는 토론을 마치는 뜻으로 오른손 주먹을 왼쪽 손바닥에 내리쳤다.

앨리슨이 놀란 눈으로 쳐다봤다.

"현재의 비전을 그대로 유지하는 것으로 결정 났습니다."

크리스토퍼가 선언했다.

앨리슨은 놀라서 눈썹이 올라가고 입이 떡 벌어졌다.

우리는 테라스에서 음료를 마셨다. 사람들은 토론 전부가 완전히 시간 낭비였다고 불만을 털어놓았다.

저녁을 먹으러 식당으로 갈 때쯤 나는 제임스와 가까운 거리를 확보했다.

"옆에 앉아도 돼요?"

내가 작은 목소리로 물었다.

"물론이죠!"

제임스가 웃으며 말했다.

"휴가는 어땠어요?"

좋은 사람들과 음식과 와인이 있는 저녁식사 시간은 즐거웠다. 제임스는 아프리카 사파리 여행 얘기를 들려줬다.

나는 여행을 가자고 폴이 애걸복걸했는데도 거절한 일 때문에 죄책감이 막 밀려왔다. 곧 우리 가족도 신나게 장기 여행을 갈 수 있다. 얼마 안 있으면 프로젝트가 끝난다. 그러면 본격적으로 일에 들어가기 전에 휴가를 낼 시간이 난다.

새치기

다음 날 오전, 아침을 먹고 나서 우리는 회의장 밖에 다시 모였다.

시작 시간이 8시 30분이어서 우리는 느긋하게 회의장으로 들어갔다. 나는 거스에게 인사하고 자리에 앉았다. 휴는 내 옆이 아니라 니콜라스 옆에 앉았고, 대신 제니스 워터스가 내 옆자리에 앉았다. 훨씬 좋았다.

앨리슨은 아직 도착하지 않은 사람들을 기다리며 걱정스럽게 시계를 봤다. 앨리슨은 지각하는 사람이 있는지 보려고 문으로 갔다. 더 없는 모양이었다. 앨리슨은 어깨를 으쓱하더니 문을 닫고서 회의장 앞쪽으로 갔다.

앨리슨이 박수를 살짝 치며 말했다.

"그럼, 시작……"

문이 휙 열리고 맥신과 라이언이 들어오며 인사했다.

"안녕하세요."

두 사람은 유쾌하게 말했다. 늦어서 미안하다는 말은 없었다.

앨리슨이 웃으며 이어서 말했다.

"시작하겠습니다. 어젯밤에 어제 오후 토론에 대한 의견들이 있었습니다. 이따가 비전 문제를 다시 논의하도록 하겠습니다."

사람들이 지지를 보내며 웅성거렸다.

"그럼 크리스토퍼에게 마이크를 넘겨서 내년의 중점 사업에 대한 토론을 시작하겠습니다."

"감사합니다."

크리스토퍼는 셔츠를 바지에 쑤셔 넣으며 일어나더니 우렁우렁한 목소리로 말했다.

"지금부터는 팀별로 논의하겠습니다. 1팀은 고객 문제를 논의할 겁니다. 2팀은 납품 업체를 다루고요. 3팀은 사원 문제를 토론하시고, 4팀은 새로운 제품과 서비스에 대해 검토해주세요. 각자 팀으로 가서 30분 동안 논의하신 뒤 돌아오셔서 핵심 제안들을 발표해주시기 바랍니다. 복도 쪽의 회의실들을 사용하시면 됩니다."

크리스토퍼가 방들을 가리키며 말했다.

크리스토퍼는 누가 어느 팀인지 보여 주려고 플립 차트를 넘겼다. 나는 사원 문제를 다루는 3팀이었다. 이런. 내 지식과 관심사는 새로운 제품과 서비스에 훨씬 더 맞는데.

우리는 크리스토퍼의 지시에 따라 팀 회의실을 찾아 자리를 떴다. 우리 팀은 회의실을 찾았고 탁자 주위에 빙 둘러앉았다. 사람은 여섯 명인데 의자는 다섯 개였다. 내가 나가서 의자를 찾아보겠다고

했다. 같은 팀원인 거스가 문 근처에 서 있었는데 자기가 찾아보겠
다며 손을 흔들었다. 거스는 나가서 돌아오지 않았다.

"크리스토퍼는 우리보고 뭘 하라는 얘기죠?"

우리는 서로 물었다. 모두들 혼란스러워했다. 우리 팀은 총무부의
조지, 영업부의 클리브, 젊은 영업사원 조디, 경험 많은 영업사원 앨
런, 행방불명된 거스로 이뤄졌다. 나는 조디, 클리브, 앨런에게 인사
했다.

"우리 회사의 강점과 약점, 기회, 위협 요인을 분석하기를 원할 겁
니다."

조지가 대답했다.

"그게 가능할까요?"

내가 조지를 보며 웃었다.

"시간이 30분밖에 없어서 스왓 분석(기업의 강점(strength)과 약점
(weakness), 기회(opportunity), 위협(threat) 요인을 규정하고 이를 토대로 마케팅 전략을
수립하는 것)을 다 할 여유가 없어요."

"그런데 회사 현황을 알아야 어떤 조치를 취할지 논의하죠."

탁자 상석에 앉은 클리브가 말했다.

"설명을 분명히 들어야겠어요."

내가 말했다. 나는 다시 주회의장으로 갔는데 마침 다른 방에서 나
오는 크리스토퍼가 보였다. 덩치가 큰 위압적인 풍채였다.

"크리스토퍼, 저희 팀한테 오셔서 어떻게 해야 할지 설명해주실
래요?"

"알았어요. 방금 1팀한테도 설명해주고 오는 길이에요."

우리 팀 회의실로 가는데, 휴가 반대편에서 다가와 같은 부탁을 했다. 크리스토퍼가 눈을 홉뜨며 한숨을 쉬고서, 우리 팀을 도와준 다음에 휴의 팀으로 가겠다고 했다.

이제 25분밖에 남지 않았다. 크리스토퍼는 5분을 더 써도 좋다고 했다.

크리스토퍼는 입에 손을 댄 채 회의실 앞쪽에 섰다.

"여러분은 사람들이 입사해 일에 열중하면서 의욕을 가지고 아주 열심히 일하는 회사가 되려면 회사가 어떤 점을 가장 발전시켜야 하는지, 세 가지 핵심 사항을 찾으면 됩니다."

크리스토퍼는 우리가 유치원생이라도 되는 양 아주 천천히 설명했다.

"아하! 그건 할 수 있어요!"

모두들 어린애처럼 열광하며 한목소리로 말했다.

"왜 처음부터 그렇게 말하지 않으셨어요?"

클리브가 물었다. 우리 모두 궁금해하던 점이었다.

"너무 분명하잖아요. 똑똑한 사람들한테는요."

크리스토퍼는 휴의 팀으로 가려고 자리를 뜨면서 손을 흔들었다.

우리는 그 뒤 10여분 동안 논의했다. 교착 상태에 빠진 논의에 돌파구를 제공한 사람은 클리브였다.

"휴한테 가서 인사부 정보를 정확하게 알려줄 수 있는지 물어보고 올게요."

클리브는 몇 분 뒤 돌아왔다.

"휴가 그러는데, 세 가지 핵심 문제는 진로 계획, 최고급 관리자, 융통성 있는 노동 정책이랍니다. 이걸로 하죠."

"우리한테 있는 정보가 그것뿐이잖아요. 동의해요."

조디가 말했다.

클리브는 재빨리 플립 차트에 세 항목을 썼다. 나는 휴가 이미 답을 알고 있다면 우리가 왜 이런 과정을 거쳐야 하는지 궁금했다.

크리스토퍼가 문 사이로 머리를 내밀고 주 회의장으로 오라고 했다. 클리브가 본인이 결과 발표를 하겠다고 자원했다. 반대하는 사람은 없었다.

우리가 다시 자리로 돌아가는데, 크리스토퍼가 커피를 마시느라 뒤처진 사람들을 포함해서 모든 사람을 이끌고 회의장으로 돌아가고 있었다.

크리스토퍼는 회의장 앞쪽에 서서 기다렸는데, 회의장이 점점 시끄러워졌다.

"모두들 조용히 하세요!"

크리스토퍼가 고함을 질렀다.

바로 조용해졌다.

"좋습니다."

크리스토퍼는 만족스러운 듯 웃었다.

"그럼 1팀이 고객 문제에 대한 의견을 발표해주시겠습니까?"

1팀의 대표로 라이언 건이 앞으로 걸어 나왔다.

"하버드에 다닐 때 관심을 많이 가졌던 주제입니다. 만약 고객과의 관계가 중요하다는 사실을 인정한다면⋯⋯."

"말씀 중에 한마디 해도 될까요? 왜 만약이죠?"

크리스토퍼가 끼어들었다.

우리는 진절머리가 났다. 20여 명의 사람들이 크리스토퍼를 말렸다.

"얘기를 계속 들읍시다!"

라이언과 크리스토퍼는 서로 노려봤다. 결국 크리스토퍼가 라이언보고 계속하라고 손짓했다.

"만약."

라이언은 '만약'이라는 단어를 무척 강조하며 말을 이어갔다.

"고객과의 관계가 중요하다는 사실을 인정한다면, 우리는 세 가지를 제안하고 싶습니다. 첫째는 고객 여론조사 방법을 개선해야 합니다. 현재는 여론조사를 하고 싶은 고객들을 부서마다 추천합니다. 여론조사의 신뢰도를 높이려면 고객을 무작위로 뽑아야 합니다."

나는 제니스 워터스를 힐끗 봤다. 어쨌든 제니스가 어제 제기한 의견이 가치 있다고 인정받은 셈이다. 제니스는 멍한 표정으로 아무 말이 없었다.

"둘째는 우리가 특별히 가깝게 지내고자 하는 많은 고객들 중에서 핵심 집단을 선정해 한명 한명에게 구체적으로 다가가는 전략을 짜야 합니다. 셋째는 이런 핵심 고객들을 하나하나 관리할 고객 관리자를 두어서 훈련시켜야 합니다."

"잘했습니다, 라이언 이사. 훌륭한 방향입니다."

크리스토퍼가 말했다.

라이언이 환하게 웃었다. 나는 라이언만이 아니라 1팀의 팀원 모두 칭찬 받을 자격이 있다고 생각했다.

다음으로 2팀이 납품 업체에 대해 발표했다. 휴 워렐이 대표로 나왔다. 휴가 일곱 가지 조치를 말하자, 크리스토퍼가 참견했다.

"철두철미하게 검토하셨네요."

크리스토퍼가 차트를 가리키며 말했다.

"그런데 그중에 세 가지만 꼽아야 한다면, 어떤 것들일까요?"

휴가 세 가지를 뽑았는데, 다른 팀원들은 생각이 달랐다. 크리스토퍼는 휴식시간에 팀원들이 다시 모여 가장 중요한 세 가지 조치를 결정하라고 말했다.

크리스토퍼는 2팀에게 박수를 보낸 다음, 우리 팀인 3팀에게 발표를 부탁했다. 클리브가 세 가지 제안, 즉 진로 계획, 최고급 관리자, 융통성 있는 노동 정책을 발표했다. 휴와 니콜라스가 동의를 표시했다. 이 문제를 해결하려면 어떻게 해야 하느냐는 질문이 나왔다.

"해결책을 논의하려고 했는데 시간이 부족했습니다."

클리브가 대답했다.

"그러면 전략기획회의가 끝난 뒤에 휴 이사가 3팀과 함께 이 세 가지 주제를 놓고 세부 계획들을 짜도록 하세요. 그럼 4팀이 나와서 발표해주세요."

맥신이 벌떡 일어나 플립 차트로 달려가다시피 했다. 다행히 여느 때와는 달리 굽이 낮은 신발을 신고 있었다. 내 마음이 다 놓였다.

제니스가 내 쪽으로 몸을 기울인 채 말했다.

"내가 볼 때 우리 팀이 내놓은 아이디어는 정말 훌륭해요. 정말 좋은 토론이었어요. 맥신이 우리한테 영감을 줬어요!"

맥신이 프레젠테이션을 하려고 빈 겉표지를 넘기자, 나는 곧 숨이 멎었다. 갑자기 공기가 끊기고 누군가 내 목을 졸라 질식사할 것 같았다. 속이 메슥거렸다. 이럴 리 없다. 악몽이다. 아니다, 꿈이 아니다. 현실이다. 바로 내 앞에서, 모든 사람들 앞에서 진행되고 있다. '내' 프레젠테이션이!

그다음 15분 동안 나는 계속 멍하게 있었다. 영혼이 몸에서 떨어져 나와 다른 데로 떠돌아 다녀 집중이 되지 않았다. 용케도 눈물은 참았다. 너무 화가 나서 눈물이 안 나오나 보다.

파렴치하게도 맥신 새비지는 2주일 전에 내가 보여 준 프레젠테이션의 핵심 내용들을 그대로 발표했다. 시장 평가, 경쟁사 분석, 사회적 추세, 재무 예측, 자본 투자, 인류학적 연구의 결론, 심지어는 돌파구가 될 핵심 아이디어까지. 축약됐지만 내 아이디어였다. 간사한 여우 같으니! 맥신은 내 아이디어가 마음에 들었던 것이다! 아니, 마음에 든 이상이었다. 아주 마음에 쏙 든 나머지 훔쳐서 자기가 공을 차지했다. 게다가 맥신은 이게 25분 만에 떠오른 생각이라고 주장하고 있다!

맥신이 발표를 마치는 소리가 희미하게 들렸고, 회의장에 울려 퍼지는 박수소리에 정신이 들었다. 4팀은 다들 아주 기쁜 표정이었다.

"맥신 이사!"

존이 일어나 박수를 치며 환하게 웃었다.

"정말 대단해요! 할로우 케인을 일대 혁신할 충분한 잠재력이 있
는 생각입니다. 정말 흥분되네요. 우리는 경쟁사들을 훨씬 앞서나갈
겁니다. 미래를 선점할 겁니다! 경쟁사들이 우리를 따라잡는 데 엄
청 오래 걸릴 테고, 그 사이에 우리는 시장 점유율이 늘고 이윤이 증
가하는 행복한 시기를 누리겠죠. 하지만 이 아이디어는 극비에 부쳐
야 합니다. 모두들 비밀 합의서에 다시 사인해주세요. 오늘 당장이
요. 이제 저는 우리 회사가 어디로 가야 할지 희망이 생겼습니다."

존이 자리에서 나와 맥신과 악수했다. 맥신은 엄청난 영광에 어쩔
줄 몰라 했다.

"그렇게 짧은 시간에 어떻게 이 모든 생각을 해냈죠? 누가 도와줬
나요?"

존이 물었다.

팀원들은 자랑스럽게 손을 저었다.

"모두들 정말 잘하셨습니다!"

존이 흥분하며 말했다.

제니스가 내 옆에서 목소리를 높여 말했다.

"솔직히 말하면, 맥신 생각이에요. 전부 맥신이 제기한 아이디어
인데 일사천리로 생각을 풀어나가더라고요. 사실 다른 팀원들이 한
일이라곤 뛰어난 생각이라고 인정해준 것뿐이에요."

존이 크리스토퍼를 보며 말했다.

"크리스토퍼, 이런 아이디어를 얻도록 도와줘서 고맙습니다. 제

생각에는 나머지 프로그램들을 변경해서, 오늘 하루는 맥신 이사의 아이디어를 발전시켜 구체적인 사업 계획을 세워야겠어요. 그래야 최종 계획을 짜서 회사로 돌아가 바로 실행할 수 있으니까요. 전 이 아이디어가 정말이지 매력적이라고 생각해요. 정말 기발하면서도 아주 단순하고 굉장히 현실성이 있어요!"

존이 내 쪽을 보며 말했다.

"로렌, 오늘 하루 동안 맥신 이사와 긴밀하게 작업하면서 할 수 있는 일을 찾아볼래요?"

아직도 누가 내 목을 누르는지 말이 나오지 않았다. 정말 이건 아니다.

"5분 동안 쉬겠습니다."

존이 계속 웃으며 말했다.

"그리고 여러분이 돌아오면, 크리스토퍼가 맥신 이사의 아이디어를 빨리 최종적으로 마무리하기 위해 나머지 시간 동안 논의할 팀을 조직해 놓을 겁니다. 우리는 아주 밝은 미래를 안고 이곳 회의장을 떠날 겁니다. 아름다운 미래이기도 하겠죠."

모두들 일어나서 박수를 쳤다. 맥신은 답례로 손을 살짝 들었다. 맥신은 문 근처에 서서 회의장을 떠나는 사람들과 악수하고 칭찬을 들었다. 나는 의자에 딱 붙어 맥신이 회의장을 나갈 때까지 기다렸다. 맥신이 나간 다음에야 회의장을 나섰다.

밖으로 나가야 했다. 달아나야 했다. 주변을 좀 걸었다. 회의장에 전화기를 놓고 와서 폴한테 전화를 걸 수 없었다. 나 혼자뿐이었다.

이 상황을 논리적으로 생각해보려고 했지만, 생각은 두서없이 날뛰고 감정은 분노와 충격을 왔다 갔다 하다가 결국 늘 똑같이 답이 없는 질문으로 돌아왔다. 이제 어쩌지? 맥신을 폭로해야 하나? 누가 날 믿어 줄까?

내가 프레젠테이션을 보여 준 유일한 다른 임원은 거스이지만, 그는 슬라이드를 몇 장 보지도 않았다. 믿음직하게 나를 지지해줄 만한 사람이 못 된다. 제임스한테 얘기할 테지만, 지금은 아니다. 장소도 시간도 적절치 않다.

이제 포도밭에서 벗어나 어디로도 연결되지 않은 자갈길에 들어섰다. 뜨거운 눈물이 솟구치더니 줄줄 흘러 내렸다. 멈춰 서서 눈물을 닦고 눈을 똑바로 뜨려고 애썼다. 정말 남편과 애들이 몹시도 보고 싶었다. 지금 당장 보고 싶었다. 몇 시간 동안 목적 없이 거닐었다.

늦은 오후쯤, 범죄 현장으로 돌아갈 만큼 마음이 가라앉았다. 내가 빠진 줄 아무도 모르는 듯싶었다. 사람들은 일에 몰두하고 있고, 최종 프레젠테이션이 이미 진행 중이었다.

각 팀이 계획을 발표하는 동안, 나는 놀라서 아무 말도 못하고 회의장에 앉아 있었다. 회의장 안은 불과 반나절 만에 가속도가 붙어 활기가 넘쳤다.

이런 상황에서 어떻게 사기를 폭로하겠어? 사실을 바로잡으려고 하면 거짓말쟁이에다 도둑으로 불릴 텐데. 나는 짐을 싸서 차를 몰고 집으로 갔다.

드디어, 드디어 내 도피처, 내 집, 내 가족에게 돌아왔다.

"자기 왔구나!"

내가 현관문을 쾅 닫자 폴이 소리쳤다.

"워크숍은 어땠어?"

나는 폴의 품에 와락 안겨 아주 서럽게 흐느껴 울었다.

갈림길

폴한테 그동안 있었던 일을 쏟아 내는 동안, 할로우 케인에서 보낸 시간들이 모두 주마등처럼 스쳤다. 휴가 내 영업사원 교육훈련 아이디어를 훔쳐서 초기에 능력을 입증할 기회를 놓쳤을 때 아무 말도 못했던 일. 검토할 시간이 없는 사람들한테 전략적 마케팅 안을 보여주려고 무진 애를 썼는데, 그 아이디어가 이제는 25분 자유 토론의 산물로 아주 열광적인 반응을 얻고 있는 일. 사람들이 내 의견에 콧방귀를 끼고 처음부터 내 가치를 의심했던 일. 1년 반 동안 고생해서 얻은 결과물을 도둑맞은 충격은 결코 잊지 못할 것이다.

충격을 받은 폴이 내 이마에 키스하고 두 팔로 나를 끌어안았다.

"정말 말도 안 돼. 사람들이 어떻게 의심조차 안 할 수 있지?"

폴이 한 걸음 물러나 나를 똑바로 바라봤다.

"당신한테는 너무 부족한 사람들이야. 당신의 가치를 제대로 모르잖아. 그런 빌어먹을 사람들한테서 떠나야 해."

"당신 말이 맞아."

내 입에서 나오는 말을 들으니까, 갑자기 정말로 그렇게 할까 하는 생각이 들었다.

"더는 피해자가 되지 마. 그냥 있으면 안 돼."

폴은 점점 더 화가 나는 모양이었다. 나는 침울하게 앉아서 어떻게 해야 할지 고민했다. 우리는 문제의 심각성을 골똘히 생각하며 잠시 말없이 있었다.

폴의 목소리가 동정 어린 어투로 바뀌었다.

"하지만 어떻게 대응할지 결정할 사람은 당신이야. 그 여자 성격도 문제지만, 당신도 결단을 내려야 해. 어떻게 할 거야?"

"나도 답답해 미치겠어!"

애니가 방에 들어왔다.

"있지, 당신 뭐라도 해야 해. 그래야 밤에 잠이라도 자지. 나중에 얘기하자."

폴이 내 어깨를 만지며 말했다.

"또 회사 상사 얘기야, 엄마?"

애니가 물었다.

"응."

나는 정신적으로 피폐해져 있었다.

금요일이어서 어떻게 대응할지 생각할 시간이 적어도 며칠은 있었다. 온종일 너무 시달렸다. 그날 밤 애들을 재우자마자 잠자리에 들었고, 폴한테는 아침에 얘기하자고 말했다. 잠이 좀체 오지 않았다.

＊＊＊

다음 날 폴이 나에게 앞으로 어떻게 할지 물었다.

"우선 뭐라도 해야 한다는 데 동의해. 계속 이렇게 지낼 순 없어. 나도 진이 빠지고 당신이나 애들한테도 도움이 안 되잖아. 일을 제대로 하기는커녕, 나한테나 가족한테 쏟을 힘도 없어."

"그래서 어떻게 할 건데?"

"있잖아, 첫째는 다른 직장을 찾는 거야. 일을 그만두고 전업 주부가 되는 방법도 있고. 컨설턴트로 회사를 차리는 방법도 있지. 물론 할로우 케인에 남아 있으려고 노력하는 방법도 있어."

"첫 번째 방법이 마음에 드는데."

폴이 웃었다.

"선택할 여지가 있어서 다행이야. 당신은 뭘 해도 다 잘할 거야."

우리는 얘기를 오래 나누었다. 두 가지 생각이 빙빙 맴돌았다. 첫째는 회사의 도전적인 일이 정말 재미있고 더 해보고 싶다는 생각이다. 둘째는 심각한 부정행위를 겪은 사실이다. 도망치고 싶은 마음이 클수록 신중하게 생각해야 한다. 디 애쉬먼한테서 도망치자마자 바로 마커스, 맥신, 니콜라스를 만났다. 계속 도망만 다닐 수는 없다. 더는 피해자로 지내서는 안 된다.

나는 심호흡을 했다.

"맥신이 한 짓을 폭로하겠어!"

이 말을 입 밖으로 내는 순간, 힘이 더 불끈 솟았다. 그래, 이게 옳다.

폴이 천장을 쳐다본 다음 나를 봤다.

"자신 있어?"

"아니, 자신 없어. 하지만 그쪽으로 마음이 가는걸."

"당신이 그렇게 하고 싶다면야 나는 찬성이지. 하지만 그냥 다 접고 떠난다고 해도 난 당신을 나쁘게 보지 않아."

"난 살면서 늘 문제를 회피했어."

나는 자신감이 점점 커졌다.

"사람들이 날 함부로 대해도 가만 있었어. 싸우기 싫고 나쁜 애가 되기 싫었으니까. 하지만 이제는 철이 들었으니까 날 지켜야 할 때가 된 것 같아."

밖으로 소리 내어 말하고 사실을 인정하니 좋았다.

나는 일어났다.

"맥신이 한 짓을 사람들한테 말할 거야!"

"어떻게 하려고?"

"뭐, 일단 제임스가 날 지지해줄 테니까."

나는 다시 앉았다.

"제임스한테 조언을 들어보려고. 샌드라랑 벤도 내가 한 일을 아니까 분명히 지지해줄 거야. 샐리 모턴도 있어. 핵심 인물은 존 스콰이어스야. 니콜라스 스트레인지가 회장이면 희망이 없지. 그 인간은 이런 문제에 눈곱만큼도 관심이 없고 걱정도 안 할걸. 존은 적어도 도덕적인 사람이니까. 갈등은 싫어해도, 제러미 하이드를 해고했을 때처럼 자기가 뭔가 해야 할 때는 문제를 인정하고 대처할 준비가 돼 있어."

폴이 다가와 내 앞에 무릎을 꿇었다.

"자기야, 난 당신이 자랑스럽다."

도전장

월요일 아침까지 망설였다. 확신이 생기지 않았다. 사악한 마녀와 붙으면 힘들 것이다. 사람들이 나를 안 믿을까봐 걱정되기도 했다. 맥신이 얼마나 지저분하게 싸울지도 잘 모르겠다. 맥신처럼 사람들을 잘 다루는 문제에 관한 한, 나는 문외한이다. 하지만 맥신의 짓을 폭로해야 한다. 그렇지 않으면 영원히 짓눌리며 살 테니까.

그날 아침, 다시금 용기를 내서 마음을 다잡을 때까지 집에 있었다. 10시쯤 차로 출근했다.

가장 먼저 제임스 스완을 만나야 한다. 제임스는 이른 오후에 시간이 난다고 했다. 나는 제임스와 함께 회의실에 앉아서 맥신이 어떻게 내 아이디어를 훔쳤는지 설명했다. 제임스는 뭔가 심각한 문제가 있음을 느꼈다고 했다. 단 30분의 팀별 토론에서 나오기에는 맥신의 프레젠테이션이 너무나 대단했기 때문이었다.

"프레젠테이션을 보여줄래요?"

제임스가 말했다. 나는 파일을 건넸다. 제임스는 맥신이 훔친 자료를 똑똑히 보았다.

나는 일부러 웃으며 말했다.

"전략기획회의가 끝난 뒤로 며칠 동안 내용을 더 다듬지 못했어요."

제임스는 이해한다는 듯 고개를 끄덕였다.

제임스는 잠시 창밖을 바라보며 곰곰이 생각했다.

"샌드라, 벤, 샐리가 이 일에 대해 안다고 했죠? 그 사람들은 로렌이 한 일을 잘 아나요?"

"네, 그럼요. 이 일에 많이 관여했거든요."

"그 사람들이 로렌을 지지해줄까요?"

"틀림없어요. 아직 물어보지는 않았지만 분명히 절 지지해줄 거예요."

"제가 볼 때 가장 좋은 방법은 존 스콰이어스를 만나 보는 겁니다. 제가 같이 가드리거나 뭐든 도와드릴게요."

"고맙습니다. 회장님은 저 혼자 만나 볼게요. 절 믿어주셔서 감사해요."

갑자기 눈물이 앞을 가렸다.

"꽤 힘들지도 몰라요. 로렌이 하는 일은 옳지만, 맥신은 지독한 싸움꾼이거든요. 맥신이 어떻게 나올지, 얼마나 비열하게 굴지 모르겠어요. 내가 로렌의 친구니까 이런 말을 하는 거예요. 난 전적으로 로렌 편이에요."

제임스의 사무실에서 나와 샌드라와 벤을 급히 만나 그간의 상황을 다 말했다. 두 사람은 완전히 치를 떨었다. 맥신의 바보 같은 짓이 믿기지 않는다고 했다. 샌드라와 벤은 나를 전폭적으로 지지해주기로 했다. 그다음에 꼭대기 층의 관제센터로 올라가서 존 스콰이어스와 만날 약속을 잡았다. 존은 내일 11시에야 시간이 났다.

그날 밤 이리저리 뒤척이다가 생각을 바꿀까 하는 생각까지 들었다. 지지를 못 받을지도 모른다. 패자가 될지도 모른다. 고통에 시달릴지도 모른다. 하지만 거울로 내 모습을 보자 나는 겁쟁이가 아니고 옳은 일을 하고 있다는 생각이 들었다.

존을 만나는 시간에 맞춰 이번에도 늦게 출근하기로 했다. 집에서 혼자 조용히 시간을 보냈다. 커피를 한 잔 더 타서 마신 뒤, 정원에 나가 앉았다. 영감을 얻으려고 우화 책을 봤다.

한 소년이 산울타리에서 산딸기를 따다가 쐐기풀에 손이 찔렸어요. 손이 아프고 욱신거려 소년은 엄마에게 달려가 흐느끼며 말했어요.

"엄마, 아주 살짝만 건드렸는데 이렇게 됐어요."

"애야, 그러니까 찔린 거야. 꽉 움켜잡았으면 전혀 안 다쳤을 텐데 말이다."

내가 바라는 결과를 생각했다. 존과 만난 순간을 생각한 다음, 15분 뒤에 느낄 안도감과 자신감을 마음속으로 그려봤다. 희망을 주는 그 느낌, 정화되는 그 느낌을 유지하려고 애썼다.

차로 출근하는 동안 내 감정은 놀랄 정도로 아주 침착해졌다.

판사와 배심원

물론 침착함은 오래가지 않았다. 존 스콰이어스를 만나려고 관제센터로 올라가는 동안, 손이 떨리고 심장이 쿵쾅거렸다.

처음에는 숨쉬기가 힘들어서 짧고 날카로운 말만 나왔다. 점잖고 배려심 많은 존이 나를 진정시키려고 애썼다.

존은 아무 말 없이 무표정하게 내 얘기를 들었다. 하지만 걱정되지는 않았다. 존은 공정한 사람이니까. 귀 기울여 듣는다는 사실이 중요했다.

나는 무슨 일이 있었는지 말했다. 이 제안에 내가 공을 들인 것, 샐리와 내가 존을 만났을 때 일부 내용을 얘기한 사실, 맥신과 나눈 이야기, 그 뒤 전략기획회의에서 맥신이 내 아이디어를 훔친 얘기를 들려줬다. 나는 프레젠테이션과 증거 파일들을 보여줬다.

"회장님께 이런 말씀을 드려서 죄송스럽네요."

나는 이야기를 마치고 안도의 한숨을 크게 내쉬었다.

존은 아무 말이 없었는데, 그 시간이 내게는 무한정 길게만 느껴졌다. 존은 내 제안을 대충 훑어보고서 생각에 잠겼다. 나는 존의 판결을 기다렸다. 드디어 존이 입을 열었다.

"로렌, 나한테 말하는 게 맞아요. 지금으로선 뭐라고 판단을 내리기 어렵네요. 로렌 얘기만 들었으니까요. 맥신 말도 들어봐야겠죠. 샌드라와 벤, 그리고 샐리 모턴하고도 얘기해봐야 하고요. 진실을 규명하는 데 꼭 필요한 몇몇 사람한테 국한해서 조사할 겁니다."

"제가 원하는 것도 바로 진실이에요."

존이 문제를 공평하게 다루는 듯해 안심이 됐다.

"그럼 여러 모로 확인해서 상황을 정확하게 파악해볼게요. 다른 임원들한테는 이 프레젠테이션을 보여주지 않았다고요?"

"네. 마커스 이사님과 거스 이사님, 니콜라스 사장님에게 보여 드리려고 했는데요, 여러 가지 이유로 그러지 못했어요. 약속이 취소되거나, 회의를 하더라도 다른 얘기가 오고 갔거든요."

맨 처음에 의견을 들어보려고 했을 때 겪은 어려움을 존에게 굳이 말하고 싶지 않았다.

"맥신한테 프레젠테이션 복사본을 줬나요?"

그때 복사본을 줬다면 지금 도움이 될 것이다. 맥신이 구체적으로 정보를 아는 증거가 될 테니까.

"아니요. 맥신 이사님이 달라고 하셨지만 드리지 않았어요."

정말 아이러니하게도, 복사본을 주지 않은 이유는 맥신이 내 아이디어를 훔칠까봐 걱정돼서였다!

"하지만 노트에 적으셨어요."

내가 강조해서 말했다.

"제가 못 드리겠다고 하니까, 프레젠테이션을 다시 보시더니 바로 제 앞에서 메모하셨어요."

"알았습니다. 필기한 사실에 대해 물어볼게요."

존은 걱정스러운 얼굴로 의자에 기댔다.

"문제를 말해줘서 고마워요, 로렌. 그런데 맥신이 그런 일을 했다고는 믿기지 않네요. 오해가 있을지도 몰라요. 맥신이랑 샌드라, 벤, 샐리하고 얘기를 나눠볼게요. 이번 주 내로 연락드리죠."

나는 존에게 시간을 내줘서 고맙다고 또 인사한 뒤 사무실에서 나와, 그 뒤로 존의 대답을 초조하게 기다렸다.

원래는 니콜라스 스트레인지한테 마케팅 전략 프레젠테이션을 할 예정이었지만, 약속을 취소해버렸다.

토끼 대 호랑이

다음 날 샌드라 피어슨과 벤 바우저가 따로따로 존을 만났다. 샐리 모턴이 전화해서 존을 만났다고 했다. 나는 존에게 무슨 말을 했는지 알고 싶지 않다고 샐리에게 말했다. 조사 기간 동안에는 부적절한 말이나 행동을 하고 싶지 않았다.

"걱정 말아요. 존한테 진실만 얘기했으니까."

그다음 날 벤이 존 사무실에서 맥신을 봤다고 했다. 나는 맥신과 마주칠 만한 곳을 멀리했다. 그런데 존과 맥신이 만난 바로 그날, 맥신이 주차장에서 나를 발견했다. 다행히도 나는 제임스 스완이랑 같이 있었다. 우리가 차로 걸어가는데 몇 미터쯤에 맥신이 있었다. 나는 맥신을 무시했지만, 맥신은 굽이 좁은 신발을 신고 뒤뚱거리며 내 쪽으로 위협적으로 걸어왔다.

"로렌."

맥신이 소리를 빽 내질렀다.

"방금 존 스콰이어스 사무실에 불려가서 심문 한번 제대로 받고 왔는데 말이죠. 이 거짓말쟁이야. 왜 나를 음해하는 그런 엿 같은 거 짓말을 한 거지? 이 못돼 먹은 사악한 여자야!"

나는 너무 놀라서 돌처럼 서 있었다. 원하지 않았는데 맥신과 대면 하게 됐다. 나는 천천히 가방을 내려놓았다. 맥신과 나는 키가 엇비 슷했고, 맥신은 나를 계속 노려봤다. 이런 맙소사, 맥신이 화가 났다. 얼굴이 이글거리고 있었다. 나는 천천히 심호흡을 하고서, 이 여자 와 제대로 맞짱 뜬 다음에 집으로 갈 때 느낄 멋진 기분을 재빨리 마 음속으로 그렸다. 황홀하고 정화되는 느낌이 온몸에 솟구쳤다.

"이사님이 문제의 원인이잖아요. 내 프레젠테이션을 훔쳤잖아요. 내가 한 연구를 이용했잖아요. 그 아이디어들은 내 거라고요. 이런 부도덕한 일은 폭로해야죠."

나는 힘이 불끈 더 솟았다.

"전 가만히 보고만 있지도, 피해자가 되지도 않을 겁니다. 아시겠 어요?"

맥신은 아무 말도 없이 급히 자리를 떴다. 좁은 굽 때문에 뒤뚱거 리면서도 최선을 다해 내뺐다.

나는 몸이 후들거리기 시작했다. 다리에 힘이 없어서 제임스의 팔 을 붙들고 섰다.

"잘했어요, 로렌."

제임스가 말했다.

잠시 뒤, 나는 차로 다시 걸어갈 수 있을 만큼 회복됐다.

"내 얘기가 로렌의 기분에 도움이 될지 모르겠지만요, 맥신은 방금 전 행동으로 본인 주장에 큰 타격을 입은 셈이에요. 더군다나 나까지 끌어들였네요. 집에 가서 밤에 존한테 전화해서 방금 있었던 일을 얘기하려고요."

제임스가 말했다.

나는 시동을 켜기 전에 차에 잠시 앉아 있었다. 내가 기특했다. 맥신과 마주쳤는데도 물러서지 않았다. 결정적인 순간에 조금도 머뭇거리지 않았다. 더 강해진 느낌이다. 이제 다리도 후들거리지 않았다.

시동을 켜고 주차장에서 나와 집으로 갔다. 아까 마음속에 그렸던 것처럼 기분이 끝내줬다.

그날 밤, 폴이 애들을 재우는 동안 나는 모차르트를 들으며 쉬었다. 마음의 안정을 위해 우화 책을 펼쳤다. 이제는 책 내용을 훤히 꿰뚫고 있어서 획획 넘겨 봤다. 우화 하나가 눈에 들어왔다. 분명히 전에도 여러 번 읽은 우화지만, 지금 상황에 아주 잘 들어맞는 듯싶었다.

사자가 이 세상의 동물들을 다스리던 시절에, 사자는 잔인하거나 포악하지 않고 왕답게 온화하고 공정했습니다. 사자는 통치하는 동안 동물들의 총회를 소집해서 모든 동물이 정말 완전하게 평등하고 조화롭게 살아가는 법규를 만들었어요. 늑대와 양이, 호랑이와 수사슴이, 표범과 새끼 염소가, 개와 토끼가 모두 평화와 우정을 깨지 않고 함께 살아야 했어요. 토끼가 말했어요.
"와! 약한 동물이 힘센 동물 옆에 있어도 전혀 무섭지 않은 날이 오기를 정말 얼마나 기다렸는지 몰라!"

나는 존이 이런 식으로 문제를 해결했으면 한다.

폴이 애들을 재우고 방으로 들어와 내 어깨를 안마해줬다.

"기분이 어때?"

폴이 물었다.

"의외로 괜찮네. 난 옳은 일을 하고 있잖아. 괴롭힘 당하는 거, 이제 지긋지긋해."

폴이 안마를 멈췄다.

"계속해줘!"

내가 졸랐다.

판결

다음 날 아침, 이메일을 다 확인하고 뭘 할지 생각하고 있는데 전화가 울렸다. 존 스콰이어스였다. 조사를 끝냈다고 가능하면 지금 당장 자기 사무실로 와달라고 했다. 정말 다행이다. 존은 사흘 만에 결론을 내렸다. 샌드라에게 귓속말로 존을 만나러 간다고 얘기했다. 벤 옆에는 말을 꺼내기 위험하게도 커트가 앉아 있어서 얘기를 할 수 없었다.

엘리베이터를 타고 관제센터로 올라가는데, 갑자기 마음이 불안해졌다. 이제 곧 판사의 판결을 듣는다. 재빨리 화장실에 들러서 거울을 보며 스스로를 격려했다.

"로렌, 정신 바짝 차려."

잠시 눈을 감고 좋은 결과를 상상했다. 심호흡을 한 뒤 화장실에서 나왔다.

"이렇게 와줘서 고마워요."

존은 나보고 자리에 앉으라고 했다.

"우선, 저한테 이런 문제를 제기해줘서 고마워요. 용기 있는 행동이라고 생각합니다. 또 저를 확실히 믿어줘서 고마워요."

존이 노트를 펼쳤다. 나는 존이 적어둔 여섯 가지 항목을 거꾸로나마 읽을 수 있었다.

"샌드라, 벤, 샐리와 얘기해봤어요. 맥신하고도요. 어젯밤에는 제임스한테 전화가 왔더군요. 제임스 말로는 주차장에서 일이 있었다죠. 로렌, 요점은요."

나는 손을 꽉 움켜쥐고 숨을 참았다.

"로렌이 나한테 한 말이 사실이더군요. 맥신이 부도덕하고 부적절하게 행동했어요."

순도 100%의 안도감이 온몸에 밀려들었다. 눈물이 왈칵 쏟아졌다.

"내가 맥신을 만났을 때, 그녀는 혐의를 부인하더군요. 특히 로렌이랑 만난 자리에서 적은 메모를 보여주지 않으려고 했어요. 나는 노트를 보여달라고 계속 말했죠. 그 메모 내용과 기획회의 때 맥신의 프레젠테이션이 로렌의 프레젠테이션이랑 우연의 일치처럼 아주 똑같더군요. 그리고 샌드라, 벤, 샐리가 로렌의 말을 완전히 입증해줬어요. 어젯밤 집에서 맥신한테 어떤 처벌을 내려야 할지 생각해봤어요. 니콜라스의 의견을 들어봤는데요. 그 사람은 맥신을 옹호하더군요. 맥신은 업무 실적도 뛰어나고 그 부서 실적도 좋다면서요. 니콜라스는 개인의 영향력을, 그 사람의 가치관과 행동이 우리 회사 문화에 얼마나 부합하는지로 평가해야 한다는 내 생각에 동의하지 않더군요. 오직 실적 면에서만 생각하는 사람이에요."

존은 잠시 말을 멈췄다가 다시 천천히 말을 이어갔다.

"내 생각은 달라요. 직원들이 실적만 좋다고 다는 아니에요. 회사 문화에도 따르고 그에 걸맞게 행동해야 하죠."

존은 노트를 잠깐 봤다.

"상사인 니콜라스가 맥신을 옹호하는 점을 고려해서, 맥신 말을 일단 믿고 공식 경고와 문책 정도로 끝내려고 했어요. 그런데 제임스가 전화로 얘기해준 주차장 사건을 듣고 나니 생각이 달라지더군요. 좀 이따 맥신한테 얘기할 겁니다. 할로우 케인을 떠났으면 한다고요. 사직을 요청하는 형태로 해서 위신을 지켜주기는 할 테지만, 협조하지 않더라도 어쨌든 그만둬야 해요. 그런 행동은 용납이 안 되니까요."

나는 온몸의 힘이 쫙 빠졌다. 지난 몇 주 동안의 감정이 밀려왔다.

"고맙습니다, 회장님."

내가 조용히 말했다.

"맥신한테 약……."

존이 시계를 확인했다.

"……10분쯤 뒤에 말할 거예요. 이 얘긴 아무한테도 하지 마세요. 공고가 나기 전까지 맥신이 그만둔다는 사실은 절대 비밀이에요."

존은 노트를 덮었다.

"마지막으로 한 가지만 더 말하면요."

존이 웃으며 말했다.

"전략기획회의 때 제가 한 말은 변함없어요. 그 전략 방안, 그러니까 로렌의 전략 방안은 정말 훌륭해요. 축하합니다! 언제 시간 내서

프레젠테이션 전체를 보여줄래요? 그리고 그 계획을 실행하는 일을
로렌이 맡아줬으면 좋겠어요. 적절한 수준의 지원을 확보할 수 있도
록, 로렌이 원하면 제가 이 프로젝트의 담당 임원이 되어 드릴게요.
기획회의에 참가한 사람들한테는 이 역작의 진짜 리더가 로렌이라
고 말할 예정이에요."

"감사합니다, 회장님."

내가 환하게 웃으며 말했다.

"정말 너무너무 좋네요. 이렇게 되기를 얼마나 바랐는지 몰라요."

나는 그만 자리에서 일어났다.

"로렌, 뛰어난 용기와 기량을 보여줘서 고마워요. 우리 회사에는
로렌 같은 사람이 필요해요."

"감사, 정말 감사합니다."

나는 말을 거의 더듬다시피 하고 존의 사무실에서 나왔다.

마치 하늘 위를 걷듯이 엘리베이터로 붕붕 걸어갔다. 뒤섞인 감정
들이 서로 고개를 내밀겠다고 아우성이었다. 나는 웃다가 갑자기 울
음을 터뜨렸다.

엘리베이터 불이 깜박거려 큰 철문으로 다가가자 문이 드르륵 열
렸다. 그런데 다름 아닌 맥신 새비지가 휙 튀어나왔다. 맥신은 후다
닥 내 곁을 지나, 위태위태한 신발로 기우뚱거리며 걷다가 고개를
돌려 낮게 깔린, 화난 목소리로 말했다.

"당신 프레젠테이션은 쓰레기였어!"

그야말로 여우와 신포도이다.

시작

맥신 새비지가 공식적으로 그만둔 지 한 달이 지났다. 맥신은 바로 조용히 떠났다.

마커스는 그 뒤로 쭉 나한테 차갑게 대했지만, 드러내놓고 보복하지는 못했다. 그는 분명히 무슨 일이 있었는지 알 테지만, 존이 마커스에게 나를 괴롭히지 말라고 틀림없이 경고했을 것이다. 마커스는 어떤 상사한테 최종 권한이 있는지 깨달았을지도 모른다. 내가 맥신에게 보여준 용기 때문에 나를 존경하는지도 모른다. 아니면 그냥 몸을 더 사리는 건지도 모른다.

커트는 나를 멀리했다.

벤은 아직 2년이나 남았는데도 은퇴 파티 계획을 짰다.

퇴근하는 차 안에서 상사의 역할에 대해 생각해봤다. 사람들이 안심하고 열심히 일할 환경을 만들어주는 게 그렇게 어렵나? 상사라는 사람이, 부하 직원들이 최선을 다해 일하는 걸 좋아하지 않는다면 정말 웃기지 않나?

만약 내가 관리자가 된다면, 아랫사람들이 능숙하게 자신감을 갖고 일하도록 도우리라 다짐했다. 나는 부하 직원들을 가장 우선시할 것이다. 직원들을 믿기 때문에, 따라서 직원들이 신뢰하는 상사가 될 것이다. 무엇보다 배려심 많은 상사가 되고 싶다.

현재로서는 프로젝트를 끝낼 때까지 할로우 케인에 남아 있을 생각이다. 완벽한 회사는 아니다. 니콜라스는 여전히 폭군처럼 굴고, 마커스는 내 이상적인 상사가 절대 될 리 없다. 하지만 상황에 잘 대처하는 것은 온전히 내 몫이다.

나는 현관에 가방을 내려놓고 와인 잔을 가지러 부엌으로 갔다. 폴이 식탁에 앉아서 책자 한 뭉치를 열심히 보고 있다. 애니와 해리는 바닥에서 놀고 있다. 내가 들어가자 애니는 자기가 좋아하는 의자에 폴짝 뛰어올랐다. 해리가 애니를 밀어내려고 애썼다. 자기가 먼저 찜했다고 고집 부리며 싸웠다. 애니는 해리를 무시했다.

"뭐가 적혀 있어?"

내가 책자를 가리키며 유쾌하게 물었다.

폴이 나를 봤다.

"우리의 다음 휴가 계획!"

"그렇구나!"

나는 웃으며 찬장으로 갔다.

"와인 마실래?"

"응, 좋아, 자기."

애니가 까불거리며 대답했다. 나는 치 하며 웃었다. 해리는 애니의 의자를 계속 잡아당겼다.

"난 맥주 마실래. 근데 이번에는 휴가를 제대로 갈 수 있나?"

폴이 말했다.

"꼭 가자, 엄마."

애니와 해리가 애원했다. 누가 의자에 앉을지는 해결됐다. 애니가 마지못해 자리를 내줬다.

"물론이지!"

내가 소리쳤다.

"생각해둔 데 있어?"

"이제 정해야지. 갈 데가 많거든. 다같이 토론해서 정하자."

"좋아! 그리고 애니랑 해니는……."

나는 의자를 가리켰다. 나는 애니가 화를 내는 사람한테 그냥 굴복하는 사람으로 크기를 원치 않는다. 또 해리가 사람을 들볶아도 된다고 생각하기를 바라지 않는다.

"그 의자가 너희 둘한테 그렇게 중요하면, 나눠 쓰면 되잖아. 한 사람당 5분씩 말이야. 알았지?"

토론 가이드

1. 이 책은 직장이 사람들의 정신에 왜 부정적인 영향을 미치는지 몇 가지 이유를 말한다. 로렌의 경험이 여러분의 직장 경험을 새로운 시각에서 보는 데 도움이 되는가?

2. 어떤 면에서 로렌에게 감정이입이 되는가? 이야기가 전개되면서 로렌에 대한 감정이입이 달라졌는가? 왜 그런가?

3. 이 책의 가장 흥미로운 부분은 회사 내의 다양한 역학 관계이다. 어떤 사건과 어떤 인물이 여러분의 경험과 가장 일치하는가? 가장 놀랍거나 가장 불안했던 사건은 무엇인가?

4. 저자는 왜 회사 상황을 우화에 비유했을까? 여러분의 직장 경험을 말해주는 우화는 무엇인가? 직장에서 벌어지는 일을 우화를 통해 생각해보는 것이 문제를 헤쳐나가는 데 어떻게 도움이 되는가?

5. 제임스 스완은 로렌에게 임원들의 첫인상을 기록하라고 조언한다. 제임스의 조언이 로렌에게는 어떤 장점과 단점이 있는가?

6. 인사부 이사인 휴 워렐이 로렌의 영업사원 교육훈련 아이디어를 훔쳤을 때, 로렌은 그런 고위 임원에 맞서 의지할 데가 없다고 생각한다. 로렌의 생각에 동의하는가, 아니면 로렌이 취할 만한 행동이 있다고 생각하는가?

7. 39장에서 거스 웨어링이 "나 없이 계속하세요."라고 말한 뒤 일대일 회의를 중단하고 사무실에서 나가는 어처구니없는 일이 벌어진다. 이 책의 다른 내용들처럼 이 사건도 실제 경험을 바탕으로 하고 있다. 거스가 회의를 중단하고 나간 이유는 무엇인가? 여러분이 로렌이라면 어떻게 하겠는가?

8. 직장에서 까다로운 사람들을 대하는 데서 샌드라와 벤은 로렌보다 더 능숙한 모습을 보여준다. 로렌은 앞으로 도움이 될 만한 어떤 점을 동료들한테 배울 수 있겠는가?

9. 마커스 폼프리의 별명은 ATC이다. 눈앞의 문제와 야욕에만 눈이 먼 마커스의 행동은 이 책의 어떤 사건에서 드러나는가? 상사를 더 잘 다루려면 로렌은 어떻게 해야 하는가?

10. 로렌과 남편 폴은 로렌이 스트레스가 많은 회사 일을 극복하는 데 도움이 되는 기술을 찾는다. 두 사람은 어떤 해결책을 생각해 내는가? 로렌은 커트 울프의 관심을 끊어버리는 데 이 기술을 어떻게 사용하는가? 로렌은 어떤 다른 기술을 사용하는가?

11. 이 책의 초반부에서 로렌은 디 애쉬먼 밑에서 괴로워하던 피해자였다. 로렌이 상사를 대하는 능력은 어떻게 성숙해졌는가?

주제별 토론거리

저자는 훌륭한 지도자와 건설적인 직장을 만들기 위해 이 책을 썼다. 이런 목적을 위해 이 책을 활용하는 방법은 다양하다. 아래의 토론거리들은 관리자들이 이 책의 여러 사건들을 통해 교훈을 얻는 데 도움을 준다. 질문은 주로 여섯 개의 장과 관련 있다. 우리가 고른 이 여섯 개 장은 일반적인 리더십 문제를 다루고 관리자들의 전문지식이나 부족한 점을 드러낸다.

질문들에 대한 답변이 실린 무료 모범 가이드는 www.hardwired humans.com을 참조하면 된다.

관리자에 대한 일반적인 질문

1. 이 책의 어떤 인물이 여러분과 가장 비슷하다고 생각하는가? 그 인물의 어떤 면이 관리자로서 도움이 되고, 또 어떤 면이 걸림돌이 되는가?

2. 존 스콰이어스 회장의 핵심 경영 방식은 무엇인가? 회장이 이런 식으로 회사를 경영한다면 어떤 장단점이 있겠는가? 존은 어떻게 다르게 행동할 수 있겠는가?

3. 니콜라스 스트레인지의 리더십 스타일을 어떻게 생각하는가? 니콜라스의 행동은 어떤 장단점이 있는가? 그의 행동이 다른 관리자들과 할로우 케인 직원들에게 미치는 영향은 무엇인가?

4. 마커스 폼프리를 어떻게 생각하는가? 마커스의 관리 방식을 어떻게 생각하는가? 이런 방식은 조직에 어떤 영향을 미치는가? 마커스는 어떻게 달라져야 하는가?

5. 제임스 스완의 리더십 스타일을 어떻게 생각하는가? 제임스의 어떤 행동 때문에 로렌과 동료들이 그를 따르는가?

6. 여러분이 이 소설에 등장한다면, 어떤 인물로 그려졌으면 좋겠는가? 팀원들이 여러분을 어떻게 말했으면 좋을지 다섯 낱말로 적으시오. 이 다섯 낱말에 부응하고 팀원들에게 유능한 지도자로 인정받으려면 앞으로 1년 동안 구체적으로 어떻게 행동해야 하는가?

가능성 있는 직원 면접하기 ▸ 2장 참조

1. 면접의 전체적인 인상은 어떤가?

2. 멕이 면접을 진행하는 방식에 대한 전체적인 인상은 어떤가? 멕이 잘하는 부분은 무엇인가? 잘 못하는 부분은 무엇인가?

3. 멕은 자신의 행동을 통해 로렌에게 어떤 메시지를 전달하는가? 이런 메시지는 긍정적인가 부정적인가? 멕의 행동이 유능한 인재를 고용하려는 목적에 도움이 되는가?

4. 멕에 대한 인상을 다섯 낱말로 적으시오. 멕과 일하고 싶다는 생각이 드는가?

5. 멕이 사용한 면접 기술을 설명하시오. 멕은 채용 여부를 올바르게 결정하는 데 유용한 정보를 얻는가?

6. 여러분이 고용한 사람들에 대해 생각해보시오. 여러분이 고용한 사람들 중에 다시 고용하고 싶은 사람은 몇 명인가? 고용하기 전에 알고 싶었던 그 사람에 대한 정보를 고용한 뒤에 알게 됐는가? 면접 때 여러분은 어떤 질문을 하는가?

7. 이 책을 읽고 나서, 핵심 경영 업무이자 가능성 있는 신입사원과의 첫 만남으로서 면접을 더 효과적으로 하려면 어떻게 해야 한다고 생각하는가?

첫인상 ▸ 11장 참조

1. 마커스에 대한 로렌의 첫인상은 무엇인가? 로렌의 시각에서 마커스를 묘사하는 다섯 낱말을 쓰시오. 마커스의 어떤 말과 행동 때문에 이런 인상을 갖게 됐는가?

2. 마커스는 출근 첫날에 어떤 행동을 하는가? 마커스의 행동은 자신의 권위에 어떤 영향을 미치는가?

3. 로렌과 마커스의 성격이 판이하다는 점을 고려해볼 때, 마커스가 로렌의 상사라는 사실은 그에게 도전이다. 로렌을 더 잘 이해하고 가장 효과적으로 상사 역할을 하려면 마커스는 첫 만남을 어떻게 활용해야 했을까? 로렌이 최선을 다하도록 만들려면 마커스에게는 어떤 관리 방식이 필요한가?

4. 마커스 때문에 로렌은 첫 만남에 불만을 느끼며 사무실을 떠나는데, 그에 따른 결과는 무엇인가?

5. 여러분이 마커스이고 출근 첫날 계획을 짠다고 상상해보자. 출근 첫날 계획을 적어보시오.
   a. 그날의 목적은 무엇인가?
   b. 그날 하루가 다 지났을 때 팀원들이 여러분을 어떻게 평가하기를 바라는가?
   c. 제일 처음 하는 행동은 무엇인가?
   d. 개별 팀원들과의 첫 만남에서 어떻게 다가갈 것인가?

6. 신입사원이 들어왔을 때, 긍정적인 첫인상을 주려면 어떻게 해야 하는가? 긍정적인 첫인상을 주기 위해 최근 여러분이나 다른 사람이 보인 행동이 있다면 구체적으로 사례를 들어보시오.

| 업무 평가 ▶ 20장 참조 |

1. 생산적인 업무 평가의 특징을 다섯 가지 이상 말하시오.

2. 여러분이 생각하는 다섯 가지 특징을 놓고 볼 때, 이 책의 업무 평가는 어떠한가? 여러분이 업무 평가를 한다면, 로렌이 잘한 부분과 못한 부분은 무엇인가?

3. 팀원들은 무엇 때문에 업무 평가에 대해 우려하는가?

4. 관리자들은 무엇 때문에 업무 평가에 대해 우려하는가?

5. 그날 밤과 주말 동안 로렌의 기분은 어떠했는가? 아무것도 달라지지 않았다면, 로렌과 마커스의 관계는 어떻게 전개됐을까?

6. 여러분이 마커스이고 로렌의 업무 평가를 준비한다고 상상해보자. 평가 계획을 적어보시오.

   a. 평가의 목적은 무엇인가? 어떤 결과를 원하는가?

   b. 어떤 식으로 평가할 계획인가?

   c. 어떻게 평가를 시작할 것인가?

   d. 우려하는 점을 어떻게 지적할 것인가? 어떻게 말을 시작할지 첫 문장을 쓰시오.

   e. 평가 등급이라는 민감한 주제를 어떻게 다룰 것인가? 로렌에게 할 말을 적으시오.

   f. 로렌이 퇴근해 밤에 폴한테 업무 평가 얘기를 하면서 어떤 말을 했으면 좋겠는가?

7. 이 장에서 얻은 교훈을 바탕으로, 앞으로는 어떤 식으로 행동할 생각인가?

연봉 협상 ▶ 22장 참조

1. 로렌의 기분은 왜 안 좋았는가?

2. 마커스가 연봉 협상에서 잘한 점은 무엇인가? 또 못한 점은 무엇인가?

3. 관리자가 연봉 협상에서 고려하는 요인은 무엇인가? 팀원들에게 연봉 협상 결과를 알릴 때 이런 요인들을 어떤 식으로 거론하는가?

4. 팀원들이 임금 인상에 만족하거나 불만을 느끼는 가장 주된 이유는 무엇인가? 팀원들을 걱정시키는 연봉 협상은 어떤 것인가? 어떻게 하면 이런 부정적인 반응을 피할 수 있겠는가?

5. 여러분이 마커스이고 로렌과 연봉 협상을 한다고 상상해보자. 연봉 협상 계획을 적어보시오.

    a. 협상을 어떻게 시작할 것인가? 어떤 말을 사용할 것인가?

    b. 로렌에게 임금 인상 결과를 어떻게 설명할 것인가?

    c. 로렌이 어떤 기분으로 사무실에서 나가기를 바라는가?

    d. 로렌이 퇴근해서 밤에 연봉 협상을 어떻게 얘기하기를 바라는가?

6. 이 장에서 얻은 교훈을 바탕으로, 앞으로는 어떤 식으로 연봉 협상을 진행할 생각인가?

직원 능력 개발 ▶ 23장 참조

1. 면담 뒤에 로렌은 화가 났다. 마커스의 어떤 행동 때문에 로렌이 화가 났는가?

2. 관리자와 팀원이 진로 계획 토론을 효과적으로 진행함으로써 얻는 바람직한 결과는 무엇인가?

3. 팀원이 능력 개발과 진로 선택을 충분히 고민해보도록 관리자는 어떤 질문을 던져야 하는가?

4. 팀원이 진로를 계획하고 발전시키도록 관리자는 어떤 전략과 수단을 사용해야 하는가?

5. 여러분이 보기에 꼭 발전시켜야 할 점을 팀원이 모르고 있다면, 어떻게 이 문제를 제기할 것인가?

6. 여러분이 마커스이고 로렌과 진로 계획을 토론한다고 상상해보자. 토론 계획을 적어보시오.

    a. 무엇을 준비해야 하는가?

    b. 토론을 어떻게 시작할 것인가? 어떤 말을 사용할 것인가?

   c. 어떤 결과를 바라는가?

   d. 로렌이 퇴근해서 밤에 진로 계획 토론과 여러분에 대해 어떻게 얘기하기를 바라는가?

7. 이 장에서 얻은 교훈을 바탕으로, 이전의 진로 토론과 비교해서 앞으로는 어떤 식으로 토론할 생각인가?

고위 임원과의 토론 ▸ 29장 참조

1. 로렌, 마커스, 니콜라스, 이 세 인물의 관점에서 이날 회의의 사건들을 설명하시오.

2. 니콜라스의 반응이 로렌에게 미치는 영향은 무엇인가? 그날 밤 로렌은 어떤 기분이었는가?

3. 대화 하나하나가 관계에 영향을 미친대(긍정적이거나 부정적이거나 둘 다이거나) 는 점을 생각했을 때, 여러분은 이날 토론이 다음 사항에 어떤 영향을 미친다고 보는가?
   - 향후 로렌과 니콜라스의 의사소통
   - 향후 로렌과 마커스의 의사소통
   - 향후 마커스와 니콜라스의 의사소통

4. 마커스는 왜 로렌을 지지하지 않는가? 마커스가 그런 선택을 한 이유는 무엇인가? 그 선택의 장점과 단점은 무엇인가? 여러분이 마커스라면 어떻게 하겠는가?

5. 소 잃고 외양간 고치는 격이지만, 로렌의 제안이 가치가 있는지 의심이 들기 시작한 시점에 니콜라스는 어떻게 했어야 했는가?